高等教育应用型本科人才培养系列教材

企业财务管理
（第2版）

主　编　刘胜军

哈尔滨工程大学出版社
Harbin Engineering University Press

内容简介

本书按照哈尔滨工程大学继续教育学院《自学考试配套教材编写准则》，结合国内外财务管理的现状和发展趋势，以公司制企业为对象，将财务管理理论和实践有机结合，保证了财务管理学的基础性、系统性和实用性。本书在介绍基本理论的同时，注重财务管理的可操作性和应用性；体系完整、结构清晰，借鉴了国内外财务管理理论和实务的最新研究成果，具有一定的前沿性。

本书可作为财务管理自学考试的参考用书，也可作为企业财务的参考资料。

图书在版编目(CIP)数据

企业财务管理/刘胜军主编. —2版. —哈尔滨：哈尔滨工程大学出版社，2021.10
ISBN 978-7-5661-2984-0

Ⅰ. ①企… Ⅱ. ①刘… Ⅲ. ①企业管理-财务管理 Ⅳ. ①F275

中国版本图书馆CIP数据核字(2021)第213548号

企业财务管理(第2版)
QIYE CAIWU GUANLI(DI 2 BAN)

选题策划 夏飞洋
责任编辑 张 彦 田雨虹
封面设计 刘长友

出版发行 哈尔滨工程大学出版社
社　　址 哈尔滨市南岗区南通大街145号
邮政编码 150001
发行电话 0451-82519328
传　　真 0451-82519699
经　　销 新华书店
印　　刷 哈尔滨市石桥印务有限公司
开　　本 787 mm×1 092 mm 1/16
印　　张 16.25
插　　页 4
字　　数 391千字
版　　次 2021年10月第2版
印　　次 2021年10月第1次印刷
定　　价 58.00元
http://www.hrbeupress.com
E-mail:heupress@hrbeu.edu.cn

前　言

本书按照哈尔滨工程大学继续教育学院《自学考试配套教材编写准则》，结合国内外财务管理的现状和发展趋势，以公司制企业为对象，将财务管理理论和实践有机结合，保证了财务管理学的基础性、系统性和实用性。本书在介绍基本理论的同时，注重财务管理的可操作性和应用性；体系完整、结构清晰，借鉴了国内外财务管理理论和实务的最新研究成果，具有一定的前沿性。

本书在上一版的基础上进行了应用型本科学生适用性调整，将原来的 10 章精简至 8 章，内容更符合应用型人才培养要求，主要包括财务管理总论、资金时间价值和投资风险价值、筹资管理、流动资金管理、固定资产和无形资产投资管理、成本费用管理、销售收入和利润管理、财务分析等。

本书由哈尔滨商业大学刘胜军主编。本书的编写大纲由哈尔滨工程大学继续教育学院审定，哈尔滨工程大学出版社进行精心策划和组织，在此表示衷心的感谢！

由于编者水平有限，书中难免存在疏漏之处，敬请读者批评指正。

编　者

2021 年 7 月

目　录

第一章　财务管理总论

内容要点

财务管理的总体目标与原则；各种不同财务管理目标的特点；财务管理的环节；财务管理的内容；财务管理的环境。

第一节　财务管理目标与原则

目标是个人、部门或整个组织所期望的成果，预计将要达到的状态。企业是营利组织，其目标就是创造价值。从财务看，盈利就是使资产获得超过其投资的回报，是企业综合能力的体现，企业在经营过程中，要组织资金，运用资金，最大限度地发挥资金的效用，因此，通过合理、有效地使用资金使企业获利是对财务管理最重要的要求。一般而言，企业财务管理的目标就是为企业创造价值服务。鉴于财务主要是从价值方面反映企业的商品或者服务提供过程，因而财务管理可为企业的价值创造发挥重要作用。

一、企业财务管理目标

企业财务管理目标有如下四种类型。

（一）利润最大化

利润最大化就是假定企业财务管理以实现利润最大化为目标。

以利润最大化作为财务管理目标，其主要原因有三：一是人类从事生产经营活动的目的是创造更多的剩余产品，在市场经济条件下，剩余产品的多少可以用利润这个指标来衡量；二是在自由竞争的资本市场中，资本的使用权最终属于获利最多的企业；三是只有每个企业都最大限度地创造利润，整个社会的财富才可能实现最大化，从而带来社会的进步和发展。

利润最大化目标的主要优点是，企业追求利润最大化，就必须讲求经济核算，加强管理，改进技术，提高劳动生产率，降低产品成本。这些措施都有利于企业资源的合理配置，有利于企业整体经济效益的提高。

但是，以利润最大化作为财务管理目标存在以下缺陷。

（1）没有考虑利润实现时间和资金时间价值。比如，今年 10 万元的利润和 10 年以后同等数量的利润其实际价值是不一样的，10 年间还会有时间价值的增加，而且这一数值会随着贴现率的不同而有所不同。

（2）没有考虑风险问题。不同行业具有不同的风险，同等利润值在不同行业中的意义也不相同。比如，风险比较高的高科技企业和风险相对较小的制造业企业无法简单比较。

(3)没有反映创造的利润与投入资本之间的关系。

(4)可能导致企业短期财务决策倾向,影响企业长远发展。由于利润指标通常按年计算,因此,企业决策也往往会服务于年度指标的完成或实现。

(二)股东财富最大化

股东财富最大化是指企业财务管理以实现股东财富最大化为目标。在上市公司,股东财富是由其所拥有的股票数量和股票市场价格两方面决定的。在股票数量一定时,股票价格达到最高,股东财富也就达到最大。

与利润最大化相比,股东财富最大化的主要优点是:

(1)考虑了风险因素,因为通常股价会对风险做出较敏感的反应;

(2)在一定程度上能避免企业短期行为,因为不仅目前的利润会影响股票价格,预期未来的利润同样会对股价产生重要影响;

(3)对上市公司而言,股东财富最大化目标比较容易量化,便于考核和奖惩。

以股东财富最大化作为财务管理目标也存在以下缺点:

(1)通常只适用于上市公司,非上市公司难于应用,因为非上市公司无法像上市公司一样随时准确获得公司股价;

(2)股价受众多因素影响,特别是企业外部的因素,有些还可能是非正常因素,股价不能完全准确反映企业财务管理状况,如有的上市公司处于破产的边缘,但由于可能存在某些机会,其股票市价可能还在走高;

(3)它强调得更多的是股东利益,而对其他相关者的利益重视不够。

(三)企业价值最大化

企业价值最大化是指企业财务管理行为以实现企业的价值最大化为目标。企业价值可以理解为企业所有者权益的市场价值,或者是企业所能创造的预计未来现金流量的现值。未来现金流量这一概念,包含了资金的时间价值和风险价值两个方面的因素。因为未来现金流量的预测包含了不确定性和风险因素,而现金流量的现值是以资金的时间价值为基础对现金流量进行折现计算得出的。

企业价值最大化要求企业通过采用最优的财务政策,充分考虑资金的时间价值和风险与报酬的关系,在保证企业长期稳定发展的基础上使企业总价值达到最大。

以企业价值最大化作为财务管理目标,具有以下优点:

(1)考虑了取得报酬的时间,并用时间价值的原理进行了计量;

(2)考虑了风险与报酬的关系;

(3)将企业长期、稳定的发展和持续的获利能力放在首位,能避免企业在追求利润上的短期行为,因为不仅目前利润会影响企业的价值,预期未来的利润对企业价值增加也会产生重大影响;

(4)用价值代替价格,克服了过多受外界市场因素的干扰,有效地规避了企业的短期行为。

但是,以企业价值最大化作为财务管理目标也存在以下问题。

(1)企业的价值过于理论化,不易操作。尽管对于上市公司,股票价格的变动在一定程度上揭示了企业价值的变化,但是,股价是多种因素共同作用的结果,特别是在资本市场效率低下的情况下,股票价格很难反映企业的价值。

(2)对于非上市公司,只有对企业进行专门的评估才能确定其价值,而在评估企业的资产时,由于受评估标准和评估方式的影响,很难做到客观和准确。

近年来,随着上市公司数量的增加,以及上市公司在国民经济中地位、作用的增强,企业价值最大化目标逐渐得到了广泛认可。

(四)相关者利益最大化

在现代企业是多边契约关系的总和的前提下,要确立科学的财务管理目标,首先就要考虑哪些利益关系会对企业发展产生影响。在市场经济中,企业的理财主体更加细化和多元化。股东作为企业所有者,在企业中承担着最大的权利、义务、风险和报酬,但是债权人、员工、企业经营者、客户、供应商和政府也为企业承担着风险。比如:

(1)举债经营的企业越来越多,举债比例和规模也不断扩大,使得债权人的风险大大增加;

(2)在社会分工细化的今天,简单劳动越来越少,复杂劳动越来越多,使得职工的再就业风险不断增加;

(3)在现代企业制度下,企业经理人受所有者委托,作为代理人管理和经营企业,在激烈的市场竞争和复杂多变的形势下,代理人所承担的责任越来越大,风险也随之加大;

(4)随着市场竞争和经济全球化的影响,企业与客户以及企业与供应商之间不再是简单的买卖关系,更多的情况下是长期的伙伴关系,处于一条供应链上,并共同参与同其他供应链的竞争,因而也与企业共同承担一部分风险;

(5)政府不管是作为出资人,还是作为监管机构,都与企业各方的利益密切相关。

综上所述,企业的利益相关者不仅包括股东,还包括债权人、企业经营者、客户、供应商、员工、政府等。因此,在确定企业财务管理目标时,不能忽视这些相关利益群体的利益。

相关者利益最大化目标的具体内容包括如下几个方面。

(1)强调风险与报酬的均衡,将风险限制在企业可以承受的范围内。

(2)强调股东的首要地位,并强调企业与股东之间的协调关系。

(3)强调对代理人即企业经营者的监督和控制,建立有效的激励机制以便企业战略目标的顺利实施。

(4)关心本企业普通职工的利益,创造优美和谐的工作环境和提供合理恰当的福利待遇,培养职工为企业长期努力工作。

(5)不断加强与债权人的关系,培养可靠的资金供应者。

(6)关心客户的长期利益,以便保持销售收入的长期稳定增长。

(7)加强与供应商的协作,共同面对市场竞争,并注重企业形象的宣传,遵守承诺,讲究信誉。

(8)保持与政府部门的良好关系。

以相关者利益最大化作为财务管理目标,具有以下优点。

(1)有利于企业长期稳定发展。这一目标注重企业在发展过程中考虑并满足各利益相关者的利益关系。在追求长期稳定发展的过程中,站在企业的角度上进行投资研究,避免了站在股东的角度进行投资可能导致的一系列问题。

(2)体现了合作共赢的价值理念,有利于实现企业经济效益和社会效益的统一。由于兼顾了企业、股东、政府、客户等的利益,企业就不仅仅是一个单纯谋利的组织,还承担了一定的社会责任,企业在寻求其自身的发展和利益最大化过程中,由于涉及客户及其他利益相关者的利益,就会依法经营,依法管理,正确处理各种财务关系,自觉维护和切实保障国家、集体和社会公众的合法权益。

(3)这一目标本身是一个多元化、多层次的目标体系,较好地兼顾了各利益主体的利益。这一目标可使企业各利益主体相互作用、相互协调,并在使企业利益、股东利益达到最大化的同时,也使其他利益相关者利益达到最大化。也就是将企业财富这块"蛋糕"做到最大化的同时,保证每个利益主体所得的"蛋糕"更多。

(4)体现了前瞻性和现实性的统一。比如,企业作为利益相关者之一,有其一套评价指标,如未来企业报酬贴现值;股东的评价指标可以使用股票市价;债权人可以寻求风险最小、利息最大;工人可以确保工资福利;政府可考虑社会效益等。不同的利益相关者有各自的指标,只要合理合法、互利互惠、相互协调,就可以实现所有相关者利益最大化。

二、财务管理原则

财务管理的原则是企业财务管理工作必须遵循的准则。它是从企业理财实践中抽象出来的并在实践中证明是正确的行为规范,它反映着理财活动的内在要求。企业财务管理的原则一般包括如下内容。

(一)货币时间价值原则

货币时间价值是客观存在的经济范畴,它是指货币经历一段时间的投资和再投资所增加的价值。从经济学的角度看,即使在没有风险和通货膨胀的情况下,一定数量的货币资金在不同时点上也具有不同的价值。因此在数量上货币的时间价值相当于没有风险和通货膨胀条件下的社会平均资本利润率。今天的一元钱要大于将来的一元钱。货币时间价值原则在财务管理实践中得到广泛的运用。长期投资决策中的净现值法、现值指数法和内含报酬率法,都要运用到货币时间价值原则;筹资决策中比较各种筹资方案的资本成本、分配决策中利润分配方案的制订和股利政策的选择,营业周期管理中应付账款付款期的管理、存货周转期的管理、应收账款周转期的管理等,都充分体现了货币时间价值原则在财务管理中的具体运用。

(二)资金合理配置原则

拥有一定数量的资金,是企业进行生产经营活动的必要条件,但任何企业的资金总是有限的。资金合理配置是指企业在组织和使用资金的过程中,应当使各种资金保持合理的结构和比例关系,保证企业生产经营活动的正常进行,使资金得到充分有效的运用,并从整体上(不一定是每一个局部)取得最大的经济效益。

在企业的财务管理活动中，资金的配置从筹资的角度看表现为资本结构，具体表现为负债资金和所有者权益资金的构成比例，长期负债和流动负债的构成比例，以及内部各具体项目的构成比例。企业不但要从数量上筹集保证其正常生产经营所需的资金，而且必须使这些资金保持合理的结构比例关系。从投资或资金的使用角度看，企业的资金表现为各种形态的资产，各形态资产之间应当保持合理的结构比例关系，包括对内投资和对外投资的构成比例。对内投资中：流动资产投资和固定资产投资的构成比例、有形资产和无形资产的构成比例、货币资产和非货币资产的构成比例等；对外投资中：债权投资和股权投资的构成比例、长期投资和短期投资的构成比例等；以及各种资产内部的结构比例。上述这些资金构成比例的确定，都应遵循资金合理配置原则。

（三）成本－效益原则

成本－效益原则就是要对企业生产经营活动中的所费与所得进行分析比较，将花费的成本与所取得的效益进行对比，使效益大于成本，产生“净增效益”。成本－效益原则贯穿于企业的全部财务活动中。企业在筹资决策中，应将所发生的资本成本与所取得的投资利润率进行比较；在投资决策中，应将与投资项目相关的现金流出与现金流入进行比较；在生产经营活动中，应将所发生的生产经营成本与其所取得的经营收入进行比较；在不同备选方案之间进行选择时，应将所放弃的备选方案预期产生的潜在收益视为所采纳方案的机会成本与所取得的收益进行比较。在具体运用成本－效益原则时，应避免“沉没成本”对决策的干扰，“沉没成本”是指已经发生、不会被以后的决策改变的成本。因此，在做各种财务决策时，应将其排除在外。

（四）风险－报酬均衡原则

在市场经济的激烈竞争中不可避免地要遇到风险。企业要想获得收益，就不能回避风险。风险－报酬均衡原则是指决策者在进行财务决策时，必须对风险和报酬做出科学的权衡，使所冒的风险与所取得的报酬相匹配，达到趋利避害的目的。在筹资决策中，负债资本成本低，财务风险大，权益资本成本高，财务风险小。企业在确定资本结构时，应在资本成本与财务风险之间进行权衡。任何投资项目都有一定的风险，在进行投资决策时必须认真分析影响投资决策的各种可能因素，科学地进行投资项目的可行性分析，在考虑投资报酬的同时考虑投资的风险。在具体进行风险与报酬的权衡时，由于不同的财务决策者对风险的态度不同，有的人偏好高风险、高报酬，有的人偏好低风险、低报酬，但每一个人都会要求风险和报酬相对等，不会去冒没有价值的无谓风险。

（五）收支积极平衡原则

财务管理实际上是对企业资金的管理，量入为出、收支平衡是对企业财务管理的基本要求。资金不足，会影响企业的正常生产经营，坐失良机，严重时，会影响到企业的生存；资金多余，会造成闲置和浪费，给企业带来不必要的损失。收支积极平衡原则要求企业一方面要积极组织收入，确保生产经营和对内、对外投资对资金的正常合理需要；另一方面，要节约成本费用，压缩不合理开支，避免盲目决策。保持企业一定时期资金总供给和总需求动态平衡和每一时点资金供需的静态平衡。要做到企业资金收支平衡，在企业内部，要增收节支，缩短生产经营周期，生产适销对路的优质产品，扩大销售收入，合理调度资金，提高资金利用率；在企业外部，要保持同资本市场的密切联系，加强企业的筹资能力。

(六)利益关系协同原则

企业是由各种利益集团组成的经济联合体。这些经济利益集团主要包括企业的所有者、经营者、债权人、债务人、国家税务机关、消费者、企业内部各部门和职工等。利益关系协调原则要求企业协调、处理好与各利益集团的关系，切实维护各方的合法权益，将按劳分配、按资分配、按知识和技能分配、按绩分配等多种分配要素有机结合起来。只有这样，企业才能营造一个内外和谐、协调发展的环境，充分调动各有关利益集团的积极性，最终实现企业价值最大化的财务管理目标。

第二节　财务管理环节与内容

财务管理环节是企业财务管理的工作步骤与一般工作程序。一般而言，企业财务管理包括以下几个环节。

一、计划与预算

(一)财务预测

财务预测是根据企业财务活动的历史资料，考虑现实的要求和条件，对企业未来的财务活动做出较为具体的预计和测算的过程。财务预测可以测算各项生产经营方案的经济效益，为决策提供可靠的依据；可以预测财务收支的发展变化情况，以确定经营目标；可以测算各项定额和标准，为编制计划、分解计划指标服务。

财务预测的方法主要有定性预测和定量预测两类。定性预测法，主要是利用直观材料，依靠个人的主观判断和综合分析能力，对事物未来的状况和趋势做出预测的一种方法；定量预测法，主要是根据变量之间存在的数量关系建立数学模型来进行预测的方法。

(二)财务计划

财务计划是根据企业整体战略目标和规划，结合财务预测的结果，对财务活动进行规划，并以指标形式落实到每一计划期间的过程。财务计划主要通过指标和表格，以货币形式反映在一定的计划期内企业生产经营活动所需要的资金及其来源、财务收入和支出、财务成果及其分配的情况。

确定财务计划指标的方法一般有平衡法、因素法、比例法和定额法等。

(三)财务预算

财务预算是根据财务战略、财务计划和各种预测信息，确定预算期内各种预算指标的过程。它是财务战略的具体化，是财务计划的分解和落实。

财务预算的方法通常包括固定预算与弹性预算、增量预算与零基预算、定期预算和滚动预算等。

二、决策与控制

(一)财务决策

财务决策是指按照财务战略目标的总体要求,利用专门的方法对各种备选方案进行比较和分析,从中选出最佳方案的过程。财务决策是财务管理的核心,决策的成功与否直接关系到企业的兴衰成败。

财务决策的方法主要有两类:一类是经验判断法,是根据决策者的经验来判断选择,常用的方法有淘汰法、排队法、归类法等;另一类是定量分析方法,常用的方法有优选对比法、数学微分法、线性规划法、概率决策法等。

(二)财务控制

财务控制是指利用有关信息和特定手段,对企业的财务活动施加影响或调节,以便实现计划所规定的财务目标的过程。

财务控制的方法通常有前馈控制、过程控制、反馈控制三种。

三、分析与考核

(一)财务分析

财务分析是指根据企业财务报表等信息资料,采用专门方法,系统分析和评价企业财务状况、经营成果及未来趋势的过程。

财务分析的方法通常有比较分析、比率分析、综合分析等。

(二)财务考核

财务考核是指将报告期实际完成数与规定的考核指标进行对比,确定有关责任单位和个人完成任务的过程。财务考核与奖惩紧密联系,是贯彻责任制原则的要求,也是构建激励与约束机制的关键环节。

财务考核的形式多种多样,可以用绝对指标、相对指标、完成百分比考核,也可采用多种财务指标进行综合评价考核。

四、财务管理的内容

企业的生产经营活动复杂多变,使得企业财务管理包括多方面的内容。财务管理的内容主要有三个方面:筹资管理、投资管理、分配管理。

(一)筹资管理

任何公司想要从事生产经营活动,都必须首先筹集到其经营规模所需要的一定数量的资金。公司所筹集到的资金既要能够满足正常经营和特定投资计划的需求,也要能满足归还各项到期债务和支付利息及股利方面的要求。筹集所需要的资金是公司能够进行生产经营的前提。

筹资管理就是要解决如何筹集所需资金的过程,包括向谁筹资、什么时间以及筹集多少资金等问题。不同的筹资渠道和筹资方式由于不同的筹资成本,资金使用的时间、条件也不尽相同,给公司带来的风险大小也就不同。筹资管理的目标就是正确权衡成本与风险之间的关系,采用最适当的筹资方式来筹集资金,使风险适度的情况下,资金成本最低。

(二)投资管理

筹资的目的是投资,财务管理所追求的目标是将各种资金有效组合起来,获取最大的投资收益。财务管理的根本任务就是依据公司的具体经营目标和管理要求,合理配置各类资产,并对有关投资事项做深入分析,加强资金管理和成本控制,不断加快资金的周转速度,提高投资管理水平和盈利能力。

按时间长短划分,投资决策可分为短期投资和长期投资。短期投资主要是对现金、短期有价证券、应收账款和存货等流动资产的投资,具有较强的流动性,可以提高变现能力和偿债能力,减少财务风险,但同时伴随着的是较差的盈利能力。公司需要对风险和收益进行权衡比较,决定投资对象。长期投资主要是对固定资产和长期有价证券的投资,其投资收益较高,但是流动性差,风险大。因此,在进行长期投资决策时,要仔细进行风险因素分析,将风险控制在合理的范围内。

(三)分配管理

公司通过生产经营和对外投资等都能获得利润,对利润应按照规定的程序进行分配。财务管理应该努力挖掘各项潜力,合理、有效地使用人力、物力和财力,增加公司盈利,提高公司价值。同时,财务管理也要根据公司的具体经营状况和未来发展的要求,制定合理的分配政策,正确处理好各项财务关系,确定有效的税收方针,定期考核总体及各部门的经营业绩,进行全面财务分析,为未来更加稳定和长期的发展提供保障和指明方向。

在进行财务分配时,既要考虑股东的近期利益,也要考虑股东的远期利益和公司的长远发展。过高的股利支付率会影响再投资能力,不利于长远发展,会损害股东的长期利益,从而导致股价下降;过低的股利支付率则可能引起现有股东出现不满情绪,纷纷抛售股票,导致股价下跌。财务分配决策的确定要受到多种因素的影响,如税法对股利收入和出售股票的资本利得收入的不同处理、资金来源与成本、未来的投资机会、销售收入的稳定性、公司对流动性的偏好、股东对当期收入和未来收入的相对偏好等。公司应该根据实际情况,全面考虑各种因素的影响,合理做出财务分配的决策,实现公司价值最大化的财务目标。

第三节 财务管理体制

企业财务管理体制是明确企业各财务层级财务权限、责任和利益的制度，其核心问题是如何配置财务管理权限。企业财务管理体制决定着企业财务管理的运行机制和实施模式。

一、企业财务管理体制的一般模式

企业财务管理体制概括地说，可分为以下三种模式。

（一）集权型财务管理体制

集权型财务管理体制是指企业对各所属单位的所有财务管理决策都进行集中统一，各所属单位没有财务决策权，企业总部财务部门不但参与决策和执行决策，在特定情况下还直接参与各所属单位的执行过程。

集权型财务管理体制下企业内部的主要管理权限集中于企业总部，各所属单位执行企业总部的各项指令。它的优点在于：企业内部的各项决策均由企业总部制定和部署，企业内部可充分展现其一体化管理的优势，利用企业的人才、智力、信息资源，努力降低资金成本和风险损失，使决策的统一化、制度化得到有力的保障。采用集权型财务管理体制，有利于在整个企业内部优化配置资源，有利于实行内部调拨价格，有利于内部采取避税措施及防范汇率风险等。它的缺点是：集权过度会使各所属单位缺乏主动性、积极性，丧失活力，也可能因为决策程序相对复杂而失去适应市场的弹性，丧失市场机会。

（二）分权型财务管理体制

分权型财务管理体制是指企业将财务决策权与管理权完全下放到各所属单位，各所属单位只需对一些决策结果报请企业总部备案即可。

分权型财务管理体制下企业内部的管理权限分散于各所属单位，各所属单位在人、财、物、供、产、销等方面有决定权。它的优点是：由于各所属单位负责人有权对影响经营成果的因素进行控制，加之身在基层，了解情况，有利于针对本单位存在的问题及时做出有效决策，因地制宜地搞好各项业务，也有利于分散经营风险，促进所属单位管理人员和财务人员的成长。它的缺点是：各所属单位大都从本位利益出发安排财务活动，缺乏全局观念和整体意识，从而可能导致资金管理分散、资金成本增大、费用失控、利润分配无序。

（三）集权与分权相结合型财务管理体制

集权与分权相结合型财务管理体制，其实质就是集权下的分权，企业对各所属单位在所有重大问题的决策与处理上实行高度集权，各所属单位则对日常经营活动具有较大的自主权。

集权与分权相结合型财务管理体制旨在以企业发展战略和经营目标为核心，将企业内重大决策权集中于企业总部，而赋予各所属单位自主经营权。其主要特点是：

(1)在制度上，企业内应制定统一的内部管理制度，明确财务权限及收益分配方法，各

所属单位应遵照执行,并根据自身的特点加以补充;

(2)在管理上,利用企业的各项优势,对部分权限集中管理;

(3)在经营上,充分调动各所属单位的生产经营积极性。各所属单位围绕企业发展战略和经营目标,在遵守企业统一制度的前提下,可自主制定生产经营的各项决策。为避免配合失误,明确责任,凡需要由企业总部决定的事项,在规定时间内,企业总部应明确答复,否则,各所属单位有权自行处置。

正因为具有以上特点,所以集权与分权相结合型的财务管理体制,吸收了集权型和分权型财务管理体制各自的优点,避免了二者各自的缺点,从而具有较大的优越性。

二、集权与分权的选择

企业的财务特征决定了分权的必然性,而企业的规模效益、风险防范又要求集权。集权和分权各有特点,各有利弊。对集权与分权的选择、分权程度的把握历来是企业管理的一个难点。

从聚合资源优势,贯彻实施企业发展战略和经营目标的角度,集权型财务管理体制显然是最具保障力的。但是,企业意欲采用集权型财务管理体制,除了企业管理高层必须具备高度的素质能力外,在企业内部还必须有一个能及时、准确地传递信息的网络系统,并通过信息传递过程的严格控制以保障信息的质量。如果这些要求能够达到的话,集权型财务管理体制的优势便有了充分发挥的可能性。但与此同时,信息传递及过程控制有关的成本问题也会随之产生。此外,随着集权程度的提高,集权型财务管理体制的复合优势可能会不断强化,但各所属单位或组织机构的积极性、创造性与应变能力却可能在不断削弱。

分权型财务管理体制实质上是把决策管理权在不同程度上下放到比较接近信息源的各所属单位或组织机构,这样便可以在相当程度上缩短信息传递的时间,减少信息传递过程中的控制问题,从而使信息传递与过程控制等的相关成本得以节约,并能大大提高信息的决策价值与利用效率。但随着权力的分散,就会产生企业管理目标换位问题,这是采用分权型财务管理体制通常无法完全避免的一种成本或代价。集权型或分权型财务管理体制的选择,本质上体现着企业的管理决策,是企业基于环境约束与发展战略考虑顺势而定的权变性策略。

依托环境预期与战略发展规划,要求企业总部必须根据企业的不同类型、发展的不同阶段以及不同阶段的战略目标取向等因素,对不同财务管理体制及其权力的层次结构做出相应的选择与安排。

财务决策权的集中与分散没有固定的模式,同时选择的模式也不是一成不变的。财务管理体制的集权与分权,需要考虑企业与各所属单位之间的资本关系和业务关系的具体特征,以及集权与分权的"成本"和"利益"。作为实体的企业,各所属单位之间往往具有某种业务上的联系,特别是那些实施纵向一体化战略的企业,要求各所属单位保持密切的业务联系。各所属单位之间业务联系越密切,就越有必要采用相对集中的财务管理体制。反之,则相反。如果说各所属单位之间业务联系的必要程度是企业有无必要实施相对集中的财务管理体制的一个基本因素,那么,企业与各所属单位之间的资本关系特征则是企业能否采取相对集中的财务管理体制的一个基本条件。只有企业掌握了各所属单位一定比例有表决权的股份(如50%以上)之后,企业才有可能通过指派较多董事去有效地影响各所属单位的财务决策,也只有这样,各所属单位的财务决策才有可能相对“集中”于企业总部。

事实上,考虑财务管理体制的集中与分散,除了受制于以上两点外,还取决于集中与分散的“成本”和“利益”差异。集中的“成本”主要是各所属单位积极性的损失和财务决策效率的下降,分散的“成本”主要是可能发生的各所属单位财务决策目标及财务行为与企业整体财务目标的背离以及财务资源利用效率的下降。集中的“利益”主要是容易使企业财务目标协调和提高财务资源的利用效率,分散的“利益”主要是提高财务决策效率和调动各所属单位的积极性。

此外,集权和分权应该考虑的因素还包括环境、规模和管理者的管理水平。由管理者的素质、管理方法和管理手段等因素所决定的企业及各所属单位的管理水平,对财权的集中和分散也具有重要影响。较高的管理水平,有助于企业更多地集中财权,否则,财权过于集中只会导致决策效率的低下。

三、企业财务管理体制的设计原则

一个企业如何选择适应自身需要的财务管理体制,如何在不同的发展阶段更新财务管理模式,在企业管理中占据重要地位。从企业的角度出发,其财务管理体制的设定或变更应当遵循如下四项原则。

(一)与现代企业制度的要求相适应的原则

现代企业制度是一种产权制度,它是以产权为依托,对各种经济主体在产权关系中的权利、责任、义务进行合理有效的组织、调节的制度安排,它具有“产权清晰、责任明确、政企分开、管理科学”的特征。

企业内部相互间关系的处理应以产权制度安排为基本依据。企业作为各所属单位的股东,根据产权关系享有作为终极股东的基本权利,特别是对所属单位的收益权、管理者的选择权、重大事项的决策权等,但是,企业各所属单位往往不是企业的分支机构或分公司,其经营权是其行使民事责任的基本保障,它以自己的经营与资产对其盈亏负责。

企业与各所属单位之间的产权关系确认了两个不同主体的存在,这是现代企业制度特别是现代企业产权制度的根本要求。在西方,在处理母子公司关系时,法律明确要求保护子公司权益,其制度安排大致如下:①确定与规定董事的诚信义务与法律责任,实现对子公司的保护;②保护子公司不受母公司不利指示的损害,从而保护子公司权益;③规定子公司有权向母公司起诉,从而保护自身利益与权利。

按照现代企业制度的要求,企业财务管理体制必须以产权管理为核心,以财务管理为主线,以财务制度为依据,体现现代企业制度特别是现代企业产权制度管理的思想。

(二)明确企业对各所属单位管理中的决策权、执行权与监督权三者分立原则

现代企业要做到管理科学,必须首先要求从决策与管理程序上做到科学、民主,因此,决策权、执行权与监督权三权分立的制度必不可少。这一管理原则的作用就在于加强决策的科学性与民主性,强化决策执行的刚性和可考核性,强化监督的独立性和公正性,从而形

成良性循环。

(三)明确财务综合管理和分层管理思想的原则

现代企业制度要求管理是一种综合管理、战略管理,因此,企业财务管理不是也不可能是企业总部财务部门的财务管理,当然也不是各所属单位财务部门的财务管理,它是一种战略管理。这种管理要求:①从企业整体角度对企业的财务战略进行定位;②对企业的财务管理行为进行统一规范,做到高层的决策结果能被低层战略经营单位完全执行;③以制度管理代替个人的行为管理,从而保证企业管理的连续性;④以现代企业财务分层管理思想指导具体的管理实践(股东大会、董事会、经理人员、财务经理及财务部门各自的管理内容与管理体系)。

(四)与企业组织体制相对应的原则

企业组织体制大体上有 U 型组织、H 型组织和 M 型组织三种形式。U 型组织仅存在于产品简单、规模较小的企业,实行管理层级的集中控制;H 型组织实质上是企业集团的组织形式,子公司具有法人资格,分公司则是相对独立的利润中心。由于在竞争日益激烈的市场环境中不能显示其长期效益和整体活力,因此在 20 世纪 70 年代后它在大型企业的主导地位逐渐被 M 型结构所代替。M 型结构由三个相互关联的层次组成。第一个层次是由董事会和经理班子组成的总部,它是企业的最高决策层。它既不同于 U 型结构那样直接从事各所属单位的日常管理,又不同于 H 型结构那样基本上是一个空壳。它的主要职能是战略规划和关系协调。第二个层次是由职能和支持、服务部门组成的。其中计划部是公司战略研究和执行部门,它应向企业总部提供经营战略的选择和相应配套政策的方案,指导各所属单位根据企业的整体战略制定中长期规划和年度的业务计划。M 型结构的财务是中央控制的,负责整个企业的资金筹措、运作和税务安排。第三个层次是围绕企业的主导或核心业务,互相依存又相互独立的各所属单位,每个所属单位又是一个 U 型结构。可见,M 型结构集权程度较高,突出整体优化,具有较强的战略研究、实施功能和内部关系协调能力。它是目前国际上大的企业管理体制的主流形式。M 型的具体形式有事业部制、矩阵制、多维结构等。

M 型组织中,在业务经营管理下放权限的同时,更加强化财务部门的职能作用。事实上,西方多数控股型公司,在总部不对其子公司的经营过分干预的情况下,其财务部门的职能更为重要,它起到指挥资本运营的作用。有资料表明,英国的控股型公司,财务部门的人数占到管理总部人员的 60% ~70%,而且主管财务的副总裁在公司中起着核心作用。他一方面是母子公司的“外交部部长”,行使对外处理财务事务的职能;另一方面,又是各子公司的财务主管,各子公司的财务主管是“外交部部长”的派出人员,充当“外交部部长”的当地代言人角色。

四、集权与分权相结合型财务管理体制的一般内容

总结中国企业的实践,集权与分权相结合型财务管理体制的核心内容是企业总部应做到制度统一、资金集中、信息集成和人员委派。具体应集中制度制定权,筹资、融资权,投资

权，用资、担保权，固定资产购置权，财务机构设置权，收益分配权；分散经营自主权、人员管理权、业务定价权、费用开支审批权。

（一）集中制度制定权

企业总部根据国家法律、法规和《企业会计准则》《企业财务通则》的要求，结合企业自身的实际情况和发展战略、管理需要，制定统一的财务管理制度，在全企业范围内统一施行。各所属单位只有制度执行权，而无制度制定和解释权。但各所属单位可以根据自身需要制定实施细则和补充规定。

（二）集中筹资、融资权

资金筹集是企业资金运动的起点，为了使企业内部筹资风险最小，筹资成本最低，应由企业总部统一筹集资金，各所属单位有偿使用。如需银行贷款，可由企业总部办理贷款总额，各所属单位分别办理贷款手续，按规定自行付息；如需发行短期商业票据，企业总部应充分考虑企业资金占用情况，并注意在到期日前存足款项，不要因为票据到期不能兑现而影响企业信誉；如需利用海外筹集资金，应统一由企业总部根据国家现行政策办理相关手续，并严格审查贷款合同条款，注意汇率及利率变动因素，防止出现损失。企业总部对各所属单位进行追踪审查现金使用状况，具体做法是各所属单位按规定时间向企业总部上报“现金流量表”，动态地描述各所属单位现金增减状况和分析各所属单位资金存量是否合理。遇有部分所属单位资金存量过多，运用不畅，而其他所属单位又急需资金时，企业总部可调动资金，并应支付利息。企业内部应严禁各所属单位之间放贷，如需临时拆借资金，在规定金额之上的，应报企业总部批准。

（三）集中投资权

企业对外投资必须遵守的原则为效益性、分散风险性、安全性、整体性及合理性。无论企业总部还是各所属单位的对外投资都必须经过立项、可行性研究、论证、决策的过程，其间除专业人员外，必须有财务人员参加。财务人员应会同有关专业人员，通过仔细调查了解，开展可行性分析，预测今后若干年内市场变化趋势及可能发生风险的概率、投资该项目的建设期、投资回收期、投资回报率等，写出财务报告，报送领导参考。

为了保证投资效益实现，分散及减少投资风险，企业内对外投资可实行限额管理，超过限额的投资其决策权属企业总部。被投资项目一经批准确立，财务部门应协助有关部门对项目进行跟踪管理，对出现的与可行性报告的偏差，应及时报有关部门予以纠正。对投资收益不能达到预期目的的项目应及时清理解决，并应追究有关人员的责任。同时应完善投资管理，企业可根据自身特点建立一套具有可操作性的财务考核指标体系，规避财务风险。

（四）集中用资、担保权

企业总部应加强资金使用安全性的管理，对大额资金拨付要严格监督，建立审批手续，并严格执行。这是因为各所属单位财务状况的好坏关系到企业所投资本的保值和增值问题，同时各所属单位因资金受阻导致获利能力下降，会降低企业的投资回报率。因此，各所属单位用于经营项目的资金,要按照经营规划范围使用,用于资本项目上的资金支付,应履行企业规定的报批手续。

担保不慎,会引起信用风险。企业内部对外担保权应归企业总部管理,未经批准,各所属单位不得为外企业提供担保,企业内部各所属单位相互担保,应经企业总部同意。同时企业总部为各所属单位提供担保应制定相应的审批程序,可由各所属单位与银行签订贷款协议,企业总部为各所属单位做贷款担保,同时要求各所属单位向企业总部提供“反担保”,保证资金的使用合理及按时归还,使贷款得到监控。

同时,企业对逾期未收货款,应做硬性规定。对过去的逾期未收货款,指定专人,统一步调,积极清理,谁经手,谁批准,由谁去收回货款。

(五)集中固定资产购置权

各所属单位需要购置固定资产必须说明理由,提出申请报企业总部审批,经批准后方可购置。各所属单位资金不得自行用于资本性支出。

(六)集中财务机构设置权

各所属单位财务机构设置必须报企业总部批准,财务人员由企业总部统一招聘,财务负责人或财务主管人员由企业总部统一委派。

(七)集中收益分配权

企业内部应统一收益分配制度,各所属单位应客观、真实、及时地反映其财务状况及经营成果。各所属单位收益的分配,属于法律、法规明确规定的按规定分配,剩余部分由企业总部本着长远利益与现实利益相结合的原则,确定分留比例。各所属单位留存的收益原则上可自行分配,但应报企业总部备案。

(八)分散经营自主权

各所属单位负责人主持本企业的生产经营管理工作,组织实施年度经营计划,决定生产和销售,研究和考虑市场周围的环境,了解和注意同行业的经营情况和战略措施,按所规定时间向企业总部汇报生产管理工作情况。对突发的重大事件,要及时向企业总部汇报。

(九)分散人员管理权

各所属单位负责人有权任免下属管理人员,有权决定员工的聘用与辞退,企业总部原则上不应干预,但其财务主管人员的任免应报经企业总部批准或由企业总部统一委派。一般财务人员必须获得“上岗证”,才能从事财会工作。

(十)分散业务定价权

各所属单位所经营的业务均不相同,因此,业务的定价应由各所属单位经营部门自行拟定,但必须遵守加速资金流转,保证经营质量,提高经济效益的原则。

(十一)分散费用开支审批权

各所属单位在经营中必然发生各种费用,企业总部没必要进行集中管理,各所属单位在遵守财务制度的原则下,由其负责人批准各种合理的用于企业经营管理的费用开支。

第四节 财务管理环境

一、技术环境

财务管理的技术环境,是指财务管理得以实现的技术手段和技术条件,它决定着财务管理的效率和效果。目前,我国进行财务管理所依据的会计信息是通过会计系统所提供的,占企业经济信息总量的60% ~70%。在企业内部,会计信息主要是提供给管理层决策使用,而在企业外部,会计信息则主要是为企业的投资者、债权人等提供服务。

目前,我国正全面推进会计信息化工作,力争通过5 ~10 年左右的努力,建立健全会计信息化法规体系和会计信息化标准体系[包括可扩展商业报告语言(XBRL)分类标准],全力打造会计信息化人才队伍,基本实现大型企事业单位会计信息化与经营管理信息化的融合,进一步提升企事业单位的管理水平和风险防范能力,做到数出一门、资源共享,便于不同信息使用者获取、分析和利用,进行投资和相关决策;基本实现大型会计师事务所采用信息化手段对客户的财务报告和内部控制进行审计,进一步提升社会审计质量和效率;基本实现政府会计管理和会计监督的信息化,进一步提升会计管理水平和监管效能。通过全面推进会计信息化工作,使我国的会计信息化达到或接近世界先进水平。我国企业会计信息化的全面推进,必将促使企业财务管理的技术环境进一步完善和优化。

二、经济环境

在影响财务管理的各种外部环境中,经济环境是最为重要的。

经济环境内容十分广泛,包括经济体制、经济周期、经济发展水平、宏观经济政策及通货膨胀水平等。

(一)经济体制

在计划经济体制下,国家统筹企业资本、统一投资、统负盈亏,企业利润统一上缴、亏损全部由国家补贴,企业虽然是一个独立的核算单位但无独立的理财权利。财务管理活动的内容比较单一,财务管理方法比较简单。在市场经济体制下,企业成为“自主经营、自负盈亏”的经济实体,有独立的经营权,同时也有独立的理财权。企业可以从其自身需要出发,合理确定资本需要量,然后到市场上筹集资本,再把筹集到的资本投放到高效益的项目上获取更大的收益,最后将收益根据需要和可能进行分配,保证企业财务活动自始至终根据自身条件和外部环境做出各种财务管理决策并组织实施。因此,财务管理活动的内容比较丰富,方法也复杂多样。

(二)经济周期

市场经济条件下,经济发展与运行带有一定的波动性,大体上经历复苏、繁荣、衰退和萧条几个阶段的循环,这种循环叫作经济周期。

在不同的经济周期,企业应采用不同的财务管理战略。西方财务学者探讨了经济周期中的财务管理战略,现择其要点归纳如表1-1所示。

表1-1 经济周期中的财务管理战略

复 苏	繁 荣	衰 退	萧 条
1.增加厂房设备	1.扩充厂房设备	1.停止扩张	1.建立投资标准
2.实行长期租赁	2.继续建立存货	2.出售多余设备	2.保持市场份额
3.建立存货	3.提供产品价格	3.停产不利产品	3.压缩管理费用
4.开发新产品	4.开展营销规划	4.停止长期采购	4.放弃次要利益
5.增加劳动力	5.增加劳动力	5.削减存货	5.削减存货
		6.停止扩招雇员	6.裁减雇员

(三)经济发展水平

财务管理的发展水平是和经济发展水平密切相关的,经济发展水平越高,财务管理水平也越好。财务管理水平的提高,将推动企业降低成本,改进效率,提高效益,从而促进经济发展水平的提高;而经济发展水平的提高,将改变企业的财务战略、财务理念、财务管理模式和财务管理的方法手段,从而促进企业财务管理水平的提高。财务管理应当以经济发展水平为基础,以宏观经济发展目标为导向,从业务工作角度保证企业经营目标和经营战略的实现。

(四)宏观经济政策

我国经济体制改革的目标是建立社会主义市场经济体制,以进一步解放和发展生产力。在这个目标的指导下,我国已经并正在进行财税体制、金融体制、外汇体制、外贸体制、计划体制、价格体制、投资体制、社会保障制度等各项改革。所有这些改革措施,深刻地影响着我国的经济生活,也深刻地影响着我国企业的发展和财务活动的运行。如金融政策中的货币发行量、信贷规模会影响企业投资的资金来源和投资的预期收益;财税政策会影响企业的资金结构和投资项目的选择等;价格政策会影响资金的投向和投资的回收期及预期收益;会计制度的改革会影响会计要素的确认和计量,进而对企业财务活动的事前预测、决策及事后的评价产生影响等。

(五)通货膨胀水平

通货膨胀对企业财务活动的影响是多方面的。其主要表现在:

(1)引起资金占用的大量增加,从而增加企业的资金需求;

(2)引起企业利润虚增,造成企业资金由于利润分配而流失;

(3)引起利润上升,加大企业的权益资金成本;

(4)引起有价证券价格下降,增加企业的筹资难度;

(5)引起资金供应紧张,增加企业的筹资困难。

为了减轻通货膨胀对企业造成的不利影响,企业应当采取措施予以防范。在通货膨胀初期,货币面临着贬值的风险,这时企业进行投资可以避免风险,实现资本保值;与客户应签订长期购货合同,以减少物价上涨造成的损失;取得长期负债,保持资本成本的稳定。在通货膨胀持续期,企业可以采用比较严格的信用条件,减少企业债权,调整财务政策,防止和减少企业资本流失等。

三、金融环境

(一)金融机构、金融工具与金融市场

金融机构主要是指银行和非银行金融机构。银行是指经营存款、放款、汇兑、储蓄等金融业务,承担信用中介的金融机构,包括各种商业银行和政策性银行,如中国工商银行、中国农业银行、中国银行、中国建设银行、国家开发银行、中国农业发展银行。非银行金融机构主要包括保险公司、信托投资公司、证券公司、财务公司、金融资产管理公司、金融租赁公司等机构。

金融工具是指融通资金双方在金融市场上进行资金交易、转让的工具,借助金融工具,资金从供给方转移到需求方。金融工具分为基本金融工具和衍生金融工具两大类。常见的基本金融工具有货币、票据、债券、股票等。衍生金融工具又称派生金融工具,是在基本金融工具的基础上通过特定技术设计形成的新的融资工具,如各种远期合约、互换、掉期、资产支持证券等,种类非常复杂、繁多,具有高风险、高杠杆效应的特点。

金融市场是指资金供应者和资金需求者双方通过一定的金融工具进行交易而融通资金的场所。金融市场的构成要素包括资金供应者和资金需求者、金融工具、交易价格、组织方式等。金融市场为企业融资和投资提供了场所,可以帮助企业实现长短期资金转换,引导资本流向和流量,提高资本效率。

(二)金融市场的分类

金融市场可以按照不同的标准进行分类。

1. 货币市场和资本市场

以期限为标准,金融市场可分为货币市场和资本市场。货币市场又称短期金融市场,是指以期限在1年以内的金融工具为媒介,进行短期资金融通的市场,包括同业拆借市场、票据市场、大额定期存单市场和短期债券市场;资本市场又称长期金融市场,是指以期限在1年以上的金融工具为媒介,进行长期资金交易活动的市场,包括股票市场和债券市场。

2. 发行市场和流通市场

以功能为标准,金融市场可分为发行市场和流通市场。发行市场又称为一级市场,它

主要处理金融工具的发行与最初购买者之间的交易;流通市场又称为二级市场,它主要处理现有金融工具转让和变现的交易。

3. 资本市场、外汇市场和黄金市场

以融资对象为标准,金融市场可分为资本市场、外汇市场和黄金市场。资本市场以货币和资本为交易对象;外汇市场以各种外汇金融工具为交易对象;黄金市场则是集中进行黄金买卖和金币兑换的交易市场。

4. 基础性金融市场和金融衍生品市场

按所交易金融工具的属性,金融市场可分为基础性金融市场与金融衍生品市场。基础性金融市场是指以基础性金融产品为交易对象的金融市场,如商业票据、企业债券、企业股票的交易市场;金融衍生品交易市场是指以金融衍生品为交易对象的金融市场,如远期、期货、掉期(交换)、期权,以及具有远期、期货、掉期(交换)、期权中一种或多种特征的结构化金融工具的交易市场。

5. 地方性金融市场、全国性金融市场和国际性金融市场

以地理范围为标准,金融市场可分为地方性金融市场、全国性金融市场和国际性金融市场。

(三)货币市场

货币市场的主要功能是调节短期资金融通。其主要特点是:①期限短,一般为3~6个月,最长不超过1年;②交易目的是解决短期资金周转,它的资金来源主要是资金所有者暂时闲置的资金,融通资金的用途一般是弥补短期资金的不足;③金融工具有较强的"货币性",具有流动性强、价格平稳、风险较小等特性。

货币市场主要有拆借市场、票据市场、大额定期存单市场和短期债券市场等。拆借市场是指银行(包括非银行金融机构)同业之间短期性资本的借贷活动。这种交易一般没有固定的场所,主要通过电信手段成交,期限按日计算,一般不超过1个月。票据市场包括票据承兑市场和票据贴现市场。票据承兑市场是票据流通转让的基础;票据贴现市场是对未到期票据进行贴现,为客户提供短期资本融通,包括贴现、再贴现和转贴现。大额定期存单市场是一种买卖银行发行的可转让大额定期存单的市场。短期债券市场主要买卖1年期以内的短期企业债券和政府债券,尤其是政府的国库券交易。短期债券的转让可以通过贴现或买卖的方式进行。短期债券以其信誉好、期限短、利率优惠等优点,成为货币市场中的重要金融工具之一。

(四)资本市场

资本市场的主要功能是实现长期资本融通。其主要特点是:①融资期限长,至少1年以上,最长可达10年甚至10年以上;②融资目的是解决长期投资性资本的需要,用于补充长期资本,扩大生产能力;③资本借贷量大;④收益较高但风险也较大。

资本市场主要包括债券市场、股票市场和融资租赁市场等。

债券市场和股票市场由证券(债券和股票)发行和证券流通构成。有价证券的发行是一项复杂的金融活动,一般要经过以下几个重要环节:①证券种类的选择;②偿还期限的确

定;③发售方式的选择。在证券流通中,参与者除了买卖双方外,中介也非常活跃。这些中介主要有证券经纪人、证券商,他们在流通市场中起着不同的作用。

融资租赁市场是通过资产租赁实现长期资金融通的市场,它具有融资与融物相结合的特点,融资期限一般与资产租赁期限一致。

四、法律环境

(一)法律环境的范畴

市场经济是法治经济,企业的一些经济活动总是在一定法律规范内进行的。法律既约束企业的非法经济行为,也为企业从事各种合法经济活动提供保护。

国家相关法律法规按照对财务管理内容的影响情况可以分如下三类。

(1)影响企业筹资的各种法规主要有公司法、证券法、金融法、证券交易法、合同法等。这些法规可以从不同方面规范或制约企业的筹资活动。

(2)影响企业投资的各种法规主要有证券交易法、公司法、企业财务通则等。这些法规从不同角度规范企业的投资活动。

(3)影响企业收益分配的各种法规主要有税法、公司法、企业财务通则等。这些法规从不同方面对企业收益分配进行了规范。

(二)法律环境对企业财务管理的影响

法律环境对企业的影响力是多方面的,影响范围包括企业组织形式、公司治理结构、投融资活动、日常经营、收益分配等。《中华人民共和国公司法》(以下简称《公司法》)规定,企业可以采用独资、合伙、公司制等企业组织形式。企业组织形式不同,业主(股东)权利责任、企业投融资、收益分配、纳税、信息披露等不同,公司治理结构也不同。上述不同种类的法律,分别从不同方面约束企业的经济行为,对企业财务管理产生影响。

复习思考题

一、简述企业价值最大化作为企业财务管理目标的优缺点。

二、简述企业财务预测的概念及工作步骤。

三、简述财务管理的工作环节。

四、简述以利润最大化作为企业财务管理目标的优缺点。

五、简述以相关者利益最大化作为企业财务管理目标的优缺点。

第二章　资金时间价值和投资风险价值

内容要点

资金时间价值的计算；无风险投资收益率和风险收益率的表示方法。

第一节　货币时间价值

一、时间价值的概念

（一）时间价值的含义

时间价值又称货币时间价值，是指资金在周转使用中，由于时间因素而形成的不同的价值。或者说，是指资金经历一定时间的投资和再投资所增加的价值。它具有增值性的特点，是一定量的资金在不同的时间上具有的不同的价值，即今天的一定量资金比未来的同量资金具有更高的价值。例如：现在的100元和1年后的100元经济价值不相等，或者说它们的经济效用不同。若把现在的100元存入银行，在存款利率为10%的情况下，一年后可得到110元，100元经过一年的时间增加了10元，简单地说，这10元就是100元资金的时间价值。在财务管理实务中，人们习惯于使用相对数来表示资金的时间价值，即用增加价值占投入资金的百分数来表示：

$$资金时间价值=\frac{增加价值}{投入资金}\times 100\%$$

由此可见，上述例子中的资金时间价值按此公式计算应该为10%。因此，现在的100元比一年后的100元的价值要大。西方有句谚语："一鸟在手，胜似两鸟在林"，意思是说，已经抓到手中的一只鸟，其价值不亚于尚在林中的两只鸟，它形象地说明了时间价值问题。

（二）关于时间价值的理论争议

在西方经济学中关于时间价值的论述主要有如下观点。

一种观点认为，时间价值是耐心的报酬，即时间价值是牺牲当前消费的代价和报酬。这种观点认为，即使在没有风险和通货膨胀的条件下，今天的100元也会大于以后的100元。投资者投入或投出这100元，他就牺牲了当时使用或消费这100元的权利和机会，这种牺牲不是无偿的，它要获得补偿，因此，按照牺牲时间来计算的这种补偿，就是它的代价或报酬，就叫作时间价值。这种观点在西方各国十分盛行，也是一种传统观点。

另外一种观点认为，心理因素决定时间价值。英国经济学家凯恩斯从资本家和消费者心理出发，而高估现在货币的价值、低估未来货币的价值。他认为，时间价值在很大程度上取决于灵活偏好、消费倾向心理因素。

西方经济学关于时间价值的概念认为，对投资者推迟消费的耐心应该给以报酬，该报酬量应该与推迟的时间成正比例关系，因此，单位时间的这种报酬对投资的百分比称为时间价值。显而易见，西方经济学家的这些概念只是说明了时间价值的一些现象，并没有说明其本质。因此，十分有必要对时间价值的来源、产生、计算标准和计算方法做出科学的解释。

时间价值是在生产经营中产生的。

时间价值以平均资金利润为基础，按复利计算。在《资本论》中，卡尔·马克思精辟地论述了剩余价值如何转化为利润，利润又如何转化为平均利润，最后，等量的资金投入不同的行业，会获得大体相当的社会平均资金利润率或平均投资报酬率，这个率数就是计算时间价值的基础。马克思还指出了时间价值应该按复利的方法来计算，他认为，在利润不断资本化的条件下，资本的积累要用复利方法计算，资本将按几何级数增长。

综上所述，时间价值应该有两种表现形式：①以绝对数表现的时间价值——时间价值额，是资金在生产经营过程中带来的真实增值额，即一定数额的资金与时间价值率的乘积；②以相对数表现的时间价值——时间价值率，是指扣除风险报酬和通货膨胀贴水后的平均资金利润率或平均报酬等。在没有通货膨胀和风险的特定情况（静态）下，银行存款利率、贷款利率、各种债券的利率及股票的股利，都是投资报酬率，它们就等于时间价值率。

二、时间价值的计算

为了研究问题的方便，采用抽象分析法，有一个假设条件，即假设没有风险和通货膨胀的情况下，单独考虑时间价值的问题。在这种情况下，时间价值 = 利率。时间价值的计算主要包括复利的计算和年金的计算。

（一）复利的计算

复利是指不仅本金要计算利息，利息也要计算利息，即每经过一个计息期，要将所生利息加入本金再计利息，逐期滚算，俗称“利滚利”。其中所说的计算期，一般是指相邻两次计算的时间间隔，如年、季、月、日等，除非特别指明的以外，计息期均指一年。由于计算复利的方向不同，复利的计算包括复利终值和复利现值计算。

1. 复利终值

复利终值又称复利值，是指若干期以后包括本金和利息在内的未来价值，又称本利和。

$$FV_n = PV(1+i)^n$$

式中 FV_n——复利终值、本利和；

PV——复利现值、本金；

i——利息率；

n——计算期数。

［例 2－1］ 将 1 000 元存入银行，利息率为 10%，5 年后的复利终值应为

$$FV_5 = PV(1+i)^5$$
$$= 1\,000 \times (1+10\%)^5$$

$$=1\ 611(元)$$

其中，$(1+i)^n$称复利终值系数，又称1元的复利终值，$(1+i)^n$可写成$FVIF_{i,n}$，复利终值的计算公式可写成：

$$FV_n = PV(1+i)^n$$
$$= PV \cdot FVIF_{i,n}$$

为了简化和加速$(1+i)^n$的计算，可利用复利终值系数表，该表见书后附录1，表2－1是其简表。

表2－1　1元复利终值系数表

时间(n) \ 利息率(i)	5%	6%	7%	8%	9%	10%
1	1.050 0	1.060 0	1.070 0	1.080 0	1.090 0	1.100 0
2	1.102 5	1.123 6	1.144 9	1.166 4	1.188 1	1.210 0
3	1.157 6	1.191 0	1.225 0	1.259 7	1.295 0	1.331 0
4	1.215 5	1.262 5	1.310 8	1.360 5	1.411 6	1.464 1
5	1.276 3	1.338 2	1.402 6	1.469 3	1.538 6	($FVIF_{10\%,5}$)
6	1.340 1	1.418 5	1.500 7	1.586 9	1.677 1	1.771 6
7	1.407 1	1.503 6	1.605 8	1.713 8	1.828 0	1.948 7
8	1.477 5	1.593 8	1.718 2	1.850 9	1.992 6	2.143 6
9	1.551 3	1.689 5	1.838 5	1.999 0	2.171 9	2.357 9
10	1.628 9	1.790 8	1.967 2	2.158 9	2.367 4	2.593 7

例2－1可查表计算如下：

$$FV_5 = 1\ 000 \times (1+i)^5$$
$$= 1\ 000 \times FVIF_{10\%,5}$$
$$= 1\ 000 \times 1.611$$
$$= 1\ 611(元)$$

2. 复利现值

复利现值是指未来某期的一定量货币(本利和)，按复利折算成的现在价值(本金)。它是复利终值的逆运算。

复利现值的计算可由复利现值的计算公式导出：

$$FV_n = PV(1+i)^n$$

$$PV = \frac{FV_n}{(1+i)^n}$$

$$= FV_n \cdot \frac{1}{(1+i)^n}$$

其中，$\frac{1}{(1+i)^n}$称为复利现值系数，也称1元的复利现值，$\frac{1}{(1+i)^n}$写成$PVIF_{i,n}$，复利现

值的计算公式可写成

$$PV = FV_n \cdot PVIF_{i,n}$$

为了简化计算,可利用复利现值系数表。该表见书后附录2,表2-2是其简表。

表2-2　1元复利现值系数表

时间(n) \ 利息率(i)	5%	6%	7%	8%	9%	10%
1	0.952 4	0.943 4	0.934 6	0.925 9	0.917 4	0.909 1
2	0.907 0	0.890 0	0.873 4	0.857 3	0.841 7	0.826 4
3	0.863 8	0.839 6	0.816 3	($PVIF_{8\%,3}$)	0.772 2	0.751 3
4	0.822 7	0.792 1	0.762 9	0.735 0	0.708 4	0.683 0
5	0.783 5	0.747 3	0.713 0	0.680 6	0.649 9	0.620 9
6	0.746 2	0.705 0	0.666 3	0.630 2	0.596 3	0.564 5
7	0.710 7	0.665 1	0.622 7	0.583 5	0.547 0	0.513 2
8	0.676 8	0.627 4	0.582 0	0.540 3	0.501 9	0.466 5
9	0.644 6	0.591 9	0.543 9	0.500 2	0.460 4	0.424 1
10	0.613 9	0.558 4	0.508 3	0.463 2	0.422 4	0.385 5

[例2-2]　若计划在3年以后得到4 000元,银行存款利息率为8%,现在应一次存入的金额可计算如下:

$$\begin{aligned} PV &= FV_n \times \frac{1}{(1+i)^n} \\ &= 4\ 000 \times \frac{1}{(1+8\%)^3} \\ &= 3\ 176(元) \end{aligned}$$

或查复利现值系数表计算如下:

$$\begin{aligned} PV &= FV_n \cdot PVIF_{8\%,3} \\ &= 4\ 000 \times 0.793\ 8 \\ &= 3\ 175.2(元) \end{aligned}$$

复利终值系数$(1+i)^n$与复利现值系数$\frac{1}{(1+i)^n}$,二者互为倒数关系。复利终值表明一定量的货币的未来价值,复利现值表明未来一定量的货币的现在价值。所以,在i和n相同的前提条件下,复利终值系数与复利现值系数互为倒数,因此可分别利用二个系数来解决同一个问题。

[例2-3]　某人在8年后上大学需要一次缴纳10 000元,按年息6%复利,目前需要一次在银行存入多少钱?

解法一　利用复利现值系数计算如下:

$$PV=\frac{10\ 000}{(1+6\%)^8}$$
$$=10\ 000\times PVIF_{6\%,8}$$
$$=10\ 000\times 0.627\ 4$$
$$=6\ 274(\text{元})$$

解法二 利用复利终值系数计算如下：

$$PV=\frac{10\ 000}{(1+6\%)^8}$$
$$=\frac{10\ 000}{FVIF_{6\%,8}}$$
$$=\frac{10\ 000}{1.594}$$
$$=6\ 274(\text{元})$$

在财务管理实务中，习惯上把现金流量往前计算，即已知现值求终值为复利计算，其中的“i”称利率；把现金流量往回计算，即已知终值求现值称贴现计算，其中的“i”称贴现率。

运用复利现值系数可解决财务管理中的一些实际问题，如融资决策和企业收益趋势等。

利用复利现值系数计算借款的实际利率：

[例2-4] 假设从某机构借入5 000万元，代价是4年后还给该机构6 802万元，同期银行贷款利率为6%，是否该借此贷款？

$$PV_0=FV_4\cdot PVIF_{i,4}$$
$$5\ 000=6\ 802\times PVIF_{i,4}$$
$$PVIF_{i,4}=\frac{5\ 000}{6\ 802}=0.735$$

查复利现值系数表 $n=4$ 行，可知 $i=8\%$。因为贷款的实际利率为8%，高于同期银行贷款利率(6%)，所以不借此贷款。

利用复利现值系数计算收益的增长率：

[例2-5] 某公司1991年股票的每股收益为3.50元，在1996年年底每股收益增长到6.45元。求5年间该公司的收益增长率。

$$PV_0=FV_5\cdot PVIF_{i,5}$$
$$3.50=6.45\times PVIF_{i,5}$$
$$PVIF_{i,5}=\frac{3.50}{6.45}=0.543$$

查复利现值系数表 $n=5$ 行，可知 $i=13\%$，即该公司5年间的收益增长率为13%。

(二)年金的计算

年金是指一定时期内每期相等金额的收付款项。折旧、利息、租金、保险费等通常表现为年金的形式。简单地说，年金就是等额定期的系列收支。因此，企业财务活动中的分期付款赊购、分期偿还贷款、发放养老金、分期支付工程款，每年相同的销售收入等，也都属于年金的收付形式。年金按照付款方式和支付时间可划分为普通年金(也称后付年金)、预付年金(也称先付年金)、递延年金(也称延期年金)和永续年金四种。

1. 普通年金

普通年金又称后付年金,指每期期末有等额的收付款项的年金。在现实经济生活中由于这种年金最常见,所以称作普通年金,又由于它发生在每期的期末,因此又称作后付年金。因为计算的方向不同,普通年金分为普通年金终值和普通年金现值。

普通年金终值,简称年金终值,是指一定时期内每期期末收付款项的复利终值之和。它相当于银行储蓄中定期零存整取的本利和。其计算公式如下:

$$FVA_n = A \cdot (1+i)^0 + A \cdot (1+i)^1 + A \cdot (1+i)^2 + \cdots + A \cdot (1+i)^{n-2} + A \cdot (1+i)^{n-1}$$

$$= A \cdot \sum_{t=1}^{n} A \cdot (1+i)^{t-1}$$

$$= A \cdot \frac{(1+i)^n - 1}{i}$$

式中 FVA_n——年金终值;

A——年金;

i——利息率;

n——计息期。

[**例 2-6**] 5 年中每年年底存入银行 1 000 元,若利息率为 8%,求第 5 年末的年金终值。

$$FVA_5 = A \cdot \frac{(1+i)^5 - 1}{i}$$

$$= 1\,000 \times \frac{(1+8\%)^5 - 1}{8\%}$$

$$= 5\,867(\text{元})$$

其中 $\sum_{t=1}^{n} (1+i)^{t-1}$ 或 $\frac{(1+i)^n - 1}{i}$ 称为年金终值系数,又称 1 元年金终值,可写成 $FVIFA_{i,n}$,年金终值计算公式可写成

$$FVA_n = A \cdot \frac{(1+i)^n - 1}{i}$$

$$= A \cdot FVIFA_{i,n}$$

为了简化计算,可利用年金终值系数表。该表见书后附录 3,表 2-3 是其简表。

表 2-3 1 元年金终值系数表

时间(n) \ 利息率(i)	5%	6%	7%	8%	9%	10%
1	1.000 0	1.000 0	1.000 0	1.000 0	1.000 0	1.000 0
2	2.050 0	2.060 0	2.070 0	2.080 0	2.090 0	2.100 0
3	3.152 5	3.183 6	3.214 9	3.246 4	3.278 1	3.310 0

表 2-3(续)

利息率(i) / 时间(n)	5%	6%	7%	8%	9%	10%
4	4.310 1	4.374 6	4.439 9	4.506 1	4.573 1	4.641 0
5	5.525 6	5.637 1	5.750 7	($FVIFA_{8\%,5}$)	5.984 7	6.105 1
6	6.801 9	6.975 3	7.153 3	7.335 9	7.523 3	7.715 6
7	8.142 0	8.393 8	8.654 0	8.922 8	9.200 4	9.487 2
8	9.549 1	9.897 5	10.259 8	10.636 6	11.028 5	11.435 9
9	11.026 6	11.491 3	11.978 0	12.487 6	13.021 0	13.579 5
10	12.577 9	13.180 8	13.816 4	14.486 6	15.192 9	15.937 4

其前列可查表计算如下:

$$\begin{aligned} FVA_5 &= 1\ 000 \times \frac{(1+8\%)^5-1}{8\%} \\ &= 1\ 000 \times FVIFA_{8\%,5} \\ &= 1\ 000 \times 5.867 \\ &= 5\ 867(\text{元}) \end{aligned}$$

利用普通年金系数可以解决偿债基金的问题。偿债基金,是指为使年金终值达到既定金额,每年应支付的年金数额。

[例 2-7] 某企业准备在 5 年后还清 2 000 万元的债务,从现在起需每年等额存入银行一笔款项,若银行存款利率为 8%,求每年需存入多少钱?

由于有利息的存在,每年存入的金额肯定要小于 400 万元$\left(\frac{2\ 000}{5}\right)$,5 年后的本利和正好达到 2 000 万元,用来清偿债务,根据年金终值的计算公式

$$FVA_n = A \cdot \frac{(1+i)^n-1}{i}$$

可得

$$\begin{aligned} A &= FVA_n \cdot \frac{i}{(1+i)^n-1} \\ &= 2\ 000 \times \frac{8\%}{(1+8\%)^5-1} \\ &= 340.90(\text{万元}) \end{aligned}$$

式中的$\frac{i}{(1+i)^n-1}$是年金终值系数的倒数,称偿债基金系数,可写为$\frac{1}{FVIFA_{i,n}}$,因此,偿债基金的计算公式可写成

$$\begin{aligned} A &= FVA_n \cdot \frac{i}{(1+i)^n-1} \\ &= FVA_n \cdot \frac{1}{FVIFA_{i,n}} \end{aligned}$$

$$=2\ 000 \cdot \frac{1}{FVIFA_{8\%,5}}$$
$$=340.90(\text{万元})$$

普通年金现值,简称年金现值,是指一定期间内每期期末等额的系列收支款项的复利现值之和,也可以表述为在每期期末取得相等金额的款项,即现在需要投入的金额。其计算公式如下:

$$PVA_n = A \cdot \frac{1}{(1+i)^1} + A \cdot \frac{1}{(1+i)^2} + \cdots + A \cdot \frac{1}{(1+i)^{n-1}} + A \cdot \frac{1}{(1+i)^n}$$
$$= A \cdot \sum_{t=1}^{n} \frac{1}{(1+i)^t}$$
$$= A \cdot \frac{1-(1+i)^{-n}}{i}$$

式中 PVA_n——年金现值;

A——年金;

i——贴现率;

n——计息期。

[**例2-8**] 某企业向银行借款购入一台设备,预计利用该设备5年内每年可创利润1 000万元,若银行借款年利率为10%,求该设备新创利润的总现值。

$$PVA_5 = A \cdot \frac{1-(1+i)^{-5}}{i}$$
$$=1\ 000 \times \frac{1-(1+10\%)^{-5}}{10\%}$$
$$=3\ 791(\text{元})$$

计算年金现值公式中的 $\sum_{t=1}^{n} \frac{1}{(1+i)^t}$ 或 $\frac{1-(1+i)^{-n}}{i}$ 称为年金现值系数,又称1元年金现值,可写成 $PVIFA_{i,n}$,年金现值计算公式可写成

$$PVA_n = A \cdot \frac{1-(1+i)^{-n}}{i}$$
$$= A \cdot PVIFA_{i,n}$$

为了简化计算,可利用年金现值系数表。该表见书后附录4,表2-4是其简表。

表2-4 1元年金现值系数表

利息率(i) 时间(n)	5%	6%	7%	8%	9%	10%
1	0.952 4	0.943 4	0.934 6	0.925 9	0.917 4	0.909 1
2	1.859 4	1.833 4	1.808 0	1.783 3	1.759 1	1.735 5
3	2.723 2	2.673 0	2.624 3	2.577 1	2.531 3	2.486 9
4	3.546 0	3.465 1	3.387 2	3.312 1	3.239 7	3.169 9

表 2-4(续)

时间(n) \ 利息率(i)	5%	6%	7%	8%	9%	10%
5	4.329 5	4.212 4	4.100 2	3.992 7	3.889 7	($PVIFA_{10\%,5}$)
6	5.075 7	4.917 3	4.766 5	4.622 9	4.485 9	4.355 3
7	5.786 4	5.582 4	5.389 3	5.206 4	5.033 0	4.868 4
8	6.463 2	6.209 8	5.971 3	5.746 6	5.534 8	5.334 9
9	7.107 8	6.801 7	6.515 2	6.246 9	5.995 2	5.759 0
10	7.721 7	7.360 1	7.023 6	6.710 1	6.417 7	6.144 6

例 2-8 可查表计算如下：

$$\begin{aligned} PVA_5 &= A \cdot \frac{1-(1+i)^{-5}}{i} \\ &= 1\ 000 \times PVIFA_{10\%,5} \\ &= 1\ 000 \times 3.790\ 8 \\ &= 3\ 790\ 8(\text{元}) \end{aligned}$$

利用年金现值系数,可以解决投资回收资金的问题,投资回收资金,是指在一定期间内为收回初始投资额每期期末收回的相等金额。

[例 2-9] 某企业以 10% 的年利率借得 1 000 万元,投资于某个寿命为 10 年的项目,求每年保证收回多少资金才是有利的。

根据普通年金现值的计算公式

$$PVA_n = A \cdot \frac{1-(1+i)^{-n}}{i}$$

可得

$$\begin{aligned} A &= PVA_n \cdot \frac{i}{1-(1+i)^{-n}} \\ &= 1\ 000 \times \frac{10\%}{1-(1+10\%)^{-10}} \\ &= 162.7(\text{万元}) \end{aligned}$$

式中的$\frac{i}{1-(1+i)^{-n}}$是年金现值系数的倒数,称投资回收系数,可写为$\frac{1}{PVIFA_{i,n}}$,因此,投资回收资金的计算公式可写成

$$\begin{aligned} A &= PVA_n \cdot \frac{i}{1-(1+i)^{-n}} \\ &= PVA_n \cdot \frac{1}{PVIFA_{i,n}} \\ &= 1\ 000 \cdot \frac{1}{PVIFA_{10\%,10}} \\ &= 162.7(\text{万元}) \end{aligned}$$

由此可见，因为有借款利息的存在，每年实际收回的金额要大于100万元$\left(\frac{1\ 000}{10}\right)$。

2. 预付年金

预付年金也称先付年金或即付年金，是指一定期间内，各期期初等额的系列收付款项。即在每期期初支付的年金。由于计算的方向不同，预付年金分为预付年金终值和预付年金现值。预付年金与普通年金的区别，仅仅在于付款时间的不同。由于年金终值系数表和年金现值系数表都是按普通年金编制的，所以在利用上述两个表计算预付年金的终值和现值时，可以在普通年金的基础上用终值和现值的计算公式进行调整。

预付年金终值，是指一定时期内每期期初等额系列收付款项的复利终值之和。其根据普通年金终值计算公式进行调整的计算公式有两个。

n 期预付年金与 n 期普通年金相比，付款次数相同，期数相同，但由于付款时间不同，一个在期初，一个在期末，所以，预付年金终值比普通年金终值多得一期利息，于是用 n 期普通年金终值，乘以$(1+i)$，便可得出预付年金终值，其计算公式为

$$\begin{aligned} FVA_n &= A \cdot \frac{(1+i)^n-1}{i} \cdot (1+i) \\ &= A \cdot FVIFA_{i,n} \cdot (1+i) \end{aligned}$$

n 期预付年金与 $n+1$ 期普通年金的计息期数相同，但比 $n+1$ 期普通年金少付一次款项(A)，因此，将 $n+1$ 期普通年金终值减去一期付款额(A)，便可得出预付年金终值，其计算公式为

$$\begin{aligned} FVA_n &= A \cdot \left[\frac{(1+i)^{n+1}-1}{i} - 1\right] \\ &= A \cdot (FVIFA_{i,n+1} - 1) \end{aligned}$$

［例2－10］　某人每年年初存入银行200元，银行存款年利率为8%，求第10年末的本息和。

$$\begin{aligned} FVA_{10} &= A \cdot FVIFA_{8\%,10} \cdot (1+8\%) \\ &= 200 \times 14.486\ 6 \times 1.08 \\ &\approx 3\ 129.11（元） \end{aligned}$$

利用公式(2－7)解得

$$\begin{aligned} FVA_{10} &= A \cdot (FVIFA_{8\%,10+1} - 1) \\ &= 200 \times (16.645 - 1) \\ &= 3\ 129.0（元） \end{aligned}$$

其中尾数的误差为系数表四舍五入所致。

预付年金现值，是指一定时期内每期期初等额系列收付款项的复利现值之和。其根据普通年金公式进行调整的计算公式也有两个。如下：

n 期预付年金与 n 期普通年金相比，在计算现值时，n 期普通年金比 n 期预付年金值多贴现一期，所以，可以用 n 期普通年金现值，乘以$(1+i)$，来求出预付年金现值，其计算公式为

$$PVA_n = A \cdot \frac{1-(1+i)^{-n}}{i} \cdot (1+i)$$

$$=A \cdot PVIFA_{i,n} \cdot (1+i)$$

根据 n 期预付年金与 $n-1$ 期普通年金的关系可推出另一个公式。n 期预付年金现值与 $n-1$ 期普通年金的贴现期数相同,但 n 期预付年金比 $n-1$ 期普通年金多一期不用贴现的付款额(A),因此,可以先计算 $n-1$ 期普通年金的现值,再加上一期不需贴现的付款额(A),即可求出 n 期预付年金的现值,其计算公式为

$$PVA_n = A \cdot \left[\frac{1-(1+i)^{-(n-1)}}{i} + A\right]$$
$$= A \cdot (PVIFA_{i,n-1} + A)$$
$$= A \cdot (PVIFA_{i,n-1} + 1)$$

[例 2-11] 某企业租用一台设备,在 10 年中每年要支付租金 800 元,年利息率为 8%,问这些租金的现值为多少?

$$PVA_{10} = A \cdot FVIFA_{8\%,10} \cdot (1+8\%)$$
$$= 800 \times FVIFA_{8\%,10} \cdot (1+8\%)$$
$$= 800 \times 6.71 \times 1.08$$
$$= 5\ 797.44(元)$$

解得

$$PVA_{10} = A \cdot (FVIFA_{8\%,10-1} + 1)$$
$$= 800 \times (6.247 + 1)$$
$$= 5\ 797.6(元)$$

其中尾数的误差为系数表四舍五入所致。

3. 递延年金

递延年金也称延期年金,是指在最初若干期没有收付款发生,后面若干期有等额系列收付款项发生年金形式。一般来讲,递延年金是指第一次收付发生在第二期或第二期以后的普通年金,一般用 m 表示递延期数,用 n 表示收付期数,总期数为 $m+n$ 期。递延年金终值的大小与递延期无关,因此它的计算方法与普通年金终值相同,只要把发生支付行为的第一期作为计算期的起点,有几期就计算几期。所以,递延年金的计算只涉及现值的计算。根据普通年金计算公式来调整计算递延年金的计算方法有以下两种。

第一种方法:把递延年金作为 n 期普通年金看待,求出 n 期末到 m 期末的年金现值,然后再把这个现值作为终值,再求其在 m 期初的复利现值,这个复利现值就是递延年金的现值。其计算公式如下:

$$PVA_n = A \cdot PVIFA_{i,n} \cdot PVIF_{i,m}$$

第二种方法:把递延年金视为 $m+n$ 期普通年金,即假设递延期中也有收付额发生。先求出 $m+n$ 期普通年金现值,然后再减去并没有收付额发生的递延期(m 期)的普通年金现值,最终求出的二者之差即是要求的递延年金现值。其计算公式如下:

$$PVA_n = A \cdot (PVIFA_{i,m+n} - A \cdot PVIFA_{i,m})$$
$$= A \cdot (PVIFA_{i,m+n} - PVIFA_{i,m})$$

[例 2-12] 某企业向银行借入一笔款项,银行借款年利息率 8%,银行规定前 10 年不用偿还本息,从第 11 至 20 年每年年末偿还本息 10 万元,求这笔款项的现值。

利用第一种方法解得

$$PVA_{20} = A \cdot PVIFA_{8\%,10} \cdot PVIF_{8\%,10}$$
$$= 10 \times 6.7101 \times 0.463$$
$$\approx 31.07(\text{万元})$$

利用第二种方法解得

$$PVA_{20} = A \cdot (PVIFA_{8\%,20} - PVIFA_{8\%,10})$$
$$= 10 \times (9.8181 - 6.7101)$$
$$= 31.08(\text{万元})$$

4. 永续年金

永续年金也称终身年金，是指无限期支付的年金。在我国现实生活中，最常见的是银行存款中的存本取息。在西方某些债券采取了终身年金的形式，持有者凭它可在每期取得等额的资金，直到无限长的时间，永远不会期满，即发行者没有义务在将来的任何时候以债券的票面值赎回这些债券。此外，优先股股票因为有固定的股利而又无到期日，因而优先股的股利也可以看作是这种永续年金。

由于永续年金没有终止的时间，所以也就不存在终值，因此，在永续年金的计算中只涉及现值计算的问题。永续年金现值的计算公式，可以通过普通年金现值的计算公式导出：

$$PVA_n = A \cdot PVIFA_{i,n}$$

其中

$$PVIFA_{i,n} = \frac{1 - \frac{1}{(1+i)^n}}{i}$$

当 $n \to \infty$ 时，$\frac{1}{(1+i)^n} \to 0$，故

$$PVIFA_{i,\infty} = \frac{1}{i}$$

因此，永续年金现值的计算公式为

$$PVA_\infty = A \cdot \frac{1}{i}$$

[例 2－13]　某永续年金每年年底的收入为 800 元，利息率为 8%，求该项永续年金的现值。

$$PVA_\infty = 800 \times \frac{1}{8\%} = 10\,000(\text{元})$$

[例 2－14]　某学院拟建立一项永久性奖学金，每年计划颁发 20 000 元奖学金，若利息率为 10%，现在应一次存入银行多少钱？

$$PVA_\infty = 20\,000 \times \frac{1}{10\%} = 200\,000(\text{元})$$

(三)贴现率、期数和利率的推算

1. 贴现率的推算

(1)一次性收付款项贴现率的推算。对于一次性收付款项，根据其复利终值(或现值)

的计算公式可得贴现率的计算公式为

$$i=(F/P)^{1/n}-1$$

因此,若已知 F,P,n,不用查表便可直接计算出一次性收付款项的贴现率。

(2)永续年金贴现率的推算。永续年金贴现率的计算也很直接。当已知 P 和 A,则可根据永续年金的计算公式得出贴现的计算公式为

$$i=A/P$$

(3)普通年金贴现率的推算。普通年金贴现率的推算比较复杂,无法直接套用公式,而必须利用有关的系数表,有时还要利用插值法。

下面利用年金现值介绍一下其具体计算步骤:

①根据普通年金现值的计算公式,可推算出年金现值系数 α。

$$(P/A,i,n)=P/A=\alpha$$

②根据查年金现值系数表,可能找到恰好等于 α 的系数值,则这一数值对应的 i 值,即为所求的贴现率 i。如果未能找到这一数值,则应用插值法求 i。

即在表中找到与上述数值最接近的两个左右临界值,设为 $\beta_1,\beta_2(\beta_1<\alpha<\beta_2)$,其所对应的贴现率分别为 i_1,i_2,假设贴现率 i 同相关系数在较小范围内先行相关,因而可根据临界系数和相应的贴现率,其公式为

$$i=i_1+\frac{\beta_1-\alpha}{\beta_1-\beta_2}(i_2-i_1)$$

[例 2-15] 某企业现有借款 1 000 万元,欲使 10 年后达到 7 360 万元,选择投资机会时最低可接受的报酬率是多少?

$$(P/A,i,n)=P/A=7\ 360/1\ 000=7.36$$

查"1 元年金现值系数表",在 $n=10$ 的行中找到与 7.36 接近的系数 7.360 1,其对应的贴现率为 6%。

所以,当投资最低报酬率约为 6% 时,才可使现有 1 000 万元在 10 年后增加到 7 360 万元。

[例 2-16] 某企业某年年初借款 2 000 万元,每年年末提出还本付息的利息额为 500 万元,需要 9 年还清。则借款利率为多少?

根据题意,已知 $P=2\ 000,A=500,n=9$,则

$$(P/A,i,9)=P/A=2\ 000/500=4$$

查年金现值系数表,在 $n=9$ 的一行上无法找到恰好等于 $\alpha=5$ 的系数,于是在该列上找到大于和小于 5 的临界系数值,分别为 $\beta_1=5.328$ 和 $\beta_2=4.946$,其对应的临界利率为 $i_1=12\%$ 和 $i_2=14\%$。则

$$\begin{aligned} i &= i_1+\frac{\beta_1-\alpha}{\beta_1-\beta_2}(i_2-i_1) \\ &= 12\%+\frac{5.328\ 2-4}{5.328\ 2-4.916\ 4}\times(14\%-12\%) \\ &\approx 18.45\% \end{aligned}$$

2. 期数的推算

期数的推算，其原理和步骤同贴现率的推算相似。现以普通年金为例，说明已知 P，A 和 i 的情况下期数 n 的推算。

[例 2－17] 某企业现有一次性借款 1 500 万元，若在年利率 10% 的情况下，每年年末提出 300 万元作为偿债准备，需要多长时间才能提足偿债款项？

根据题意，已知 $P=1\,500$，$A=300$，$i=10\%$，则

$$(P/A,10\%,n)=P/A=1\,500/300=5$$

查年金现值系数表，在 $i=10\%$ 的一列上无法找到恰好等于 5 的系数，于是在该列上找到大于和小于 5 的临界系数值，分别为 4.868 4 和 5.334 9，其对应的临界期间为 7 和 8。然后假设 n 为实际年限，则可用插值法求出实际年限。

期数	年金现值系数
7	4.868 4
n	5
8	5.334 9

$n-7$ 对应 0.131 6；1 对应 0.466 5

插值法的结果是 $\frac{n-7}{1}=\frac{0.131\,6}{0.466\,5}$，所以 $n=7+0.282\,1\approx7.28$（年）。

3. 利率的推算

复利的计算期，是指计一次复利的期限。

终值和现值通常都是按年计算的，但有时情况并不是如此，比如：有的债券的利息每半年支付一次，股利有时候每季度支付一次，每月支付一次，在极特殊的情况下，甚至几天支付一次，于是就出现了不同的计息期。如果计息期短于 1 年，而使用的又是年利率，如此，计算复利终值的公式 $FV_n=PV_0(1+i)^n$ 就不适用了。

若 6 个月付息一次，实际用来计算的利率（实际利率：实际用来计算的年利率）只是名义利率（名义利率：给出的年利率）的一半，即 1/2，这样复利终值的计算公式就应该为

$$FV_n=PV_0\left(1+\frac{i}{2}\right)^{2n}$$

同理可得，每季复利一次的复利终值的计算公式为

$$FV_n=PV_0\left(1+\frac{i}{4}\right)^{4n}$$

于是，同理可推出复利计算的通式（也称作年内复利终值公式）为

$$FV_n=PV_0\left(1+\frac{i}{m}\right)^{m\cdot n}$$

其中 i——名义年利率、名义利率；

m——每年计息次数；

n——年数。

由该通式可知，进行复利计算的次数越多，一定期限内一定现值的未来值也就越大；反之越小，其实际年利率（也称实际利率）也就越小。

[例 2－18] 有资金 1 000 万元，投资于一个 5 年期的项目，在年利率为 8% 的情况下，求每季复利一次和每年复利一次的未来值。

每季复利一次的未来值：

$$FV_5 = 1\ 000 \times \left(1 + \frac{8\%}{4}\right)^{4 \times 5}$$

$$= 1\ 000 \times 1.486$$

$$= 1\ 486\ (\text{万元})$$

每年复利一次的未来值：

$$FV_5 = 1\ 000 \times (1 + 8\%)^5$$

$$= 1\ 000 \times 1.469$$

$$= 1\ 469\ (\text{万元})$$

由上例可知，一年复利4次，比一年复利一次多得17元的利息。其中，一年复利4次的实际年利率，可由复利终值计算公式求得

$$FV_n = PV_0(1+i)^n$$

$$1\ 486 = 1\ 000 \times (1+i)^5$$

$$(1+i)^5 = 1.486$$

所以 $FVIF_{i,n} = 1.486$

查复利终值系数表 $n=5$ 行，可得

$$FVIF_{8\%,5} = 1.469\ 3$$

$$FVIF_{9\%,5} = 1.538\ 6$$

用插值法求得实际利率为

利率	复利终值系数
8%	1.469 3
x	1.486
9%	1.538 6

$$\left.\begin{array}{l}8\% \\ x\end{array}\right\} x - 8\% \qquad \left.\begin{array}{l}8\% \\ 9\%\end{array}\right\} 9\% - 8\%$$

$$\left.\begin{array}{l}1.469\ 3 \\ 1.486\end{array}\right\} 1.486 - 1.469\ 3 \qquad \left.\begin{array}{l}1.469\ 3 \\ 1.538\ 6\end{array}\right\} 1.538\ 6 - 1.469\ 3$$

则

$$\frac{x - 8\%}{9\% - 8\%} = \frac{1.486 - 1.469\ 3}{1.538\ 6 - 1.469\ 3}$$

所以

$$x = 8\% + 0.24\%$$

$$= 8.24\%$$

求得实际年利率为8.24%，大于名义利率8%，二者之差为0.24%。从上述计算过程可知，名义利率与实际利率之间存在着一定的内在联系，其关系如下。

设 r——实际年利率、实际利率；

i——名义年利率、名义利率；

m——每年计息次数；

n——年数。

由前面的计算得知，使用名义利率按复利终值计算通式得到的未来值，应该等于用实际利率计算的未来值，即

$$PV_0 \cdot \left(1 + \frac{i}{m}\right)^{m \cdot n} = PV_0 \cdot (1+r)^n$$

等式两边同除以 PV_0，得

$$\left(1+\frac{i}{m}\right)^{m\cdot n}=(1+r)^n$$

等式两边同开 n 次方，得

$$\left(1+\frac{i}{m}\right)^m=(1+r)$$

所以

$$r=\left(1+\frac{i}{m}\right)^m-1$$

上述公式即为名义利率与实际利率的换算关系，为了进一步证实该公式的可靠性，仍以例 2－18 为例，将数据代入该关系式，有

$$\begin{aligned}r&=\left(1+\frac{8\%}{4}\right)^4-1\\&=1.0824-1\\&=8.24\%\end{aligned}$$

用实际利率计算的未来值如下

$$\begin{aligned}FV_5&=1\ 000\times(1+8.24\%)^5\\&=1\ 000\times1.486\\&=1\ 486\ (\text{万元})\end{aligned}$$

结果与按复利通式计算的终值相等。

一年当中复利次数的多少即复利速度的快慢称为复利的频率。复利频率越快，同一期的终值越大。目前西方财务管理的评价模式，经常使用连续复利的概念，连续复利是指复利的频率无限。在连续复利下，复利终值的计算如下

设 m 为复利频率，则

$$\begin{aligned}FV_n&=\lim_{m\to\infty}PV_0\cdot\left(1+\frac{i}{m}\right)^{mn}\\&=\lim_{m\to\infty}PV_0\cdot\left(1+\frac{1}{\frac{m}{i}}\right)^{(\frac{m}{i})\,i\cdot n}\end{aligned}$$

当 $m\to\infty$ 时，$\frac{m}{i}\to\infty$，

其中，基本极限 $\lim\limits_{z\to\infty}\left(1+\frac{1}{z}\right)^z=\mathrm{e}$，即

$$\lim_{m\to\infty}\left(1+\frac{1}{m}\right)^z=\mathrm{e}$$

因为上式 $=\lim\limits_{m\to\infty}PV_0\left(1+\frac{1}{m}\right)^{in}=PV_0\cdot\mathrm{e}^{in}$

已知 e 的近似值为 2.718 28，若：期初存款 10 000 元，年息 6%，连续复利 5 年后的本利和为

$$\begin{aligned}FV_5&=PV_0\cdot\mathrm{e}^{in}\\&=10\ 000\times\mathrm{e}^{0.06\times5}\end{aligned}$$

$$=10\ 000 \times e^{0.3}$$
$$=10\ 000 \times 1.349\ 8$$
$$=13\ 498(元)$$

本例按单利计算的本利和为

$$10\ 000 \times (1+6\% \times 5)=13\ 000(元)$$

本例按复利计算的本利和为

$$10\ 000 \times (1+6\%)^5=13\ 380(元)$$

因此说,在一定的利率和年数之下连续复利可产生最大的将来值。

第二节　投资风险价值

风险是市场经济的一个重要特征,而企业的财务管理活动常常都是在有风险的情况下进行的,冒风险就要求获得额外的报酬,否则就不值得去冒险。因此,离开了风险因素,就不可能正确地评价报酬的高低。风险报酬原理正确地提示了风险和报酬之间的关系,进而为进行财务决策提供了可靠的依据。

一、风险报酬的概念

前面在研究时间价值时,有一个假设条件,即不存在风险和通货膨胀的条件下,在完全静态的条件下,假定没有风险。但是,在财务管理实践中,风险是时时刻刻存在的,是不可避免的,企业只要从事理财活动,就要承担一定的风险。

(一)风险的含义

风险是一个比较难掌握的概念,理论界关于其定义和计量方法有多种表述,概括起来,大致有以下几种。

一般来讲,企业的一项理财活动可能有多种结果,即将来的结果不是唯一的,就称作有风险。

在《韦氏大词典》中关于风险的定义是:“灭火、损伤或处于危险处境的可能”,即风险指发生某些不利事件的可能性。

从证券分析或投资项目分析来讲,风险应该是指实际现金流量会少于预期流量的可能。

从投资者的角度来看,风险是指从投资活动中所获收益低于预期收益的概率。

最后,从财务管理的角度来说,风险是指在一定条件下和一定时期内,财务活动可能发生各种结果的变动程度。

由此可见,站在不同的角度对风险的含义有不同的理解,但不管其表述如何,都没有偏离风险的实质。风险的实际性质有三,即客观性、时间性和可测性。

在财务实务领域,对风险和不确定性一般不作过细的区分,统统作为“风险”来对待,即未来的收益或损失只要不确定,就称作有“风险”。实际上,不确定性是人们事先只知道采取某种行动可能形成的各种结果,但不知道它们出现的概率,或者两者都不知道,只能作粗略的估计。例如,企业试制一种新产品,事先只能肯定该种产品试制成功或失败两种可能,但不会知道这两种后果出现可能性的大小。经营决策一般都是在不确定的情况下做出的。因此,为了便于进行定量分析,财务管理中把风险视为不确定性加以计量,将风险理解为可测定概率的不确定性。

概率的测定有两种方法:一种是客观概率,指根据大量历史的实际数据推算出来的概率;另一种是主观概率,指在没有大量实际资料的情况下,人们根据有限资料和经验合理估计的概率。

(二)风险的种类

风险的预期结果的不确定性,这种不确定性可以来自外部环境或整个市场,也可能来自特定的投资方案或特定的金融资产,前者称作系统性风险(或不可分散风险),后者称作非系统性风险(或可分散风险)。

1. 系统性风险

系统性风险是指由于整个经济的变动而造成的市场全面风险,如社会动荡不安、政局不稳、国民经济的全面衰退、资源危机、社会经济制度变革等。系统性风险是来自特定投资方案或特定金融资产的外部,作为特定的投资方案或特定的金融资产来说是不可回避的,不能运用一定的理财策略进行分散的风险,所以这种风险又称为不可分散风险。

2. 非系统性风险

非系统性风险是指对于特定的理财项目来说所存在的风险。由于它与理财项目外部因素的变动无关,所以称作非系统性风险,如购买某一股份公司的股票,由于该股份公司的经营破产而为投资方带来的投资损失,或者由于该股份公司的经营情况不稳定为投资方的股票投资收益带来不确定的风险。这类风险可以通过多样化投资策略进行分散,所以非系统性风险又称为可分散风险。

3. 总风险

一个特定的理财项目的风险来自内部和外部两个方面,所以理财风险包括系统性风险和非系统性风险两个部分,一部分是可以通过多样化理财策略进行分散,而另一部分则不能运用多样化理财策略分散。两个方面的风险合并到一起,就构成了特定的理财项目的总风险,即

$$\text{总风险} = \text{系统性风险} + \text{非系统性风险}$$

(三)风险报酬的含义

一般而言,人们都不喜欢风险,而且在投资时都千方百计地回避风险,可是,为什么还是有人“明知山有虎,偏向虎山行”呢?这是因为,一个投资方案的收益与风险往往是相伴而生的,而且风险越大,收益就越高,风险越小,收益就越低。财务决策就是在风险与收益之间进行选择,在收益一定的情况下,谋求最低的风险,在风险一定的情况下,谋求最高的收益,冒的风险越大,收益率就应该越高,就可以得到额外报酬——风险报酬。

风险报酬有两种方法表示:风险报酬额和风险报酬率。风险报酬额是指投资者因冒风险进行投资而获得的超过时间价值的那部分额外报酬;风险报酬率是指投资者因冒险进行

投资而获得的超过时间价值率的那部分额外报酬率,即风险报酬额与原投资额的比率。风险报酬虽然有两种表示方法,但是在实际工作中,并不进行严格的区分,因此,人们在涉及风险报酬这个概念时,有时是指风险报酬率,有时是指风险报酬额。而在财务管理中,风险报酬通常用相对数——风险报酬率来计量。如果把通货膨胀因素抽象掉,投资报酬率就是时间价值率和风险报酬率之和,即

期望投资报酬率 = 资金时间价值(或无风险报酬率) + 风险报酬率

正因为如此,时间价值和风险报酬就成为影响财务管理的两个基本因素。

二、风险报酬的测量

风险报酬(也称风险价值)的计量,是财务管理学中的重要内容,风险本身的未来结果的不确定性,决定了风险报酬的不确定性,可以运用统计学的概率分布来确定,只要预计的概率分布中可能的结果不止一个,风险就不可避免。可以按以下七个步骤进行。

(一)确定概率分布

在经济活动中,某一事件在相同的条件下可能发生,也可能不发生,这类事件称为随机事件。概率就是用来表示随机事件发生可能性大小的数值。通常,把必然发生的事件的概率定义为1,把不可能发生的事件的概率定义为0,而一般随机事件的概率是介于0与1之间的一个数。概率越大,就表示该事件发生的可能性越大。

如果把所有可能性的事件或结果都列示出来,而且每一事件都给予一种概率,把它们列示在一起,便构成了概率的分布。概率的分布的要求有二:一是所有概率即 P_i 都在0和1之间,即 $0 \leqslant P_i \leqslant 1$;二是所有结果的概率之和应等于1,即,$\sum_{i=1}^{n} P_i = 1$,其中 n 为可能出现结果的个数。

(二)计算期望报酬率

1. 期望报酬率的含义

期望报酬率(也称预期报酬率),是各种可能报酬率的加权平均。它的权数就是期望报酬率的概率,它是反映集中趋势的一种量度。其计算公式如下:

$$\overline{K} = \sum_{i=1}^{n} P_i K_i$$

式中 $\overline{K}$——期望报酬率、预期报酬率;

K_i——第 i 种可能结果的报酬率,即第 i 种报酬率;

P_i——第 i 种可能结果的概率,即第 i 种概率;

n——可能结果的个数。

[例2-19] 某企业有两个投资机会,其有关的概率分布及期望报酬率情况如表2-5所示。

表 2－5　A、B 项目的概率分布及报酬率

经济情况	概率	A 项目报酬率	B 项目报酬率
繁荣	0.3	80%	30%
正常	0.4	20%	20%
衰退	0.3	－40%	10%

A、B 两个项目的期望报酬率计算如下：

$$\bar{K}(A)=0.3\times80\%+0.4\times20\%+0.3\times(-40\%)=20\%$$

$$\bar{K}(B)=0.3\times30\%+0.4\times20\%+0.3\times10\%=20\%$$

以上 A、B 两个项目的期望报酬率相同，都是20%，在这种情况下，如何来判断二者风险的大小呢？可通过考察它们分布离散的情况来进行判断。

2. 离散型分布

若随机变量（如报酬率）只取有限个值，并且对应于这些值都有确定的概率，则随机变量是离散分布。例 2－19 就属于离散型分布，它有三个值。在离散型分布里，随机变量（报酬率）在直角坐标系中越集中，其实现的可能性越大，风险越小；反之，风险越大，例 2－19 可绘制如图 2－1 所示。

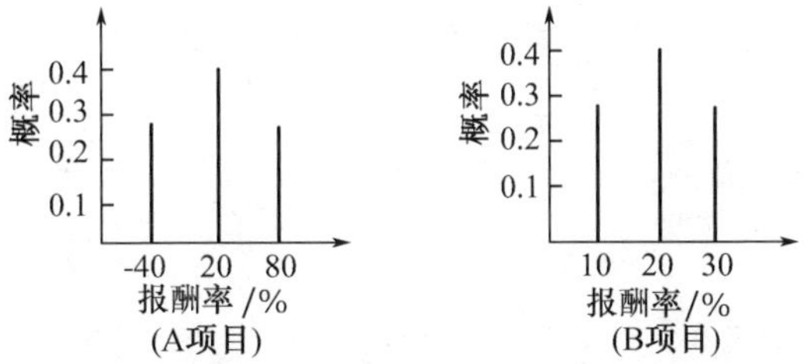

图 2－1　A、B 项目离散型分布图

3. 连续型分布

以上只是假定存在繁荣、一般和衰退 3 种情况，实际上出现的情况远远不止三种，有无数种可能的情况会出现，如果对每一种情况都赋予一个概率，并分别测定其报酬率，则可用连续型分布来描述，例 2－19 的连续型分布图如图 2－2 所示。

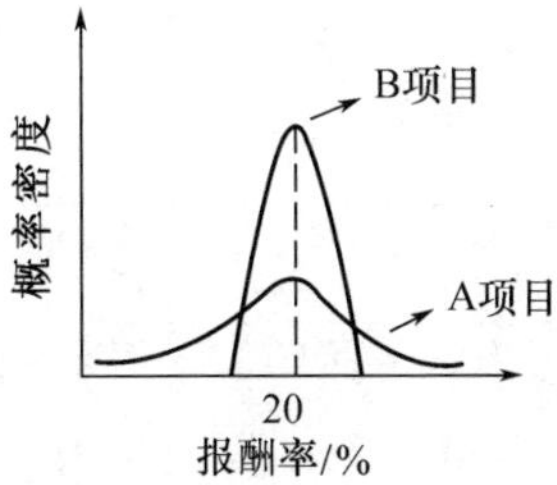

图 2－2　A、B 项目连续型分布图

以上图形说明:例2-19的报酬率呈正态分布,其主要特征是曲线为对称的倒钟形。实际上并不是所有总是都按正态分布,但是按照统计学的理论,不论总体分布是正态或非正态,当样本很大时,其样本平均数都呈正态分布。

概率分布越集中,正态分布图形越陡峭,实际可能的结果就越接近期望报酬率,而实际报酬率低于期望报酬率的可能性就越小。因此,概率越集中,投资的风险就越低,由于B项目的概率分布相对集中,所以它的风险比A项目要低。通过报酬率的分布图,可以直观地判定B项目的风险低于A项目,但是两个项目的期望报酬率都是20%,究竟哪一个更好一些呢?可以通过计算标准差来确定。

(三)标准差

标准差是统计学中的一个概念,用于计量一个变量对其平均值的偏离度。它是对数值进行个别观察所得的加权平均差求平方根而得到的。方差或标准差是测定风险大小的有效指标,方差或标准差越大,预计结果的离散程度越高,结果越不确定,风险越大;反之,方差或标准差越小,风险也就越小。其计算公式如下:

$$\sigma^2 = \sum_{i=1}^{n} (K_i - \overline{K})^2 \cdot P_i$$

标准差也称均方根,是方差的平方根。

标准差:

$$\sigma = \sqrt{\sum_{i=1}^{n} (K_i - \overline{K})^2 \cdot P_i}$$

式中 σ——期望报酬率的标准差;

$\overline{K}$——期望报酬率;

K_i——第i种可能的结果;

P_i——第i种结果的概率;

n——可能结果的个数。

标准差(σ)用来估量一项投资收益的变动情况并由此表示出其中的风险程度。标准差主要用来比较期望值或原始投资额相等的项目的份额风险大小,标准差的值越大,投资收益的变动越大,投资风险也就越大;当标准差为0时,意味着收益稳定,不存在风险。但是,标准差只是反映了几个有限的收益的变动(离散型),若事实上这种变动属于连续型的分布,就应绘制标准离差正态分布图来分析。若正态分布图越陡峭,投资风险就越低,分布越平缓,风险就越高。

A、B两个项目的标准差计算如下:

$$\sigma(A) = \sqrt{(80\% - 20\%)^2 \times 0.3 + (20\% - 20\%)^2 \times 0.4 + (-40\% - 20\%)^2 \times 0.3} = 46.47\%$$

$$\sigma(B) = \sqrt{(30\% - 20\%)^2 \times 0.3 + (20\% - 20\%)^2 \times 0.4 + (10\% - 20\%)^2 \times 0.3} = 7.74\%$$

计算结果表明,A项目的标准差为46.47%,B项目为7.74%,二者的期望报酬率相同,都是20%,所以,B项目的标准差小,风险也小。

(四)计算变异系数

以上研究的标准差,是对风险的绝对估量,只能用于比较期望报酬率相同的各项投资风险程度。对于期望报酬率不同的项目的估量,应该使用变异系数。变异系数(也称变化称数),是对风险的相对估量,适用于评价具有不同期望报酬率的投资项目之间风险程度的测定。计算公式如下:

$$q = \frac{\sigma}{\overline{K}} \times 100\%$$

式中　q——变异系数、变化系数;

σ——标准差;

$\overline{K}$——期望报酬率。

A、B 两个项目的变异系数如下:

$$q(\mathrm{A}) = \frac{46.47\%}{20\%} \times 100\% = 232.35\%$$

$$q(\mathrm{B}) = \frac{7.74\%}{20\%} \times 100\% = 38.7\%$$

计算结果表明,B 项目的变异系数小,因而风险也小。

(五)计算风险报酬率

标准差和变异系数虽然能正确评价投资风险程度的大小,但还没有完成计算风险报酬率的任务,要计算风险报酬率,必须借助一个系数——风险报酬系数。风险报酬率、风险报酬系数和变异系数之间的关系可表示如下式:

$$R_R = bq$$

式中　R_R——风险报酬率;

b——风险报酬系数;

q——变异系数。

投资总报酬率的计算公式如下:

$$\begin{aligned} K &= R_F + R_R \\ &= R_F + bq \end{aligned}$$

式中　K——投资总报酬率;

R_F——无风险报酬率。

无风险报酬率是通货膨胀贴水和时间价值率之和,在财务管理中通常把某一时期某个国家的政府债券的报酬率视为无风险报酬率。风险报酬系数是将变异系数转化为风险报酬的一种系数或倍数。若 A 项目的风险报酬系数为 5%,B 项目的风险报酬系数为 8%,则

A、B 两个项目的风险报酬率计算如下:

$$R_R(\mathrm{A}) = 5\% \times 232.35\% \approx 11.61\%$$

$$R_R(\mathrm{B}) = 8\% \times 38.7\% \approx 3.10\%$$

若无风险报酬率为 10%,则

$$K_R(\mathrm{A}) = 10\% + 11.61\% = 21.61\%$$

$$K_R(\mathrm{B}) = 10\% + 3.10\% = 13.10\%$$

至于风险报酬系数的确定,有如下几种方法。

(1)根据公式确定

参照以往同类投资项目的历史资料,通过公式 $K = R_F + bq$ 得出风险报酬系数的计算公式如下:

$$b = \frac{K - R_F}{q}$$

(2)由专家确定

第一种方法必须在历史资料比较充分的情况下才能采用。在缺乏历史资料的情况下,则可以组织有关专家根据经验加以确定。实际上,风险报酬系数的确定,在很大程度上取决于各公司对风险的态度。比较敢于承担风险的公司,往往把 b 值定得低些;反之,比较稳健的公司,则常常把 b 值定得高些。

(六)计算风险报酬额

在已知风险报酬率的情况下,求风险报酬额,可以使用以下两种方法。

(1)在已知投资额情况下的计算公式如下:

$$P_R = CR_R$$

式中 P_R——风险报酬额;

C——投资额;

R_R——风险报酬率。

若该企业总投资额为100万元,其投资于A、B两个项目的风险报酬分别计算如下:

$$P_R(\text{A}) = 100 \times 11.61\% = 11.61(\text{万元})$$

$$P_R(\text{B}) = 100 \times 3.10\% = 3.10(\text{万元})$$

(2)在已知投资报酬额情况下的计算公式如下:

$$P_R = P_M \times \frac{P_R}{K_R} = P_M \times \frac{P_R}{R_F + R_R}$$

式中 P_M——投资总报酬额;

P_R——风险报酬额;

R_R——风险报酬率;

R_F——无风险报酬率;

K_R——投资总报酬率。

若预计投资于A项目的总报酬为26.61万元,投资于B项目的总报酬为13.10万元,则A、B而各项目的风险报酬额分别计算如下:

$$P_R(\text{A}) = 26.11 \times \frac{11.61\%}{21.61\%} = 14.03(\text{万元})$$

$$P_R(\text{B}) = 13.10 \times \frac{3.10\%}{13.10\%} = 13.10 \times \frac{3.10\%}{10\% + 3.10\%}$$

$$=3.10（万元）$$

根据上述计算结果，投资总报酬的计算公式如下：

$$K_K = C \cdot K_R$$
$$= C \cdot (R_F + R_R)$$

A、B两个项目的投资总报酬额分别计算如下：

$$K_K(A) = 100 \times 21.61\%$$
$$= 100 \times (10\% + 11.61\%)$$
$$= 21.61（万元）$$
$$K_K(B) = 100 \times 13.10\%$$
$$= 100 \times (10\% + 3.10\%)$$
$$= 13.10（万元）$$

由此可见，A项目的风险大，其风险报酬额也大，获得的投资报酬额也多。究竟应选择哪个项目，要取决于人们对待风险的态度。不同的人对待风险的态度是有差别的，对于上述两个项目，采取稳健策略的人，会选B项目；对于采取冒险策略的人，会选A项目。在一般情况下，报酬率相同时，选择风险小的项目；风险相同时，选择报酬率高的项目。问题在于，一些项目正因为风险大，所以相应的报酬率也高，如何决策呢？这就要看报酬率是否高到值得去冒险，以及投资人对风险的态度。

三、证券组合的风险报酬

在现实生活中，投资者进行证券投资时，都会自觉或不自觉地将资金分散开，并不孤注一掷地投资于一种证券，而是同时持有多种证券。同时投资于多种证券称作证券的投资组合，简称为证券组合或投资组合。

（一）证券组合的风险

投资多样化所形成的证券组合的总风险分为两个部分，即系统性风险和非系统性风险。系统性风险，一般是由整个经济的变动而造成的市场全面风险，其影响是全面性的，不可避免的，不能通过投资的多样化来冲减和分散，也称不可分散风险；非系统性风险，是公司特有风险。因而投资者可以通过投资多样化来相对冲减或分散，也称可分散风险。这两类风险可表示如图2－3所示。

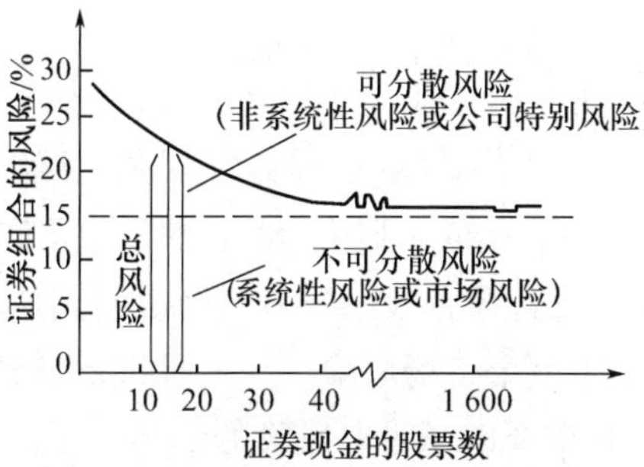

图2－3　证券风险构成图

从图2-3中可以看到,可分散风险随证券组合中股票数量的增加而逐渐减少。根据最近几年的资料,一种股票组成的证券组合的标准差δ_1大约为28%,由所有股票组成的证券组合叫市场证券组合,其标准差为15.1%,即$\delta_m=15.1\%$。这样,如果一个包含有40种股票而又比较合理的证券组合,大部分可分散风险都能消除。

1. 可分散风险

可分散风险是指某些因素对单个证券造成经济损失的可能性。如个别公司工人的罢工、公司在市场竞争中的失败、诉讼失败等。这种风险可通过持有证券的多样化来抵消。即多买几家公司的股票,其中某些公司的股票报酬上升,另一些下降,升降相抵,风险抵消。至于风险相抵的程度,要决定于相关系数r。关于证券组合的相关系数,大致有以下四种情况。

(1)当相关系数$r=+1.0$时,为完全正相关,投资组合不发挥作用。两个完全正相关的股票报酬将一起上升或下降,这样的组合不能冲减或抵消任何风险。

(2)当相关系数$r=0$时,为两者不相关,此时投资多样化能起到降低风险的作用,但其效果远不如$r=-1.0$时。

(3)当相关系数$r=-1.0$时,为完全负相关,风险正好完全抵消。这样的两种股票组成的证券组合是最佳组合,能够组成一个完全无风险的证券组合,这是因为它们的报酬正好成相反的循环,即当A股票报酬上升时,B股票报酬正好下降,升降的幅度正好相互抵消。事实上,在现实生活中完全负相关的两种证券几乎不存在,绝大多数的情况是正相关。

(4)当相关系数$r=+0.6$时,为最常见的情况,绝大多数两种股票组合的相关系数,都居于正相关的0.5~0.7范围内。

2. 不可分散风险

不可分散风险是由于某些因素给市场上所有的证券都带来经济损失的可能性,如宏观经济状况的变化、国家财政政策和货币政策变化、世界能源状况的改变都会使股票报酬发生变动。这些风险影响到所有的证券,因此,不能通过证券组合分散掉。换句话说,即使投资者持有的是经过适当分散的证券组合,也遭受这种风险。因此,对投资者来说,这种风险是无法消除的,但是这种风险对不同企业的影响程度是有差别的,对于这种风险的计量,可通过β系数来进行。

β系数是衡量一种证券投资(风险性资产)或证券组合的报酬率,对整个资本市场报酬率变动的反应的一种量度标准,其计算公式如下:

$$\beta=\frac{\text{某种证券的风险报酬率}}{\text{证券市场上所有证券平均的风险报酬率}}$$

上述公式是一个高度简化的公式,实际计算过程非常复杂,在实际工作中,不用投资者自己计算,而是有专门机构定期计算并公布。其中,整个股票市场的$\beta=1$,若某种股票的$\beta=1$,说明其风险等于整个市场风险;若某种股票的$\beta>1$,说明其风险大于整个市场风险;若某种股票的$\beta<1$,说明其风险小于整个市场风险。一些标准的β值如下:

$\beta=0.5$ 说明该股票的风险只有整个市场股票风险的一半;

$\beta=1.0$ 说明该股票的风险等于整个市场股票风险;

$\beta=2.0$ 说明该股票的风险是整个市场股票风险的2倍。

以上是单个股票β系数的计算方法，证券组合的β系数是单个证券β系数的加权平均。权数为各种股票在证券组合中所占的比重，其计算公式如下：

$$\beta_P = \sum_{i=1}^{n} X_i\beta_i$$

式中 β_P——证券组合的β系数；

X_i——证券组合中第i中股票所占的比重；

β_i——第i种股票的β系数；

n——证券组合中股票的数量。

[例2-20] 若H、A、L三种证券投资总额为10万元，其中证券H为2万元，$\beta=2$；证券A为5万元，$\beta=1$；证券L为3万元，$\beta=0.5$，求证券组合的β系数。

$$\beta_P = 0.2\times2.0+0.5\times1+0.3\times0.5=1.05$$

通过以上分析可得出如下结论：

(1)证券投资的总风险由可分散风险和不可分散风险两部分组成。

(2)可分散风险可通过证券组合来消减，消减程度决定于相关系数r。

(3)不可分散风险不能通过证券组合来消减，需通过β系数来测量。

(二)证券组合的风险报酬

证券组合的风险报酬是指投资者因承担不可分散风险而要求的，超过时间价值的那部分额外报酬。在现实生活中，证券组合投资与单项投资一样，都要求对其承担的风险进行补偿，股票的风险越大，要求的报酬率越高。但是，证券组合投资所能补偿的只是不可分散风险，不能补偿可分散风险。若可分散风险也能补偿的话，那些精通组合之术的人，就会利用证券组合来抬高证券价格，进而扰乱整个证券市场的价格水平。若果真是这样的话，全世界的证券市场早就不复存在了。证券组合风险报酬的计算公式如下：

$$R_P=\beta_P\cdot(K_m-R_F)$$

式中 K_m——所有股票的平均报酬率，简称市场报酬率；

R_F——无风险报酬率，一般可用政府债券的利息率来衡量。

[例2-21] 某公司持有价值为150万元的股票，是由甲、乙、丙三种股票构成的证券组合，它们的β系数分别为2.0、1.0、0.5，它们在证券组合中所占的比重分别为70%、20%和10%，股票的市场报酬率为15%，无风险报酬率为10%，求这种组合的风险报酬率、风险报酬额和总投资报酬额。

(1)确定证券组合的β系数

$$\beta_P=70\%\times2.0+20\%\times1.0+10\%\times0.5=1.65$$

(2)计算证券组合的风险报酬率

$$R_F=1.65\times(15\%-10\%)=8.25\%$$

(3)计算证券组合的风险报酬额

$$R_P=150\times8.25\%=12.38(\text{万元})$$

(4)计算投资总报酬额

$$K = 150 \times (10\% + 8.25\%) = 27.38(\text{万元})$$

在其他因素不变的条件下，风险报酬率和风险报酬额的大小，取决于证券组合中的β系数。若β系数越大,风险报酬率就越大,风险报酬额也就越大;反之,就越小。此种情况可通过例2－21加以说明。

[例2－22] 若该公司重新调整证券组合,卖出部分甲股票,买进部分丙股票,证券组合的比重变为甲20%、乙20%、丙60%,求此时的风险报酬率、风险报酬额和投资报酬额。

$$\beta_P = 20\% \times 2.0 + 20\% \times 1.0 + 60\% \times 0.5 = 0.9$$

$$R_P = 0.9 \times (15\% - 10\%) = 4.5\%$$

$$P_R = 150 \times 4.5\% = 6.75(\text{万元})$$

$$K = 150 \times (10\% + 4.5\%) = 21.75(\text{万元})$$

由此可见,调整了甲、乙、丙三种股票在证券组合中的比重,缩小了β较大的甲股票的比重,扩大了β较小的丙股票的比重,使得综合β系数缩小,从而降低了风险同时也降低了风险报酬额和投资报酬额,因此,在证券组合中,β系数起关键的作用。

(三)风险和报酬率的关系

由前面的讨论可知,证券组合的风险一般要小于该组合中各项证券的平均风险,这一现象对于研究风险和报酬率之间的关系有重要的意义。西方财务管理学中的资本资产定价模型表明了证券投资充分多样化的组合中,其风险与要求的报酬率之间的均衡关系。用图形表示的资本资产定价模型,称作证券市场线(简称SML),它说明了必要报酬率K与不可分散风险β系数之间的关系,如图2－4所示。

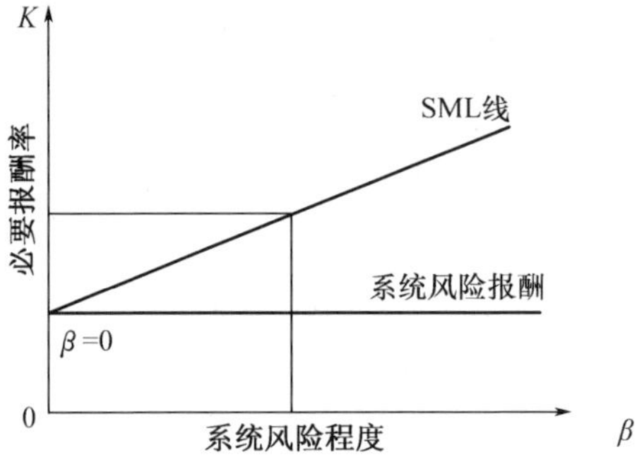

图2－4 必要报酬率与不可分散风险系数之间的关系

图2－4中纵轴代表必要报酬率(K),横轴代表风险程度(β),证券市场线的起点为无风险报酬率,即β为0的报酬率,从此点向右延伸,报酬率随着风险程度的增加而增加,形成一个倾斜向上的直线,即为证券市场线,反映报酬与风险之间的“均衡”关系。沿着证券市场线的报酬率,是补偿投资者持有证券承担一定风险所要求的报酬率,所以称为“必要报酬率”。SML线表明在系统风险一定的前提下,必要报酬率在市场上的变动趋势,平行线所示

为无风险报酬率，当风险增加时，报酬增加，必要报酬率也相应提高。资本资产定价模型的公式如下：

$$K_i = R_F + \beta_i (K_m - R_F)$$

式中 K_i——第 i 种股票或第 i 种证券者的必要报酬率；

R_F——无风险报酬率；

β_i——第 i 种股票或第 i 种证券组合的 β 系数；

K_m——所有股票的平均报酬率。

[例2－23] 若现行国库券的利率为7%，市场平均报酬率为16%，某种股票的 β 系数为1.5，求该股票的必要报酬率。

$$K_i = 7\% + 1.5 \times (16\% - 7\%) = 20.5\%$$

计算结果表明，只有该股票的报酬率达到或超过20.5%，投资者才能进行投资。

复习思考题

一、简述年金的含义并列举年金按收付时点不同所划分的种类。

二、计算下列各题

1. 以100元存入银行，年利率6%，一年复利一次，7年的复利终值是多少？

2. 以100元存入银行，年利率8%，3个月复利一次，30年的复利终值是多少？

三、计算下列各题

1. 年利率6%，一年复利一次，7年后的100元，其复利现值是多少？

2. 年利率7%，一年复利一次，80年后的1 000元，其复利现值是多少？

3. 年利率4%，半年复利一次，73年后的1 000元，其复利现值是多少？

四、计算下列各题

1. 年利率6%，每月复利一次，其实际利率是多少？

2. 年利率8%，每3个月复利一次，其实际利率是多少？

五、计算下列各题

1. 年利率6%，每年复利一次，一项“即付现金”，每年付款100元，共付4年，其年金现值是多少？

2. 年利率6%，每年复利一次，一项“即付现金”，每年付款100元，共付4年，其年金终值是多少？

3. 年利率6%，每年复利一次，一项“递延年金”从第7年年底开始，每年付款100元，共付4次，其年金现值是多少？

六、某人拟购房，开发商提出两个方案：方案一是现在一次性支付80万元；方案二是5年后支付100万元。若目前的银行贷款利率是7%（复利计息），应如何付款？

七、企业有一笔5年后到期的贷款，每年年末归还借款3 000元，假设贷款年利率为2%，则企业该笔贷款的到期值为多少元？

八、某人准备购买一套新房,开发商提供了两种付款方案供选择:方案一,从第4年年末开始支付,每年年末支付20万元,一共支付8年;方案二,按揭买房,每年年初支付15万元,一共支付10年。假设银行利率为5%,请问该选择哪种方案?

九、假设A资产和B资产在不同经济状态下可能的收益率及各种经济状态下出现的概率如下表所示:

经济状况	发生概率	A资产收益率	B资产收益率
繁荣	1/3	30%	-5%
一般	1/3	10%	7%
衰退	1/3	-7%	19%

如果A资产和B资产的投资比重各为50%,A资产和B资产形成一个资产组合。

要求:计算资产组合的预期收益率。

十、A项目与经济环境与状况有关,有关概率分布与预期报酬率如下表:

经济状况	发生概率	报酬率
1	0.15	-0.1
2	0.25	0.14
3	0.40	0.20
4	0.20	0.25

要求:(1)A投资项目的预期报酬率;

(2)A投资项目的标准差。

十一、某企业存入银行一笔款项,计划从第五年年末起每年年末从银行提取现金30 000元,连续提8年,假设银行存款复利年利率为10%。

要求:(1)计算该企业现在应存入银行多少钱?

(2)若该企业从第五年年初起,每年年初从银行提取现金3 000元,在其他条件不变的情况下,该企业应存入银行多少钱?

十二、某公司现有甲、乙两个投资项目可供选择,有关资料如下:

市场销售情况	概率	甲项目的收益率	乙项目的收益率
很好	0.3	20%	30%
一般	0.4	16%	10%
很差	0.4	12%	-10%

要求:(1)计算甲乙两个项目的预期收益率、标准差和标准离差率;

(2)比较甲、乙两个项目的风险,说明该公司应该选择哪个项目;

(3)假设市场是均衡的,政府短期债券的收益率为4%,计算所选项目的风险价值系数(b);

(4)假设资本资产定价模型成立,政府短期债券的收益率为4%,证券市场平均收益率为9%,市场组合的标准差为8%,计算市场风险溢酬、乙项目的β系数。

第三章 筹资管理

内容要点

筹资渠道、筹资方式;个别资金成本的计算、综合资金成本的计算;吸收投入资本、银行借款、融资租赁、商业信用;发行普通股、发行企业债券;资本成本比较法;财务杠杆原理。

第一节 筹资管理概述

企业筹资,是指企业为了满足其经营活动、投资活动、资本结构调整等需要,运用一定的筹资方式,筹措和获取所需资金的一种行为。资金是企业的血液,是企业设立、生存和发展的物质基础,是企业开展生产经营业务活动的基本前提。任何一个企业,为了形成生产经营能力、保证生产经营正常运行,必须拥有一定数量的资金。

筹资活动是企业一项重要的财务活动。如果说企业的财务活动是以现金收支为主的资金流转活动,那么筹资活动则是资金运转的起点。筹资的作用主要有两个。

1. 满足经营运转的资金需要

企业筹资,能够为企业生产经营活动的正常开展提供财务保障。筹集资金,作为企业资金周转运动的起点,决定着企业资金运动的规模和生产经营发展的程度。企业新建时,要按照企业战略所确定的生产经营规模核定长期资本和流动资金的需要量。在企业日常生产经营活动运行期间,需要维持一定数额的资金,以满足营业活动的正常波动需求。这些都需要筹措相应数额的资金,来满足生产经营活动的需要。

2. 满足投资发展的资金需要

企业在成长时期,往往因扩大生产经营规模或对外投资需要大量资金。企业生产经营规模的扩大有两种形式,一种是新建厂房、增加设备,这是外延式的扩大再生产;另一种是引进技术、改进设备,提高固定资产的生产能力,培训工人,提高劳动生产率,这是内涵式的扩大再生产。不管是外延式的扩大再生产还是内涵式的扩大再生产,都会发生扩张性的筹资机动。同时,企业由于战略发展和资本经营的需要,还会积极开拓有发展前途的投资领域,以联营投资、股权投资和债权投资等形式对外投资。经营规模扩张和对外产权投资,往往会产生大额的资金需求。

一、筹资的分类

企业筹资可以按不同的标准进行分类。

(一)股权筹资、债务筹资及衍生工具筹资

按企业所取得资金的权益特性不同,企业筹资分为股权筹资、债务筹资及衍生工具筹

资三类，这也是企业筹资方式最常见的分类方法。

股权筹资形成股权资本，是企业依法长期拥有、能够自主调配运用的资本。股权资本在企业持续经营期间内，投资者不得抽回，因而也称之为企业的自有资本、主权资本或股东权益资本。股权资本是企业从事生产经营活动和偿还债务的本钱，是代表企业基本资信状况的一个主要指标。企业的股权资本通过吸收直接投资、发行股票、内部积累等方式取得。股权资本由于一般不用还本，形成了企业的永久性资本，因而财务风险小，但付出的资本成本相对较高。

股权筹资项目，包括实收资本（股本）、资本公积金、盈余公积金和未分配利润等。其中，实收资本（股本）和实收资本溢价部分形成的资本公积金是投资者的原始投入部分；盈余公积金、未分配利润和部分资本公积金是原始投入资本在企业持续经营中形成的经营积累。通常，盈余公积金、未分配利润共称为留存收益。股权筹资在经济意义上形成了企业的所有者权益，其金额等于企业资产总额减去负债总额后的余额。

债务筹资，是企业通过借款、发行债券、融资租赁及赊销商品或服务等方式取得的资金形成在规定期限内需要清偿的债务。由于债务筹资到期要归还本金和支付利息，对企业的经营状况不承担责任，因而具有较大的财务风险，但付出的资本成本相对较低。从经济意义上来说，债务筹资也是债权人对企业的一种投资，也要依法享有企业使用债务所取得的经济利益，因而也可以称之为债权人权益。

衍生工具筹资包括兼具股权与债务特性的混合融资和其他衍生工具融资。我国上市公司目前最常见的混合融资是可转换债券融资，最常见的其他衍生工具融资是认股权证融资。

（二）直接筹资与间接筹资

按其是否以金融机构为媒介，企业筹资分为直接筹资和间接筹资两种类型。

直接筹资，是企业直接与资金供应者协商融通资本的一种筹资活动。直接筹资方式主要有吸收直接投资、发行股票、发行债券等。通过直接筹资既可以筹集股权资金，也可以筹集债务资金。按法律规定，公司股票、公司债券等有价证券的发行需要通过证券公司等中介机构进行，但证券公司所起到的只是承销的作用，资金拥有者并未向证券公司让渡资金使用权，因此发行股票、债券属于直接向社会筹资。

间接筹资，是企业借助银行等金融机构融通资本的筹资活动。在间接筹资方式下，银行等金融机构发挥了中介的作用，预先集聚资金，资金拥有者首先向银行等金融机构让渡资金的使用权，然后由银行等金融机构将资金提供给企业。间接筹资的基本方式是向银行借款，此外还有融资租赁等筹资方式，间接筹资形成的主要是债务资金，主要用于满足企业资金周转的需要。

（三）内部筹资与外部筹资

按资金的来源范围不同，企业筹资分为内部筹资和外部筹资两种类型。

内部筹资是指企业通过利润留存而形成的筹资来源。内部筹资数额的大小主要取决于企业可分配利润的多少和利润分配政策（股利政策），一般无须花费筹资费用，从而降低了资本成本。

外部筹资是指企业向外部筹措资金而形成的筹资来源。处于初创期的企业,内部筹资的可能性是有限的;处于成长期的企业,内部筹资往往难以满足需要。这就需要企业广泛地开展外部筹资,如发行股票、债券,取得商业信用、向银行借款等。企业向外部筹资大多需要花费一定的筹资费用,从而提高了筹资成本。

因此,企业筹资时首先应利用内部筹资,然后再考虑外部筹资。

(四)长期筹资与短期筹资

按所筹集资金的使用期限不同,企业筹资分为长期筹资和短期筹资两种类型。

长期筹资,是指企业筹集使用期限在1年以上的资金筹集活动。长期筹资的目的主要在于形成和更新企业的生产和经营能力,或扩大企业的生产经营规模,或为对外投资筹集资金。长期筹资通常采取吸收直接投资、发行股票、发行债券、取得长期借款、融资租赁等方式,所形成的长期资金主要用于购建固定资产、形成无形资产、进行对外长期投资、垫支流动资金、产品和技术研发等。从资金权益性质来看,长期资金可以是股权资金,也可以是债务资金。

短期筹资,是指企业筹集使用期限在1年以内的资金筹集活动。短期资金主要用于企业的流动资产和日常资金周转,一般在短期内需要偿还。短期筹资经常利用商业信用、短期借款、保理业务等方式来筹集。

二、筹资管理的原则

企业筹资管理的基本要求,是在严格遵守国家法律法规的基础上,分析影响筹资的各种因素,权衡资金的性质、数量、成本和风险,合理选择筹资方式,提高筹集效果。

(一)遵循国家法律法规,合法筹措资金

不论是直接筹资还是间接筹资,企业最终都通过筹资行为向社会获取资金。企业的筹资活动不仅为自身的生产经营提供资金来源,而且也会影响投资者的经济利益,影响社会经济秩序。企业的筹资行为和筹资活动必须遵循国家的相关法律法规,依法履行法律法规和投资合同约定的责任,合法合规筹资,依法信息披露,维护各方的合法权益。

(二)分析生产经营情况,正确预测资金需要量

企业筹集资金,首先要合理预测资金的需要量。筹资规模与资金需要量应当匹配一致,既避免因筹资不足,影响生产经营的正常进行,又要防止筹资过多,造成资金闲置。

(三)合理安排筹资时间,适时取得资金

企业筹集资金,还需要合理预测确定资金需要的时间。要根据资金需求的具体情况,合理安排资金的筹集时间,适时获取所需资金,使筹资与用资在时间上相衔接,既避免过早筹集资金形成的资金投放前的闲置,又防止取得资金的时间滞后,错过资金投放的最佳时间。

(四)了解各种筹资渠道,选择资金来源

企业所筹集的资金都要付出资本成本的代价,不同的筹资渠道和筹资方式所取得的资金,其资本成本各有差异。企业应当在考虑筹资难易程度的基础上,针对不同来源资金的成本进行分析,尽可能选择经济、可行的筹资渠道与方式,力求降低筹资成本。

(五)研究各种筹资方式,优化资本结构

企业筹资要综合考虑股权资金与债务资金的关系、长期资金与短期资金的关系、内部筹资与外部筹资的关系,合理安排资本结构,保持适当偿债能力,防范企业财务危机,提高筹资效益。

三、企业资本金制度

资本金制度是国家就企业资本金的筹集、管理,以及所有者的责权利等方面所做的法律规范。资本金是企业权益资本的主要部分,是企业长期稳定拥有的基本资金,此外,一定数额的资本金也是企业取得债务资本的必要保证。

(一)资本金的本质特征

设立企业必须有法定的资本金。资本金,是指企业在工商行政管理部门登记的注册资金,是投资者用以进行企业生产经营、承担民事责任而投入的资金。资本金在不同类型的企业中表现形式有所不同,股份有限公司的资本金被称为股本,股份有限公司以外的一般企业的资本金被称为实收资本。

从性质上看,资本金是投资者创建企业所投入的资本,是原始启动资金;从功能上看,资本金是投资者用以享有权益和承担责任的资金,有限责任公司和股份有限公司以其资本金为限对所负债务承担有限责任;从法律地位来看,资本金要在工商行政管理部门办理注册登记,投资者只能按所投入的资本金而不是所投入的实际资本数额享有权益和承担责任,已注册的资本金如果追加或减少,必须办理变更登记;从时效来看,除了企业清算、减资、转让回购股权等特殊情形外,投资者不得随意从企业收回资本金,企业可以无限期地占用投资者的出资。

(二)资本金的筹集

2018 年颁布的《公司法》要求:除法律、行政法规以及国务院决定对公司注册资本实缴有另行规定的以外,取消了关于公司股东(发起人)应自公司成立之日起两年内缴足出资,投资公司在五年内缴足出资的规定;取消了一人有限责任公司股东应一次足额缴纳出资的规定。转而采取公司股东(发起人)自主约定认缴出资额、出资方式、出资期限等,并记载于公司章程的方式。放宽注册资本登记条件。除对公司注册资本最低限额有另行规定的以外,取消了有限责任公司、一人有限责任公司、股份有限公司最低注册资本分别应达三万元、十万元、五百万元的限制;不再限制公司设立时股东(发起人)的首次出资比例以及货币出资比例。简化登记事项和登记文件。有限责任公司股东认缴出资额、公司实收资本不再

作为登记事项。公司登记时,不需要提交验资报告。

(三)资本金的管理原则

企业资本金的管理,应当遵循资本保全这一基本原则。实现资本保全的具体要求,可分为资本确定、资本充实和资本维持三部分内容。

1. 资本确定原则

资本确定,是指企业设立时资本金数额的确定。企业设立时,必须明确规定企业的资本总额及各投资者认缴的数额。如果投资者没有足够认缴资本总额,企业就不能成立。为了强化资本确定的原则,法律规定由工商行政管理机构进行企业注册资本的登记管理。这是保护债权人利益、明晰企业产权的根本需要。根据《公司法》等法律法规的规定,一方面,投资者以认缴的资本为限对公司承担责任;另一方面,投资者以实际缴纳的资本为依据行使表决权和分取红利。

2. 资本充实原则

资本充实,是指资本金的筹集应当及时、足额。企业筹集资本金的数额、方式、期限均要在投资合同或协议中约定,并在企业章程中加以规定,以确保企业能够及时、足额筹得资本金。

对企业登记注册的资本金,投资者应在法律法规和财务制度规定的期限内缴足。如果投资者未按规定出资,即为投资者违约,企业和其他投资者可以依法追究其责任,国家有关部门还将按照有关规定对违约者进行处罚。投资者在出资中的违约责任有两种情况:一是个别投资者单方违约,企业和其他投资者可以按企业章程的规定,要求违约方支付延迟出资的利息、赔偿经济损失;二是投资各方均违约或外资企业不按规定出资,则由工商行政管理部门进行处罚。

企业筹集的注册资本,必须进行验资,以保证出资的真实可信。对验资的要求:一是依法委托法定的验资机构;二是验资机构要按照规定出具验资报告;三是验资机构依法承担提供验资虚假或重大遗漏报告的法律责任。因出具的验资证明不实给公司债权人造成损失的,除能够证明自己没有过错的外,在其证明不实的金额范围内承担赔偿责任。

3. 资本维持原则

资本维持,指企业在持续经营期间有义务保持资本金的完整性。企业除由股东大会或投资者会议做出增减资本决议并按法定程序办理者外,不得任意增减资本总额。

企业筹集的实收资本,在持续经营期间可以由投资者依照相关法律法规以及企业章程的规定转让或者减少,投资者不得抽逃或者变相抽回出资。除《公司法》等有关法律法规另有规定外,企业不得回购本企业发行的股份。在下列四种情况下,股份公司可以回购本公司股份:减少公司注册资本;与持有本公司股份的其他公司合并;将股份奖励给本公司职工;股东因对股东大会做出的公司合并、分立决议持有异议而要求公司收购其股份。

股份公司依法回购股份,应当符合法定要求和条件,并经股东大会决议。用于将股份奖励给本公司职工而回购本公司股份的,不得超过本公司已发行股份总额的5%;用于收购的资金应当从公司的税后利润中支出;所收购的股份应当在1年内转让给职工。

第二节 股权筹资

企业所能采用的筹资方式,一方面受法律环境和融资市场的制约,另一方面也受企业性质的制约。中小企业和非公司制企业的筹资方式比较受限;股份有限公司和有限责任公司的筹资方式相对多样。

前已述及,股权筹资形成企业的股权资金,也称之为权益资本,是企业最基本的筹资方式。股权筹资又包含吸收直接投资、发行普通股股票和利用留存收益三种主要形式,此外,我国上市公司引入战略投资者的行为,也属于股权筹资的范畴。

一、吸收直接投资

吸收直接投资,是指企业按照“共同投资、共同经营、共担风险、共享收益”的原则,直接吸收国家、法人、个人和外商投入资金的一种筹资方式。吸收直接投资是非股份制企业筹集权益资本的基本方式,采用吸收直接投资的企业,资本部分为等额股份,无须公开发行股票。吸收直接投资实际出资额,注册资本部分形成实收资本;超过注册资本的部分属于资本溢价,形成资本公积。

(一)吸收直接投资的种类

1. 吸收国家投资

国家投资是指有权代表国家投资的政府部门或机构,以国有资产投入公司,这种情况下形成的资本称为国有资本。根据《企业国有资本与财务管理暂行办法》的规定,在企业持续经营期间,企业拟定以盈余公积、资本公积转增实收资本的,国有企业和国有独资公司由董事会或经理办公会决定,并报主管财政机关备案;股份有限公司和有限责任公司由董事会决定,并经股东大会审议通过。吸收国家投资一般具有以下特点:①产权归属国家;②资金的运用和处置受国家约束较大;③在国有企业中采用比较广泛。

2. 吸收法人投资

法人投资是指法人单位以其依法可支配的资产投入公司,这种情况下形成的资本称为法人资本。吸收法人资本一般具有以下特点:①发生在法人单位之间;②以参与公司利润分配或控制为目的;③出资方式灵活多样。

3. 吸收外商直接投资

企业可以通过合资经营或合作经营的方式吸收外商直接投资,即与其他国家的投资者共同投资,创办中外合资经营企业或者中外合作经营企业,共同经营、共担风险、共负盈亏、共享利益。

4. 吸收社会公众投资

社会公众投资是指社会个人或本公司职工以个人合法财产投入公司,这种情况下形成的资本称为个人资本。吸收社会公众投资一般具有以下特点:①参加投资的人员较多;②每人投资的数额相对较少;③以参与公司利润分配为基本目的。

(二)吸收直接投资的出资方式

1. 以货币资产出资

以货币资产出资是吸收直接投资中最重要的出资方式。企业有了货币资产,便可以获取其他物质资源,支付各种费用,满足企业创建时的开支和随后的日常周转需要。

2. 以实物资产出资

实物出资是指投资者以房屋、建筑物、设备等固定资产和材料、燃料、商品产品等流动资产所进行的投资。实物投资应符合以下条件:①适合企业生产、经营、研发等活动的需要;②技术性能良好;③作价公平合理。

实物出资中实物的作价,可以由出自各方协商确定,也可以聘请专业资产评估机构评估确定。国有及国有控股企业接受其他企业的非货币资产出资,需要委托有资格的资产评估机构进行资产评估。

3. 以土地使用权出资

土地使用权是指土地经营者对依法取得的土地在一定期限内有进行建筑、生产经营或其他活动的权利。土地使用权具有相对的独立性,在土地使用权存续期间,包括土地所有者在内的其他任何人和单位,不能任意收回土地和非法干预使用权人的经营活动。企业吸收土地使用权投资应符合以下条件:①适合企业科研、生产、经营、研发等活动的需要;②地理、交通条件适宜;③作价公平合理。

4. 以工业产权出资

工业产权通常是指专有技术、商标权、专利权、非专利技术等无形资产。投资者以工业产权出资应符合以下条件:①有助企业研究、开发和生产出新的高科技产品;②有助于企业提高生产效率,改进产品质量;③有助于企业降低生产消耗、能源消耗等各种消耗;④作价公平合理。

吸收工业产权等无形资产出资的风险较大。因为以工业产权投资,实际上是把技术转化为资本,使技术的价值固定化。而技术具有强烈的时效性,会因其不断老化落后而导致实际价值不断减少甚至完全丧失。

(三)吸收直接投资的程序

1. 确定筹资数量

企业在新建在扩大经营时,首先确定资金的需要量。资金的需要量应根据企业的生产经营规模和供销条件等来核定,确保筹资数量与资金需要量相适应。

2. 寻找投资单位

企业既要广泛了解有关投资者的资信、财力和投资意向,又要通过信息交流和宣传,使出资方了解企业的经营能力、财务状况及未来预期,以便于公司从中寻找最合适的合作伙伴。

3. 协商和签署投资协议

找到合适的投资伙伴后,双方进行具体协商,确定出资数额、出资方式和出资时间。企业应尽可能吸收货币投资,如果投资方确有先进而适合需要的固定资产和无形资产,亦可采取非货币投资方式。对实物投资、工业产权投资、土地使用权投资等非货币资产，双方应按公平合理的原则协商定价。当出资数额、资产作价确定后，双方须签署投资的协议或合同，以明确双方的权利和责任。

4. 取得所筹集的资金

签署投资协议后，企业应按规定或计划取得资金。如果采取现金投资方式，通常还要编制拨款计划，确定拨款期限、每期数额及划拨方式，有时投资者还要规定拨款的用途，如把拨款区分为固定资产投资拨款、流动资金拨款、专项拨款等。如为实物、工业产权、非专利技术、土地使用权投资，一个重要的问题就是核实财产。财产数量是否准确，特别是价格有无高估低估的情况，关系到投资各方的经济利益，必须认真处理，必要时可聘请专业资产评估机构来评定，然后办理产权的转移手续取得资产。

(四)吸收直接投资的筹资特点

(1)能够尽快形成生产能力。吸收直接投资不仅可以取得一部分货币资金，而且能够直接获得所需的先进设备和技术，尽快形成生产经营能力。

(2)容易进行信息沟通。吸收直接投资的投资者比较单一，股权没有社会化、分散化，甚至于有的投资者直接担任公司管理层职务，公司与投资者易于沟通。

(3)吸收投资的手续相对比较简便，筹资费用较低。

(4)资本成本较高。相对于股票筹资来说，吸收直接投资的资本成本较高。当企业经营较好，盈利较多时，投资者往往要求将大部分盈余作为红利分配，因为企业向投资者支付的报酬是按其出资数额和企业实现利润的比率来计算的。

(5)企业控制权集中，不利于企业治理。采用吸收直接投资方式筹资，投资者一般都要求获得与投资数额相适应的经营管理权。如果某个投资者的投资额比例较大，则该投资者对企业的经营管理就会有相当大的控制权，容易损害其他投资者的利益。

(6)不利于产权交易。吸收投入资本由于没有证券为媒介，不利于产权交易，难以进行产权转让。

二、发行普通股股票

股票是股份有限公司为筹措股权资本而发行的有价证券，是公司签发的证明股东持有公司股份的凭证。股票作为一种所有权凭证，代表着股东对发行公司净资产的所有权。股票只能由股份有限公司发行。

(一)股票的特征与分类

1. 股票的特点

(1)永久性。公司发行股票所筹集的资金属于公司的长期自有资金，没有期限，不需归还。换言之，股东在购买股票之后，一般情况下不能要求发行企业退还股金。

(2)流通性。股票作为一种有价证券，在资本市场上可以自由转让、买卖和流通，也可以继承、赠送或作为抵押品。股票特别是上市公司发行的股票具有很强的变现能力，流动性很强。

(3)风险性。由于股票的永久性,股东成了企业风险的主要承担者。风险的表现形式有股票价格的波动性、红利的不确定性、破产清算时股东处于剩余财产分配的最后顺序等。

(4)参与性。股东作为股份公司的所有者,拥有参与企业管理的权利,包括重大决策权、经营者选择权、财务监控权、公司经营的建议和质询权等。此外,股东还有承担有限责任、遵守公司章程等义务。

2. 股东的权利

股东最基本的权利是按投入公司的股份额,依法享有公司收益获取权、公司重大决策参与权和选择公司管理者的权利,并以其所持股份为限对公司承担责任。

(1)公司管理权。股东对公司的管理权主要体现在重大决策参与权、经营者选择权、财务监控权、公司经营的建议和质询权、股东大会召集权等方面。

(2)收益分享权。股东有权通过股利方式获取公司的税后利润,利润分配方案由董事会提出并经过股东大会批准。

(3)股份转让权。股东有权将其所持有的股票出售或转让。

(4)优先认股权。原有股东拥有优先认购本公司增发股票的权利。

(5)剩余财产要求权。当公司解散、清算时,股东有对清偿债务、清偿优先股股东以后的剩余财产索取的权利。

3. 股票的种类

(1)按股东权利和义务,分为普通股股票和优先股股票。普通股股票简称普通股,是公司发行的代表着股东享有平等的权利、义务,不加特别限制的、股利不固定的股票。普通股是最基本的股票,股份有限公司通常情况只发行普通股。

优先股股票简称优先股,是公司发行的相对于普通股具有一定优先权的股票。其优先权利主要表现在股利分配优先权和分取剩余财产优先权上。优先股股东在股东大会上无表决权,在参与公司经营管理上受到一定限制,仅对涉及优先股权利的问题有表决权。

(2)按票面有无记名,分为记名股票和无记名股票。记名股票是在股票票面上记载有股东姓名或将名称记入公司股东名册的股票。无记名股票不登记股东名称,公司只记载股票数量、编号及发行日期。

(3)按发行对象和上市地点,分为A股、B股、H股、N股和S股等。A股即人民币普通股票,由我国境内公司发行,境内上市交易,它以人民币标明面值,以人民币认购和交易。B股即人民币特种股票,由我国境内公司发行,境内上市交易,它以人民币标明面值,以外币认购和交易。H股是注册地在内地、上市在香港的股票。依此类推,在纽约和新加坡上市的股票,分别称为N股和S股。

(二)上市公司的股票发行

上市的股份有限公司在证券市场上发行股票,包括公开发行和非公开发行两种类型。公开发行股票又分为首次上市公开发行股票和上市公开发行股票;非公开发行即向特定投资者发行,也叫定向发行。

1. 首次上市公开发行股票(IPO)

首次上市公开发行股票(Initial Public Offering,以下简称IPO),是指股份有限公司对社会公开发行股票并上市流通和交易。实施 IPO 的公司,应当符合中国证监会(以下简称证监会)颁布的《首次公开发行股票并上市管理办法》规定的相关条件,并经中国证监会核准。

实施 IPO 的基本程序是:①公司董事会应当依法就本次股票发行的具体方案、本次募集资金使用的可行性及其他事项做出决议,并提请股东大会批准;②公司股东大会就本次发行股票做出的决议;③由保荐人保荐并向证监会申报;④证监会受理,并审核批准;⑤自证监会核准发行之日起,公司应在 6 个月内公开发行股票;超过 6 个月未发行的,核准失效,须经证监会重新核准后方可发行。

2. 上市公开发行股票

上市公开发行股票,是指股份有限公司已经上市后,通过证券交易所在证券市场上对社会公开发行股票。上市公司公开发行股票,包括增发和配股两种方式。其中,增发是指增资发行,即上市公司向社会公众发售股票的再融资方式,而配股是指上市公司向原有股东配售发行股票的再融资方式。增发和配股也应符合证监会规定的条件,并经过证监会的核准。

3. 非公开发行股票

上市公司非公开发行股票,是指上市公司采用非公开方式,向特定对象发行股票的行为,也叫定向募集增发。其目的往往是为了引入该机构的特定能力,如管理、渠道等。定向增发的对象可以是老股东,也可以是新投资者。总之,定向增发完成之后,公司的股权结构往往会发生较大变化,甚至发生控股权变更的情况。

在公司设立时,上市公开发行股票与非上市不公开发行股票相比较,上市公开发行股票方式的发行范围广,发行对象多,易于足额筹集资本,同时还有利于提高公司的知名度。但公开发行方式审批手续复杂严格,发行成本高。在公司设立后再融资时,上市公司定向增发和非上市公司定向增发相比较,上市公司定向增发优势在于:①有利于引入战略投资者和机构投资者;②有利于利用上市公司的市场化估值溢价,将母公司资产通过资本市场放大,从而提升母公司的资产价值;③定向增发是一种主要的并购手段,特别是资产并购型定向增发,有利于集团企业整体上市,并同时减轻并购的现金流压力。

(三)引入战略投资者

1. 战略投资者的概念与要求

我国在新股发行中引入战略投资者,允许战略投资者在公司发行新股中参与配售。按照证监会的规则解释,战略投资者是指与发行人具有合作关系或有合作意向和潜力,与发行公司业务联系紧密且欲长期持有发行公司股票的法人。从国外风险投资机构对战略投资者的定义来看,一般认为战略投资者是能够通过帮助公司融资、提供营销与销售支持的业务,或通过个人关系增加投资价值的公司或个人投资者。

一般来说,作为战略投资者的基本要求是:①要与公司的经营业务联系紧密;②要出于长期投资目的而较长时期地持有股票;③要具有相当的资金实力,且持股数量较多。

2. 引入战略投资者的作用

战略投资者具有资金、技术、管理、市场、人才等方面的优势,能够增强企业的核心竞争力和创新能力。上市公司引入战略投资者,使其能够和上市公司之间形成紧密的、伙伴式的合作关系,并由此增强公司经营实力、提高公司管理水平、改善公司治理结构。因此,对战略投资者的基本资质条件要求是:拥有比较雄厚的资金、核心的技术、先进的管理等,同时要有较好的实业基础和较强的投融资能力。

(1)提升公司形象,提高资本市场认同度。战略投资者往往都是实力雄厚的境内外大公司、大集团,甚至是国际、国内500强,他们对公司股票的认购,是对公司潜在未来价值的认可和期望。

(2)优化股权结构,健全公司法人治理结构。战略投资者在公司占一定股权份额并长期持股,能够分散公司控制权,战略投资者参与公司管理,能够改善公司治理结构。战略投资者带来的不仅是资金和技术,更重要的是能带来先进的管理水平和优秀的管理团队。

(3)提高公司资源整合能力,增强公司的核心竞争力。战略投资者往往都有较好的实业基础,能够带来先进的工艺技术和广阔的产品营销市场,并致力于长期投资合作,能够促进公司产品结构和产业结构的调整升级,有助于形成产业集群,整合公司的经营资源。

(4)达到阶段性的融资目标,加快实现公司上市融资的进程。战略投资者具有较强的资金实力,并与发行人签订有关配售协议,长期持有发行人股票,能够为新上市的公司提供长期稳定的资本,帮助上市公司用较低的成本融得较多的资金,提高了公司的融资效率。

从现有情况来看,目前我国上市公司确定战略投资者还处于募集资金最大化的实用原则阶段。谁的申购价格高,谁就能成为战略投资者,管理型、技术型的战略投资者还很少见。资本市场中的战略投资者,目前多是追逐持股价差、有较大承受能力的股票持有者,一般都是大型证券投资机构。

(四)发行普通股的筹资特点

(1)所有权与经营权相分离,分散公司控制权,有利于公司自主管理、自主经营。普通股筹资的股东众多,公司的日常经营管理事务主要由公司的董事会和经理层负责。

(2)没有固定的股息负担,资本成本较低。公司有盈利,并认为适于分配时才分派股利;公司盈利较少或者虽有盈利但现金短缺或有更好的投资机会,也可以少支付或不支付股利。相对于吸收直接投资来说,普通股筹资的资本成本较低。

(3)能增强公司的社会声誉。普通股筹资使得股东大众化,由此给公司带来了广泛的社会影响。特别是上市公司,其股票的流通性强,有利于市场确认公司的价值。

(4)促进股权流通和转让。普通股筹资以股票作为媒介的方式便于股权的流通和转让,便于吸收新的投资者。

(5)筹资费用较高,手续复杂。

(6)不易尽快形成生产能力。普通股筹资吸收的一般都是货币资金,还需要通过购置和建造形成生产经营能力。

(7)公司控制权分散,容易被经理人控制。同时,流通性强的股票交易,也容易被恶意收购。

三、利用留存收益

(一)留存收益的性质

从性质上看,企业通过合法有效的经营所实现的税后净利润,都属于企业的所有者。企业将本年度的利润部分甚至全部留存下来的原因很多,主要包括:第一,收益的确认和计量是建立在权责发生制基础上的,企业有利润,但企业不一定有相应的现金净流量增加,因而企业不一定有足够的现金将利润全部或部分派给所有者。第二,法律法规从保护债权人利益和要求企业可持续发展等角度出发,限制企业将利润全部分配出去。《公司法》规定,企业每年的税后利润,必须提取百分之十的法定公积金。第三,企业基于自身扩大再生产和筹资的需求,也会将一部分利润留存下来。

(二)留存收益的筹资途径

1. 提取盈余公积金

盈余公积金,是指有指定用途的留存净利润。盈余公积金是从当期企业净利润中提取的积累资金,其提取基数是本年度的净利润。盈余公积金主要用于企业未来的经营发展,经投资者审议后也可以用于转增股本(实收资本)和弥补以前年度经营亏损,但不得用于以后年度的对外利润分配。

2. 未分配利润

未分配利润,是指未限定用途的留存净利润。未分配利润有两层含义:第一,这部分净利润本年没有分配给公司的股东投资者;第二,这部分净利润未指定用途,可以用于企业未来的经营发展、转增资本(实收资本)、弥补以前年度的经营亏损及以后年度的利润分配。

(三)利用留存收益的筹资特点

1. 不用发生筹资费用

企业从外界筹集长期资本与普通股筹资相比较,留存收益筹资不需要发生筹资费用,资本成本较低。

2. 维持公司的控制权分布

利用留存收益筹资,不用对外发行新股或吸收新投资者,由此增加的权益资本不会改变公司的股权结构,不会稀释原有股东的控制权。

3. 筹资数额有限

留存收益的最大数额是企业到期的净利润和以前年度未分配利润之和,不像外部筹资一次性可以筹集大量资金。如果企业发生亏损,那么当年就没有利润留存。另外,股东和投资者从自身期望出发,往往希望企业每年发放一定的利润,保持一定的利润分配比例。

四、股权筹资的优缺点

(一)股权筹资的优点

1. 股权筹资是企业稳定的资本基础

股权资本没有固定的到期日,无须偿还,是企业的永久性资本,除非企业清算时才有可能予以偿还。这对于保障企业对资本的最低需求,促进企业长期持续稳定经营具有重要意义。

2. 股权筹资是企业良好的信誉基础

股权资本作为企业最基本的资本,代表了公司的资本实力,是企业与其他单位组织开展经营业务,进行业务活动的信誉基础。同时,股权资本也是其他方式筹资的基础,尤其可为债务筹资,包括银行借款、发行公司债券等提供信用保障。

3. 企业财务风险较小

股权资本不用在企业正常运营期内偿还,不存在还本付息的财务风险。相对于债务资本而言,股权资本筹资限制少,资本使用上也无特别限制。另外,企业可以根据其经营状况和业绩的好坏,决定向投资者支付报酬的多少,资本成本负担比较灵活。

(二)股权筹资的缺点

1. 资本成本负担较重

尽管股权资本的资本成本负担比较灵活,但一般而言,股权筹资的资本成本要高于债务筹资。这主要是由于投资者投资于股权特别是投资于股票的风险较高,投资者或股东相应要求得到较高的报酬率。企业长期不派发利润和股利,将会影响企业的市场价值。从企业成本开支的角度来看,股利、红利从税后利润中支付,而使用债务资本的资本成本允许税前扣除。此外,普通股的发行、上市等方面的费用也十分庞大。

2. 容易分散企业的控制权

利用股权筹资,引进了新的投资者或出售了新的股票,必然会导致企业控制权结构的改变,分散了企业的控制权。控制权的频繁迭变,势必要影响企业管理层的人事变动和决策效率,影响企业的正常经营。

3. 信息沟通与披露成本较大

投资者或股东作为企业的所有者,有了解企业经营业务、财务状况、经营成果等的权利。企业需要通过各种渠道和方式加强与投资者的关系管理,保障投资者的权益。特别是上市公司,其股东众多而分散,只能通过公司的公开信息披露了解公司状况,这就需要公司花更多的精力,有些还需要设置专门的部分,用于公司的信息披露和投资者关系管理。

第三节 债务筹资

债务筹资主要是企业通过向银行借款、向社会发行公司债券、融资租赁及赊购商品或劳务等方式筹集和取得的资金。向银行借款、发行债券、融资租赁和商业信用，是债务筹资的基本形式。其中不足1年的短期借款在企业经常发生，与企业资金营运有密切关系；另外，商业信用与企业间的商品或劳务交易密切相关，我们将在第五章对上述两部分内容予以介绍。

一、银行借款

银行借款是指企业向银行或其他非银行金融机构借入的、需要还本付息的款项，包括偿还期限超过1年的长期借款和不足1年的短期借款，主要用于企业购建固定资产和满足流动资金周转的需要。

(一)银行借款的种类

1. 按提供贷款的机构，分为政策性银行贷款、商业银行贷款和其他金融机构贷款

政策性银行贷款是指执行国家政策性贷款业务的银行向企业发放的贷款，通常为长期贷款。如国家开发银行贷款，主要满足企业承建国家重点建设项目的资金需要；中国进出口信贷银行贷款，主要为大型设备的进出口提供的买方信贷或卖方信贷；中国农业发展银行贷款，主要用于确保国家对粮、棉、油等政策性收购资金的供应。

商业性银行贷款是指由各商业银行，如中国工商银行、中国建设银行、中国农业银行、中国银行等，向工商企业提供的贷款，用以满足企业生产经营的资金需要，包括短期贷款和长期贷款。

其他金融机构贷款，如从信托投资公司取得实物或货币形式的信托投资贷款，从财务公司取得的各种中长期贷款，从保险公司取得的贷款等。其他金融机构的贷款一般较商业银行贷款的期限要长，要求的利率较高，对借款企业的信用要求和担保的选择比较严格。

2. 按机构对贷款有无担保要求，分为信用贷款和担保贷款

信用贷款是指以借款人的信誉或保证人的信用为依据而获得的贷款。企业取得这种贷款，无须以财产作抵押。对于这种贷款，由于风险较高，银行通常要收取较高的利息，往往还附加一定的限制条件。

担保贷款是指由借款人或第三方依法提供担保而获得的贷款。

3. 按企业取得贷款的用途，分为基本建设贷款、专项贷款和流动资金贷款

基本建设贷款是指企业因从事新建、改建、扩建等基本建设项目需要资金而向银行申请借入的款项。

专项贷款是指企业因为专门用途而向银行申请借入的款项，包括更新改造技改贷款、大修理贷款、研发和新产品研制贷款、小型技术措施贷款、出口专项贷款、引进技术转让费

周转金贷款、进口设备外汇贷款、进口设备人民币贷款及国内配套设备贷款等。

流动资金贷款是指企业为满足流动资金的需求而向银行申请借入的款项,包括流动基金借款、生产周转借款、临时借款、结算借款和卖方信贷。

(二)银行借款的程序与保护性条款

1. 银行借款的程序

(1)提出申请。企业根据筹资需求向银行书面申请,按银行要求的条件和内容填报借款申请书。

(2)银行审批。银行按照有关政策和贷款条件,对借款企业进行信用审查,依据审批权限,核准公司申请的借款金额和用款计划。银行审查的主要内容是:公司的财务状况;信用情况;盈利的稳定性;发展前景;借款投资项目的可行性;抵押品和担保情况。

(3)签订合同。借款申请获批准后,银行与企业进一步协商贷款的具体条件,签订正式的借款合同,规定贷款的数额、利率、期限和一些约束性条款。

(4)取得借款。借款合同签订后,企业在核定的贷款指标范围内,根据用款计划和实际需要,一次或分次将贷款转入公司的存款结算户,以便使用。

2. 长期借款的保护性条款

由于银行等金融机构提供的长期贷款金额高、期限长、风险大,因此,除借款合同的基本条款之外,债权人通常还在借款合同中附加各种保护性条款,以确保企业按要求使用借款和按时足额偿还借款。保护性条款一般有以下三类。

(1)例行性保护条款。这类条款作为例行常规,在大多数借款合同中都会出现。主要包括:①要求定期向提供贷款的金融机构提交财务报表,以使债权人随时掌握公司的财务状况和经营成果。②不准在正常情况下出售较多的非产成品存货,以保持企业正常生产经营能力。③如期清偿应缴纳税金和其他到期债务,以防被罚款而造成不必要的现金流失。④不准以资产做其他承诺的担保或抵押。⑤不准贴现应收票据或出售应收账款,以避免有负债等。

(2)一般性保护条款。一般性保护条款是对企业资产的流动性及偿债能力等方面的要求条款,这类条款应用于大多数借款合同,主要包括:①保持企业的资产流动性。要求企业需持有一定最低限度的货币资金及其他流动资产,以保持企业资产的流动性和偿债能力,一般规定了企业必须保持的最低营运资金数额和最低流动比率数值。②限制企业非经营性支出。如限制支付现金股利、购入股票和职工加薪的数额规模,以减少企业资金的过度外流。③限制企业资本支出的规模。控制企业资产结构中的长期性资产的比例,以减少公司日后不得不变卖固定资产以偿还贷款的可能性。④限制公司再举债规模。目的是防止其他债权人取得对公司资产的优先索偿权。⑤限制公司的长期投资。如规定公司不准投资于短期内不能收回资金的项目,不能未经银行等债权人同意而与其他公司合并等。

(3)特殊性保护条款。这类条款是针对某些特殊情况而出现在部分借款合同中的条款,只有在特殊情况下才能生效。主要包括:要求公司的主要领导人购买人身保险;借款的用途不得改变;违约惩罚条款,等等。

上述各项条款结合使用,将有利于全面保护银行等债权人的权益。借款合同是经双方充分协商后决定的,其最终结果取决于双方谈判能力的大小,而不是完全取决于银行等债权人的主观愿望。

(三)银行借款的筹资特点

(1)筹资速度快。与发行债券、融资租赁等债权筹资方式相比,银行借款的程序相对简单,所花时间较短,公司可以迅速获得所需资金。

(2)资本成本较低。利用银行借款筹资,比发行债券和融资租赁的利息负担要低,而且,无须支付证券发行费用、租赁手续费用等筹资费用。

(3)筹资弹性较大。在借款之前,公司根据当时的资本需求与银行等贷款机构直接商定贷款的时间、数量和条件。在借款期间,若公司的财务状况发生某些变化,也可与债权人再协商,变更借款数量、时间和条件,或提前偿还本息。因此,借款筹资对公司具有较大的灵活性,特别是短期借款更是如此。

(4)限制条款多。与债券筹资相比较,银行借款合同对借款用途有明确规定,通过借款的保护性条款,对公司资本支出额度、再筹资、股利支付等行为有严格的约束,以后公司的生产经营活动和财务政策必将受到一定程度的影响。

(5)筹资数额有限。银行借款的数额往往受到贷款机构资本实力的制约,不可能像发行债券、股票那样一次筹集到大笔资金,无法满足公司大规模筹资的需要。

二、发行公司债券

企业债券又称公司债券,是企业依照法定程序发行的、约定在一定期限内还本付息的有价证券。债券是持有人拥有公司债权的书面证书,它代表持券人同发债公司之间的债权债务关系。

(一)发行债券的条件与种类

1. 发行债券的条件

在我国,根据《公司法》的规定,股份有限公司、国有独资公司和两个以上的国有公司或者两个以上的国有投资主体投资设立的有限责任公司,具有发行债券的资格。

根据《证券法》规定,公开发行公司债券,应当符合下列条件:①具备健全且运行良好的组织机构;②最近三年平均可分配利润足以支持公司债券一年的利息;③中华人民共和国国务院规定的其他条件。

公开发行公司债券筹集的资金,必须按照公司债券募集办法所列资金用途使用;改变资金用途,必须经债券持有人会议作出决议。公开发行公司债券的资金,不得用于弥补亏损和非生产性支出。

2. 公司债券的种类

(1)按是否记名,分为记名债券和无记名债券

记名公司债券,应当在公司债券存根簿上载明债券持有人的姓名及住所、债券持有人取得债券的日期及债券的编号等债券持有人信息。记名公司债券,由债券持有人以背书方式或者法律、行政法规规定的其他方式转让;转让后由公司将受让人的姓名或者名称及住所记载于公司债券存根簿。

无记名公司债券,应当在公司债券存根簿上载明债券总额、利率、偿还期限和方式、发行日期及债券的编号。无记名公司债券的转让,由债券持有人将该债券交付给受让人后即发生转让的效力。

(2)按是否能够转换成公司股权,分为可转换债券与不可转换债券

可转换债券,债券持有者可以在规定的时间内按规定的价格转换为发债公司的股票。这种债券在发行时,对债券转换为股票的价格和比率等都做了详细规定。《公司法》规定,可转换债券的发行主体是股份有限公司中的上市公司。

不可转换债券,是指不能转换为发债公司股票的债券,大多数公司债券属于这种类型。

(3)按有无特定财产担保,分为担保债券和信用债券

担保债券是指以抵押方式担保发行人按期还本付息的债券,主要是指抵押债券。抵押债券按其抵押品的不同,又分为不动产抵押债券、动产抵押债券和证券信托抵押债券。

信用债券是无担保债券,是仅凭公司自身的信用发行的、没有抵押品作抵押担保的债券。在公司清算时,信用债券的持有人因无特定的资产作担保品,只能作为一般债权人参与剩余财产的分配。

(二)发行债券的程序

(1)做出决议。公司发行债券要由董事会制订方案,股东大会做出决议。

(2)提出申请。我国规定,公司申请发行债券由国务院证券管理部门批准。证券管理部门按照国务院确定的公司债券发行规模,审批公司债券的发行。公司申请应提交公司登记证明、公司章程、公司债券募集办法、资产评估报告和验资报告。

(3)公告募集办法。企业发行债券的申请经批准后,向社会公告债券募集办法。公司债券分私募发行和公募发行,私募发行是以特定的少数投资者为对象发行债券,而公募发行则是在证券市场上以非特定的广大投资者为对象公开发行债券。

(4)委托证券经营机构发售。公募间接发行是各国通行的公司债券发行方式,在这种发行方式下,发行公司与承销团签订承销协议。承销团由数家证券公司或投资银行组成,承销方式有代销和包销两种。代销是指承销机构代为推销债券,在约定期限内未售出的余额可退还发行公司,承销机构不承担发行风险。包销是由承销团先购入发行公司拟发行的全部债券,然后再售给社会上的投资者,如果约定期限内未能全部售出,余额要由承销团负责认购。

(5)交付债券,收缴债券款,登记债券存根簿。发行债券通常不需经过填写认购证过

程，由债券购买人直接向承销机构付款购买，承销单位付给企业债券，然后，发行公司向承销机构收缴债券款并结算代理费及预付款项。

（三）债券偿还

债券偿还时间按其实际发生与规定的到期日之间的关系，分为提前偿还与到期偿还两类，其中后者又包括分批偿还和一次偿还两种。

1. 提前偿还

提前偿还又称提前赎回或收回，是指在债券尚未到期之前就予以偿还。只有在公司发行债券的契约中明确规定了有关允许提前偿还的条款，公司才可以进行此项操作。提前偿还所支付的价格通常要高于债券的面值，并随到期日的临近而逐渐下降。具有提前偿还条款的债券可使公司筹资有较大的弹性。当公司资金有结余时，可提前赎回债券；当预测利率下降时，也可提前赎回债券，而后以较低的利率来发行新债券。

2. 到期偿还

（1）分批偿还。如果一个公司在发行同一种债券的当时就为不同编号或不同发行对象的债券规定了不同的到期日，这种债券就是分批偿还债券。因为各批债券的到期日不同，它们各自的发行价格和票面利率也可能不相同，从而导致发行费较高；但由于这种债券便于投资人挑选最合适的到期日，因而便于发行。

（2）一次偿还。到期一次偿还的债券是最为常见的债券偿还方式。

（四）发行公司债券的筹资特点

（1）一次筹资数额大。利用发行公司债券筹资，能够筹集大额的资金，满足公司大规模筹资的需要。这是在银行借款、融资租赁等债权筹资方式中，企业选择发行公司债券筹资的主要原因，也能够适应大型公司经营规模的需要。

（2）提高公司的社会声誉。公司债券的发行主体，有严格的资格限制。发行公司债券，往往是股份有限公司和有实力的有限责任公司所为。通过发行公司债券，一方面筹集了大量资金，另一方面也扩大了公司的社会影响。

（3）筹集资金的使用限制条件少。与银行借款相比，债券筹资筹集资金的使用具有相对的灵活性和自主性。特别是发行债券所筹集的大额资金，能够也主要用于流动性较差的公司长期资产上。从资金使用的性质来看，银行借款一般期限短、额度小，主要用途为增加适量存货、增加小型设备等；反之，期限较长、额度较大，用于公司扩展、增加大型固定资产和基本建设投资的需求多采用发行债券方式。

（4）能够锁定资本成本。尽管公司债券的利息比银行借款高，但公司债券的期限长、利率相对固定。在预计市场利率持续上升的金融市场环境下，发行公司债券筹资，能够锁定资本成本。

（5）发行资格要求高，手续复杂。发行公司债券，实际上是公司面向社会负债，债权人是社会公众，因此国家为了保护投资者利益，维护社会经济秩序，对发债公司的资格有严格的限制,从申报、审批、承销到取得资金,需要经过众多环节和较长时间。

(6)资本成本较高。相对于银行借款筹资,发行债券的利息负担和筹资费用都比较高。而且债券不能像银行借款一样进行债务展期,加上大额的本金和较高的利息,在固定的到期日,将会对公司现金流量产生巨大的财务压力。

三、融资租赁

租赁,是指通过签订资产出让合同的方式,使资产的一方(承租方)通过支付租金,向出让资产的一方(出租方)取得资产使用权的一种交易行为。在这项交易中,承租方通过得到所需资产的使用权,完成了筹集资金的行为。

(一)租赁的特征与分类

1. 租赁的基本特征

(1)所有权与使用权相分离。租赁资产的所有权与使用权分离是租赁的主要特点之一。银行信用虽然也是所有权与使用权相分离,但载体是货币资金,租赁则是资金与实物相结合基础上的分离。

(2)融资与融物相结合。租赁是以商品形态与货币形态相结合提供的信用活动,出租人在向企业出租资产的同时,解决了企业的资金需求,具有信用和贸易双重性质。它不同于一般的借钱还钱、借物还物的信用形式,而是借物还钱,并以分期支付租金的方式来体现。租赁的这一特点使银行信贷和财产信贷融合在一起,成为企业融资的一种新形式。

(3)租金的分期归流。在租金的偿还方式上,租金与银行信用到期还本付息不一样,采取了分期回流的方式。出租方的资金一次投入,分期收回。对于承租方而言,通过租赁可以提前获得资产的使用价值,分期支付租金便于分期规划未来的现金流出量。

2. 租赁的分类

租赁分为经营租赁和融资租赁。

经营租赁是由租赁公司向承租单位在短期内提供设备,并提供维修、保养、人员培训等的一种服务性业务,又称服务性租赁。经营租赁的特点主要是:①出租的设备一般由租赁公司根据市场需要选定,然后再寻找承租企业;②租赁期较短,短于资产的有效使用期,在合理的限制条件内承租企业可以中途解约;③租赁设备的维修、保养由租赁公司负责;④租赁期满或合同中止以后,出租资产由租赁公司收回。经营租赁比较适用于租用技术过时较快的生产设备。

融资租赁是由租赁公司按承租单位要求出资购买设备,在较长的合同期内提供给承租单位使用的融资信用业务,它是以融通资金为主要目的的租赁。融资租赁的主要特点是:①出租的设备由承租企业提出要求购买,或者由承租企业直接从制造商或销售商那里选定;②租赁期较长,接近于资产的有效使用期,在租赁期间双方无权取消合同;③由承租企业负责设备的维修、保养;④租赁期满,按事先约定的方法处理设备,包括退还租赁公司,或继续租赁,或企业留购。通常采用企业留购办法,即以很少的“名义价格”(相当于设备残值）买下设备。两者的区别如表 3－1 所示。

表 3－1 融资租赁与经营租赁的区别

对比项目	融资租赁（Financial Lease）	经营租赁（Operating Lease）
业务原理	融资融物于一体	无融资租赁特征，只是一种融物方式
租赁目的	融通资金，添置设备	暂时性使用，预防无形损耗风险
租期	较长，相当于设备经济寿命的大部分	较短
租金	包括设备价款	只是设备使用费
契约法律效力	不可撤销合同	经双方同意可中途撤销合同
租赁标的	一般为专用设备，也可为通用设备	通用设备居多
维修与保养	专用设备多为承租人负责，通用设备多为出租人负责	全部为出租人负责
承租人	一般为一个	设备经济寿命期内轮流租给多个承租人
灵活方便	不明显	明显

（二）融资租赁的基本程序与形式

1. 融资租赁的基本程序

（1）选择租赁公司，提出委托申请。当企业决定采用融资租赁方式以获取某项设备时，需要了解各个租赁公司的资信情况、融资条件和租赁费率等，经分析比较后选定一家作为出租单位，然后，向租赁公司申请办理融资租赁。

（2）签订购货协议。由承租企业和租赁公司中的一方或双方，与选定的设备供应厂商进行购买设备的技术谈判和商务谈判，在此基础上与设备供应厂商签订购货协议。

（3）签订租赁合同。承租企业与租赁公司签订租赁设备的合同，如需要进口设备，还应办理设备进口手续。租赁合同是租赁业务的重要文件，具有法律效力。融资租赁合同的内容可分为一般条款和特殊条款两部分。

（4）交货验收。设备供应厂商将设备发运到指定地点，承租企业要办理验收手续。验收合格后签发交货及验收证书交给租赁公司，作为其支付货款的依据。

（5）定期交付租金。承租企业按租赁合同规定，分期交纳租金，这也就是承租企业对所筹资金的分期还款。

（6）合同期满处理设备。承租企业根据合同约定，对设备续租、退租或留购。

2. 融资租赁的基本形式

（1）直接租赁。直接租赁是融资租赁的主要形式，承租方提出租赁申请时，出租方按照承租方的要求选购，然后再出租给承租方。

（2）售后回租。售后回租是指承租方由于急需资金等各种原因，将自己资产售给出租方，然后以租赁的形式从出租方原封不动地租回资产的使用权。在这种租赁合同中，除资产所有者的名义改变之外，其余情况均无变化。

(3)杠杆租赁。杠杆租赁是指涉及承租人、出租人和资金出借人三方的融资租赁业务。一般来说，当所涉及的资产价值昂贵时，出租方自己只投入部分资金，通常为资产价值的20%~40%，其余资金则通过将该资产抵押担保的方式，向第三方(通常为银行)申请贷款解决。租赁公司将购进的设备出租给承租方，用收取的租金偿还贷款，该资产的所有权属于出租方。出租人既是债权人也是债务人，如果出租人到期不能按期偿还借款，资产所有权则转移给资金的出借者。

(三)融资租赁租金的计算

1. 租金的构成

融资租赁每期租金的多少，取决于以下几项因素：①设备原价及预计残值，包括设备买价、运输费、安装调试费、保险费等，以及该设备租赁期满后，出售可得的市价；②利息，指租赁公司为承租企业购置设备垫付资金所应支付的利息；③租赁手续费，指租赁公司承办租赁设备所发生的业务费用和必要的利润。

2. 租金的支付方式

租金的支付方式有以下几种分类方式：①按支付间隔期长短，分为年付、半年付、季付和月付等方式；②按在期初和期末支付，分为先付和后付；③按每次支付额，分为等额支付和不等额支付。实务中，承租企业与租赁公司商定的租金支付方式，大多为后付等额年金。

3. 租金的计算

我国融资租赁实务中，租金的计算大多采用等额年金法。等额年金法下，通常要根据利率和租赁手续费率确定一个租费率，作为折现率。

[例3-1] 某企业于2007年1月1日从租赁公司租入一套设备，价值60万元，租期6年，租赁期满时预计残值5万元，归租赁公司，年利率10%，租金每年年末支付一次，则

$$每年租金=[600\ 000-50\ 000\times(P/F,10\%,6)]/(P/A,10\%,6)=131\ 283(元)$$

为了便于有计划地安排租金的支付，承租企业可编制租金摊销计划表。根据本例的有关资料编制租金摊销计划表如表3-2所示。

表3-2 租金摊销计划表

单位：元

年份	期初本金 ①	支付租金 ②	应计租费 ③=①×10%	本金偿还额 ④=②-③	本金余额 ⑤=①-④
2007年	600 000	131 283	60 000	71 283	528 717
2008年	528 717	131 283	52 872	78 411	450 306
2009年	450 306	131 283	45 031	86 252	364 054
2010年	364 054	131 283	36 405	94 878	269 176
2011年	269 176	131 283	26 918	104 365	164 811
2012年	164 811	131 283	16 481	114 802	50 009
合计		787 698	237 707	549 991	50 009*

* 50 009即为到期残值。尾数9系中间计算过程四舍五入的误差导致。

(四)融资租赁的筹资特点

(1)在资金缺乏情况下,能迅速获得所需资产。融资租赁集“融资”与“融物”于一身,融资租赁使企业在资金短缺的情况下引进设备成为可能。特别是针对中小企业、新创企业而言,融资租赁是一条重要的融资途径。有时,大型企业对于大型设备、工具等固定资产,也需要融资租赁解决巨额资金的需要,如商业航空公司的飞机,大多是通过融资租赁取得的。

(2)财务风险小,财务优势明显。融资租赁与购买的一次性支出相比,能够避免一次性支付的负担,而且租金支出是未来的、分期的,企业无须一次筹集大量资金偿还。还款时,租金可以通过项目本身产生的收益来支付,是一种基于未来的“借鸡生蛋、卖蛋还钱”的筹资方式。

(3)融资租赁筹资的限制条件较少。企业运用股票、债券、长期借款等筹资方式,都受到相当多的资格条件的限制,如足够的抵押品、银行贷款的信用标准、发行债券的政府管制等。相比之下,租赁筹资的限制条件很少。

(4)租赁能延长资金融通的期限。通常为设备而贷款的借款期限比该资产的物理寿命要短得多,而租赁的融资期限却可接近其全部使用寿命期限,并且其金额随设备价款金额而定,无融资额度的限制。

(5)免遭设备陈旧过时的风险。随着科学技术的不断进步,设备陈旧过时的风险很高,而多数租赁协议规定此种风险由出租人承担,承租企业可免受这种风险。

(6)资本成本高。其租金通常比举借银行借款或发行债券所负担的利息高得多,租金总额通常要高于设备价值的30%。尽管与借款方式相比,融资租赁能够避免到期一次性集中偿还的财务压力,但高额的固定租金也给各期的经营带来了分期的负担。

四、债务筹资的优缺点

(一)债务筹资的优点

(1)筹资速度较快。与股权筹资比,债务筹资不需要经过复杂的审批手续和证券发行程序,如银行借款、融资租赁等,可以迅速地获得资金。

(2)筹资弹性大。发行股票等股权筹资,一方面需要经过严格的政府审批;另一方面从企业的角度出发,由于股权不能退还,股权资本在未来永久性地给企业带来了资本成本的负担。利用债务筹资,可以根据企业的经营情况和财务状况,灵活商定债务条件,控制筹资数量,安排取得资金的时间。

(3)资本成本负担较轻。一般来说,债务筹资的资本成本要低于股权筹资。其一是取得资金的手续费用等筹资费用较低;其二是利息、租金等用资费用比股权资本要低;其三是利息等资本成本可以在税前支付。

(4)可以利用财务杠杆。债务筹资不改变公司的控制权,因而股东不会出于控制权稀释原因反对负债。债权人从企业那里只能获得固定的利息或租金,不能参加公司剩余收益的分配。当企业的资本报酬率高于债务利率时,会增加普通股股东的每股收益,提高净资产报酬率,提升企业价值。

(5)稳定公司的控制权。债权人无权参加企业的经营管理,利用债务筹资不会改变和分散股东对公司的控制权。

(二)债务筹资的缺点

(1)不能形成企业稳定的资本基础。债务资本有固定的到期日,到期需要偿还,只能作为企业的补充性资本来源。再加上取得债务往往需要进行信用评级,没有信用基础的企业和新创企业,往往难以取得足够的债务资本。现有债务资本在企业的资本结构中达到一定比例后,往往由于财务风险升高而不容易再取得新的债务资金。

(2)财务风险较大。债务资本有固定的到期日,有固定的利息负担,抵押、质押等担保方式取得的债务,资本使用上可能会有特别的限制。这些都要求企业必须有一定的偿债能力,要保持资产流动性及其资产报酬水平,作为债务清偿的保障,对企业的财务状况提出了更高的要求,否则会给企业带来财务危机,甚至导致企业破产。

(3)筹资数额有限。债务筹资的数额往往受到贷款机构资本实力的制约,不可能像发行债券股票那样一次筹集到大笔资本,无法满足公司大规模筹资的需要。

第四节　资金需要量预测

资金的需要量是筹资的数量依据,必须科学合理地进行预测。筹资数量预测的基本目的,是保证筹集的资金既能满足生产经营的需要,又不会产生资金多余而闲置。

一、因素分析法

因素分析法又称分析调整法,是以有关项目基期年度的平均资金需要量为基础,根据预测年度的生产经营任务和资金周转加速的要求,进行分析调整,来预测资金需要量的一种方法。这种方法计算简便,容易掌握,但预测结果不太精确。它通常用于品种繁多、规格复杂、资金用量小的项目。因素分析法的计算公式如下:

$$\text{资金需要量} = (\text{基期资金平均占用额} - \text{不合理资金占用额}) \times (1 \pm \text{预测期销售增减额}) \times (1 \pm \text{预测期资金周转速度变动率})$$

[例3-2]　甲企业上年度资金平均占用额为2 200万元,经分析,其中不合理部分200万元,预计本年度销售增长5%,资金周转加速2%。则

$$\text{预测年度资金需要量} = (2\ 200 - 200) \times (1 + 5\%) \times (1 + 2\%) = 2\ 142(\text{万元})$$

二、销售百分比法

(一)基本原理

销售百分比法,是根据销售增长与资产增长之间的关系,预测未来资金需要量的方法。

企业的销售规模扩大时,要相应增加流动资产;如果销售规模增加很多,还必须增加长期资产。为取得扩大销售所需增加的资产,企业需要筹措资金。这些资金,一部分来自留存收益,另一部分通过外部筹资取得。通常,销售增长率较高时,仅靠留存收益不能满足资金需要,即使获利良好的企业也需外部筹资。因此,企业需要预先知道自己的筹资需求,提前安排筹资计划,否则就可能发生资金短缺问题。

销售百分比法,将反映生产经营规模的销售因素与反映资金占用的资产因素连接起来,根据销售与资产之间的数量比例关系,预计企业的外部筹资需要量。销售百分比法首先假设某些资产与销售额存在稳定的百分比关系,根据销售与资产的比例关系预计资产额,根据资产额预计相应的负债和所有者权益,进而确定筹资需要量。

(二)基本步骤

1. 确定随销售额变动而变动的资产和负债项目

资产是资金使用的结果,随着销售额的变动,经营性资产项目将占用更多的资金。同时,随着经营性资产的增加,相应的经营性短期债务也会增加,如存货增加会导致应付账款增加,此类债务称之为"自动性债务",可以为企业提供暂时性资金。经营性资产与经营性负债的差额通常与销售额保持稳定的比例关系。这里,经营性资产项目包括库存现金、应收账款、存货等项目,而经营性负债项目包括应付票据、应付账款等项目,不包括短期借款、短期融资券、长期负债等筹资性负债。

2. 确定经营性资产与经营性负债有关项目与销售额的稳定比例关系

如果企业资金周转的营运效率保持不变,经营性资产与经营性负债会随销售额的变动而呈正比例变动,保持稳定的百分比关系。企业应当根据历史资料和同业情况,剔除不合理的资金占用,寻找与销售额的稳定百分比关系。

3. 确定需要增加的筹资数量

预计由于销售增长而需要的资金需求增长额,扣除利润留存后,即为所需要的外部筹资额。即

$$外部融资需求量 = \frac{A}{S_1} \cdot \Delta S - \frac{B}{S_1} \cdot \Delta S - P \cdot E \cdot S_2$$

式中,A 为随销售而变化的敏感性资产;B 为随销售而变化的敏感性负债;S_1 为基期销售额;S_2 为预测期销售额;ΔS 为销售变动额;P 为销售净利率;E 为利润留存率;A/S_1 为敏感资产与销售额的关系百分比;B/S_1 为敏感负债与销售额的关系百分比①。

[例3-3] 光华公司2018年12月31日的简要资产负债表如表3-3所示。假定光华公司2018年销售额为10 000万元,销售净利率为10%,利润留存率为40%。2019年销售额预计增长20%,公司有足够的生产能力,无须追加固定资产投资。

首先,确定有关项目及其与销售额的关系百分比。在表3-3中,N为不变动,是指该项目不随销售的变化而变化。

其次,确定需要增加的资金量。从表中可以看出,销售收入每增加100元,必须增加50

① 运用销售百分比法预测资金需要量时,计算留存利润是以销售利润为依据,因此本公式中使用销售净利率指标。这里,销售是指产品销售收入,即主营业务收入,销售净利率亦即主营业务净利率。

元的资金占用,但同时自动增加15元的资金来源,两者差额还有35%的资金需求。因此,每增加100元的销售收入,公司必须取得35元的资金来源,销售额从10 000万元增加到12 000万元,按照35%的比率可预测将增加700万元的资金需求。

表3-3 光华公司简要资产负债表(2018年12月31日) 单位:万元

资产	金额	与销售关系(%)	负债与权益	金额	与销售关系(%)
货币资金	500	5	短期借款	2 500	N
应收账款	1 500	15	应付账款	1 000	10
存货	3 000	30	预提费用	500	5
固定资产	3 000	N	应付债券	1 000	N
			实收资本	2 000	N
			留存收益	1 000	N
合计	8 000	50	合计	8 000	15

最后,确定外部融资需求的数量。2019年的净利润为1 200万元(12 000×10%),利润留存为40%,则将有480万元利润被留存下来,还有220万元的资金必须从外部筹集。

根据光华公司的资料,可求得对外融资的需求量为

$$外部融资需求量=50\%\times2\ 000-15\%\times2\ 000-40\%\times1\ 200=220(万元)$$

销售百分比法的优点,是能为筹资管理提供短期预计的财务报表,以适应外部筹资的需要,且易于使用。但在有关因素发生变动的情况下,必须相应地调整原有的销售百分比。

三、资金习性预测法

资金习性预测法,是指根据资金习性预测未来资金需要量的一种方法。所谓资金习性,是指资金的变动同产销量变动之间的依存关系。按照资金同产销量之间的依存关系,可以把资金区分为不变资金、变动资金和半变动资金。

不变资金是指在一定的产销量范围内,不受产销量变动的影响而保持固定不变的那部分资金。也就是说,产销量在一定范围内变动,这部分资金保持不变。这部分资金包括为维持营业而占用的最低数额的现金,原材料的保险储备,必要的成品储备,厂房、机器设备等固定资产占用的资金。

变动资金是指随产销量的变动而同比例变动的那部分资金。它一般包括直接构成产品实体的原材料、外购件等占用的资金。另外,在最低储备以外的现金、存货、应收账款等也具有变动资金的性质。

半变动资金是指虽然受产销量变化的影响,但不成同比例变动的资金,如一些辅助材料上占用的资金。半变动资金可采用一定的方法划分为不变资金和变动资金两部分。

(一)根据资金占用总额与产销量的关系预测

这种方式是根据历史上企业资金占用总额与产销量之间的关系,把资金分为不变和变动两部分,然后结合预计的销售量来预测资金需要量。

设产销量为自变量 X,资金占用为因变量 Y,它们之间的关系可用下式表示:

$$Y = a + b \cdot X$$

式中,a 为不变资金;b 为单位产销量所需变动资金。

可见,只要求出 a 和 b,并知道预测期的产销量,就可以用上述公式测算资金需求情况。a 和 b 可用回归直线方程求出。

[例 3-4] 某企业历年产销量和资金变化情况如表 3-4 所示,根据表 3-4 整理出表 3-5。2019 年预计销售量为 1 500 万件,需要预计 2019 年的资金需要量。

$$a = \frac{\sum X_i^2 \sum Y_i - \sum X_i \sum X_i Y_i}{n \sum X_i^2 - (\sum X_i)^2} = \frac{8\ 740\ 000 \times 6\ 000 - 7\ 200 \times 7\ 250\ 000}{6 \times 8\ 740\ 000 - 7\ 200^2}$$

$$= 400$$

$$b = \frac{n \times \sum X_i Y_i - \sum X_i \sum Y_i}{n \sum X_i^2 - (\sum X_i)^2} = \frac{6 \times 7\ 250\ 000 - 7\ 200 \times 6\ 000}{6 \times 8740\ 000 - 7\ 200^2} = 0.5$$

解得 $Y = 400 + 0.5X$

把 2019 年预计销售量 1 500 万件代入上式,得出 2019 年资金需要量为

$$400 + 0.5 \times 1\ 500 = 1\ 150(万元)$$

表 3-4 产销量与资金变化情况表

年度	产销量(X_i)/万件	资金占用(Y_i)/万元
2013 年	1 200	1 000
2014 年	1 100	950
2015 年	1 000	900
2016 年	1 200	1 000
2017 年	1 300	1 050
2018 年	1 400	1 100

表 3-5 资金需要量预测表(按总额预测)

年度	产销量(X_i)/万件	资金占用(Y_i)/万元	X_iY_i	X_i^2
2013 年	1 200	1 000	1 200 000	1 440 000
2014 年	1 100	950	1 045 000	1 210 000
2015 年	1 000	900	900 000	1 000 000
2016 年	1 200	1 000	1 200 000	1 440 000
2017 年	1 300	1 050	1 365 000	1 690 000
2018 年	1 400	1 100	1 540 000	1 960 000
合计 $n=6$	= 7 200	= 6 000	= 7 250 000	= 8 740 000

(二)采用逐项分析法预测

这种方式是根据各资金占用项目(如现金、存货、应收账款、固定资产)同产销量之间的关系,把各项目的资金都分成变动和不变两部分,然后汇总在一起,求出企业变动资金总额和不变资金总额,进而预测资金需求量。

[例3-5] 某企业历年现金占用与销售额变化情况如表3-6所示。

表3-6 现金占用与销售额变化情况表　　单位:元

年度	销售收入(X_i)	现金占用(Y_i)
2011年	2 000 000	110 000
2012年	2 400 000	130 000
2013年	2 600 000	140 000
2014年	2 800 000	150 000
2015年	3 000 000	160 000

根据以上资料,采用适当的方法计算不变资金和变动资金的数额。此处假定采用高低点法求 a 和 b 的值。

$$b=\frac{\text{最高收入期的资金占用量}-\text{最低收入期的资金占用量}}{\text{最高销售收入}-\text{最低销售收入}}=0.05$$

将 $b=0.05$ 代入2015年 $Y=a+bX$,得 $a=160\ 000-0.05\times3\ 000\ 000=10\ 000$(万元)

存货、应收账款、流动负债、固定资产等也可根据历史资料做这样的划分,然后汇总列于表3-7中。

表3-7 资金需要量预测表(分享预测)　　单位:元

项目	年度不变资金(a)	每1元销售收入所需变动资金(b)
流动资产		
货币资金	10 000	0.05
应收账款	60 000	0.14
存货	100 000	0.22
小计	170 000	0.41
减:流动负债		
应付账款及应付费用	80 000	0.11
净资金占用	90 000	0.30
固定资产		
厂房、设备	510 000	0
所需资金合计	600 000	0.30

根据表3-7的资料得出预测模型为 $Y=600\ 000+0.30X$

如果2016年的预计销售额为3 500 000元，则

2016年的资金需要量 = 600 000 + 0.30 × 3 500 000 = 1 650 000（元）

进行资金习性分析，把资金划分为变动资金和不变资金两部分，从数量上掌握了资金同销售量之间的规律性，对准确地预测资金需要量有很大帮助。实际上，销售百分比法是资金习性分析法的具体运用。

应用线性回归法必须注意以下几个问题：①资金需要量与营业业务量之间线性关系的假定应符合实际情况；②确定 a、b 数值，应利用连续若干年的历史资料，一般要有3年以上的资料；③应考虑价格等因素的变动情况。

第五节　资本成本与资本结构

企业的筹资管理，不仅要合理选择筹资方式，而且还要科学安排资本结构。资本结构优化是企业筹资管理的基本目标，也会对企业的生产经营安排产生制约性的影响。资本成本是资本结构优化的标准，不同性质的资本所具有的资本成本特性，带来了杠杆效应。

一、资本成本

资本成本是衡量资本结构优化程度的标准，也是对投资获得经济效益的最低要求。企业筹得的资本付诸使用以后，只有投资报酬率高于资本成本，才能表明所筹集的资本取得了较好的经济效益。

（一）资本成本的含义

资本成本是指企业为筹集和使用资本而付出的代价，包括筹资费用和占用费用。资本成本是资本所有权与资本使用权分离的结果。对出资者而言，由于让渡了资本使用权，必须要求取得一定的补偿，资本成本表现为让渡资本使用权所带来的投资报酬。对筹资者而言，由于取得了资本使用权，必须支付一定代价，资本成本表现为取得资本使用权所付出的代价。

1. 筹资费

筹资费，是指企业在资本筹措过程中为获得资本而付出的代价，如向银行支付的借款手续费，因发行股票、公司债券而支付的发行费等。筹资费用通常在资本筹集时一次性发生，在资本使用过程中不再发生，因此，视为筹资数额的一项扣除。

2. 占用费

占用费，是指企业在资本使用过程中因占用资本而付出的代价，如向银行等债权人支付的利息，向股东支付的股利等。占用费用是因为占用了他人资金而必须支付的费用，是资本成本的主要内容。

（二）资本成本的作用

1. 资本成本是比较筹资方式、选择筹资方案的依据

各种资本的资本成本率，是比较、评价各种筹资方式的依据。在评价各种筹资方式时，

一般会考虑的因素包括对企业控制权的影响、对投资者吸引力的大小、融资的难易和风险、资本成本的高低等,而资本成本是其中的重要因素。在其他条件相同时,企业筹资应选择资本成本最低的方式。

2. 平均资本成本是衡量资本结构是否合理的依据

企业财务管理目标是企业价值最大化,企业价值是企业资产带来的未来经济利益的现值。计算现值时采用的贴现率通常会选择企业的平均资本成本,当平均资本成本率最小时,企业价值最大,此时的资本结构是企业理想的最佳资本结构。

3. 资本成本是评价投资项目可行性的主要标准

资本成本通常用相对数表示,它是企业对投入资本所要求的报酬率(或收益率),即最低必要报酬率。任何投资项目,如果它预期的投资报酬率超过该项目使用资金的资本成本率,则该项目在经济上就是可行的。因此,资本成本率是企业用以确定项目要求达到的投资报酬率的最低标准。

4. 资本成本是评价企业整体业绩的重要依据

一定时期企业资本成本的高低,不仅反映企业筹资管理的水平,还可作为评价企业整体经营业绩的标准。企业的生产经营活动,实际上就是所筹集资本经过投放后形成的资产营运,企业的总资产报酬率应高于其平均资本成本率,才能带来剩余收益。

(三)影响资本成本的因素

1. 总体经济环境

总体经济环境和状态决定企业所处的国民经济发展状况和水平,以及预期的通货膨胀。总体经济环境变化的影响,反映在无风险报酬率上,如果国民经济保持健康、稳定、持续增长,整个社会经济的资金供给和需求相对均衡且通货膨胀水平低,资金所有者投资的风险小,预期报酬率低,筹资的资本成本相应就比较低。相反,如果国民经济不景气或者经济过热,通货膨胀持续居高不下,投资者投资风险大,预期报酬率高,筹资的资本成本就高。

2. 资本市场条件

资本市场效率表现为资本市场上的资本商品的市场流动性。资本商品的流动性高,表现为容易变现且变现时价格波动较小。如果资本市场缺乏效率,证券的市场流动性低,投资者投资风险大,要求的预期报酬率高,那么通过资本市场筹集的资本其资本成本就比较高。

3. 企业经营状况和融资状况

企业内部经营风险是企业投资决策的结果,表现为资产报酬率的不确定性;企业融资状况导致的财务风险是企业筹资决策的结果,表现为股东权益资本报酬率的不确定性。两者共同构成企业总体风险,如果企业经营风险高,财务风险大,则企业总体风险水平高,投资者要求的预期报酬率高,企业筹资的资本成本相应就大。

4. 企业对筹资规模和时限的需求

在一定时期内,国民经济体系中资金供给总量是一定的,资本是一种稀缺资源。因此企业一次性需要筹集的资金规模越大、占用资金时限越长,资本成本就越高。当然,融资规模、时限与资本成本的正向相关性并非线性关系,一般说来,融资规模在一定限度内,并不引起资本成本的明显变化，当融资规模突破一定限度时，才引起资本成本的明显变化。

(四)个别资本成本的计算

个别资本成本是指单一融资方式的资本成本，包括银行借款资本成本、公司债券资本成本、融资租赁资本成本、普通股资本成本和留存收益成本等，其中前三类是债务资本成本，后两类是权益资本成本。个别资本成本率可用于比较和评价各种筹资方式。

1. 资本成本计算的基本模式

(1)一般模式。为了便于分析比较，资本成本通常不考虑时间价值的一般通用模型计算，而用相对数即资本成本率表达。计算时，将初期的筹资费用作为筹资额的一项扣除，扣除筹资费用后的筹资额称为筹资净额，通用的计算公式是

$$\text{资本成本率}=\frac{\text{年资金占用费}}{\text{筹资总额}-\text{筹资费用}}=\frac{\text{年资金占用费}}{\text{筹资总额}\times(1-\text{筹资费用率})}$$

(注：若资金来源为负债，还存在税前资本成本和税后资本成本的区别。计算税后资本成本需要从年资金占用费中减去资金占用费税前扣除导致的所得税节约额。)

(2)折现模式。对于金额大、时间超过一年的长期资本，更准确一些的资本成本计算方式是采用折现模式，即将债务未来还本付息或股权未来股利分红的折现值与目前筹资净额相等时的折现率作为资本成本率。即由

$$\text{筹资净额现值}-\text{未来资本清偿额现金流量现值}=0$$

得

$$\text{资本成本率}=\text{所采用的折现率}$$

2. 银行借款资本成本的计算

银行借款资本成本包括借款利息和借款手续费用。利息费用税前支付，可以起抵税作用，一般计算税后资本成本率，税后资本成本率与权益资本成本率具有可比性。银行借款的资本成本率按一般模式计算为

$$K_b=\frac{\text{年利率}\times(1-\text{所得税税率})}{1-\text{手续费率}}\times100\%=\frac{i(1-T)}{1-f}\times100\%$$

式中，K_b 为银行借款资本成本率；i 为银行借款年利率；f 为筹资费用率；T 为所得税税率。

对于长期借款，考虑时间价值问题，还可以用折现模式计算资本成本率。

[例3-6] 某企业取得5年期长期借款200万元，年利率10%，每年付息一次，到期一次还本，借款费用率0.2%，企业所得税税率20%，该项借款的资本成本率为

$$K_b=\frac{10\%\times(1-20\%)}{1-0.2\%}=8.016\%$$

考虑时间价值，该项长期借款的资本成本计算如下(M 为债务面值)：

$$M(1-f)=\sum_{t=1}^{n}\frac{I_f(1-T)}{(1+K_b)^c}+\frac{M}{(1+K_b)^n}$$

即 $200\times(1-0.2\%)=200\times10\%\times(1-20\%)\times(P/A,K_b,5)+(P/F,K_b,5)$

按插值法计算，得 $K_b=8.05\%$。

3. 公司债券资本成本的计算

公司债券资本成本包括债券利息和借款发行费用。债券可以溢价发行，也可以折价发行，其资本成本率按一般模式计算为

$$K_b=\frac{\text{年利息}\times(1-\text{所得税税率})}{\text{债券筹资总额}\times(1-\text{手续费率})}\times100\%=\frac{I(1-T)}{L(1-f)}\times100\%$$

式中 I——公司债券年利息；

L——公司债券筹资总额。

[**例3-7**] 某企业以1 100元的价格，溢价发行面值为1 000元、期限5年、票面利率为7%的公司债券一批。每年付息一次，到期一次还本，发行费用率3%，所得税税率20%。该批债券的资本成本率为

$$K_b=\frac{1\ 000\times7\%\times(1-20\%)}{1\ 100\times(1-3\%)}=5.25\%$$

考虑时间价值，该项公司债券的资本成本计算如下：

$$1\ 100\times(1-3\%)=1\ 000\times7\%\times(1-20\%)\times(P/A,K_b,5)+1\ 000\times(P/F,K_b,5)$$

按插值法计算，得 $K_b=4.09\%$。

4. 融资租赁资本成本的计算

融资租赁各期的租金中，包含有本金每期的偿还和各期手续费用（即租赁公司的各期利润），其资本成本率只能按贴现模式计算。

[**例3-8**] 续例3-1基本资料，该设备价值60万元，租期6年，租赁期满时预计残值5万元，归租赁公司。每年租金131 283元，则

$$600\ 000-50\ 000\times(P/F,K_b,6)=131\ 283\times(P/A,K_b,6)$$

得 $K_b=10\%$。

5. 普通股资本成本的计算

普通股资本成本主要是向股东支付的各期股利。由于各期股利并不一定固定，随企业各期收益波动，因此普通股的资本成本只能按贴现模式计算，并假定各期股利的变化具有一定的规律性。如果是上市公司普通股，其资本成本还可以根据该公司的股票收益率与市场收益率的相关性，按资本资产定价模型法估计。

(1)股利增长模型法。假定资本市场有效，股票市场价格与价值相等。假定某股票本期支付的股利为 D_0，未来各期股利按 g 速度增长。目前股票市场价格为 P_0，则普通股资本成本为

$$K_s=\frac{D_0(1+g)}{P_0(1-f)}+g=\frac{D_1}{P_0(1-f)}+g$$

[**例3-9**] 某公司普通股市价30元，筹资费用率2%，本年发放现金股利每股0.6元，预期股利年增长率为10%。则

$$K_s=\frac{0.6\times(1+10\%)}{30\times(1-2\%)}+10\%=12.24\%$$

(2)资本资产定价模型法。假定资本市场有效，股票市场价格与价值相等。假定风险报酬率为 R_f，市场平均报酬率为 R_m，某股票贝塔系数为 β，则普通股资本成本率为

$$K_s=R_s=R_f+\beta(R_m-R_f)$$

[**例3-10**] 某公司普通股 β 系数为1.5，此时一年期国债利率5%，市场平均报酬率15%，则该普通股资本成本率为

$$K_s=5\%+1.5\times(15\%-5\%)=20\%$$

6. 留存收益资本成本的计算

留存收益是企业税后净利形成的，是一种所有者权益，其实质是所有者向企业的追加投资。企业利用留存收益筹资无须发生筹资费用。如果企业将留存收益用于再投资，所获得的收益率低于股东自己进行一项风险相似的投资项目的收益率，企业就应该将其分配给股东。留存收益的资本成本率，表现为股东追加投资要求的报酬率，其计算与普通股成本相同，也分为股利增长模型法和资本资产定价模型法，不同点在于留存收益资本成本不考虑筹资费用。

（五）平均资本成本的计算

平均资本成本是指多元化融资方式下的综合资本成本，反映了企业资本成本整体水平的高低。在衡量和评价单一融资方案时，需要计算个别资本成本；在衡量和评价企业筹资总体的经济性时，需要计算企业的平均资本成本。平均资本成本用于衡量企业资本成本水平，确立企业理想的资本结构。

企业平均资本成本，是以各项个别资本在企业总资本中的比重为权数，对各项个别资本成本率进行加权平均而得到的总资本成本率。计算公式为

$$K_W = \sum_{j=1}^{n} K_j W_j$$

式中　K_W——平均资本成本；

K_j——第 j 种个别资本成本；

W_j——第 j 种个别资本在全部资本中的比重。

平均资本成本的计算，存在着权数价值的选择问题，即各项个别资本按什么权数来确定资本比重。通常，可供选择的价值形式有账面价值权数、市场价值权数、目标价值权数等。

1. 账面价值权数

即以各项个别资本的会计报表账面价值为基础来计算资本权数，确定各类资本占总资本的比重。其优点是资料容易取得，可以直接从资产负债表中得到，而且计算结果比较稳定。其缺点是，当债券和股票的市价与账面价值差距较大时，导致按账面价值计算出来的资本成本，不能反映目前从资本市场上筹集资本的现时机会成本，不适合评价现时的资本结构。

2. 市场价值权数

即以各项个别资本的现行市价为基础来计算资本权数，确定各类资本占总资本的比重。其优点是能够反映现时的资本成本水平，有利于进行资本结构决策。但现行市价处于经常变动之中，不容易取得，而且现行市价反映的只是现时的资本结构，不适用未来的筹资决策。

3. 目标价值权数

即以各项个别资本预计的未来价值为基础来确定资本权数,确定各类资本占总资本的比重。目标价值是目标资本结构要求下的产物,是公司筹措和使用资金对资本结构的一种要求。对于公司筹措新资金,需要反映期望的资本结构来说,目标价值是有益的,适用于未来的筹资决策,但目标价值的确定难免具有主观性。

以目标价值为基础计算资本权重,能体现决策的相关性。目标价值权数的确定,可以选择未来的市场价值,也可以选择未来的账面价值。选择未来的市场价值,与资本市场现状联系比较紧密,能够与现时的资本市场环境状况结合起来。目标价值权数的确定一般以现时市场价值为依据。但市场价值波动频繁,可行方案是选用市场价值的历史平均值,如30日、60日、120日均价等。总之,目标价值权数是主观愿望和预期的表现,依赖于财务经理的价值判断和职业经验。

[**例3-11**] 万达公司2015年期末的长期资本账面总额为1 000万元,其中:银行长期贷款400万元,占40%;长期债券150万元,占15%;普通股450万元,占45%。长期贷款、长期债券和普通股的个别资本成本分别为:5%、6%、9%。普通股市场价值为1 600万元,债务市场价值等于账面价值。该公司的平均资本成本为

按账面价值计算

$$K_W = 5\% \times 40\% + 6\% \times 15\% + 9\% \times 45\% = 6.95\%$$

按市场价值计算

$$K_W = \frac{5\% \times 400 + 6\% \times 150 + 9\% \times 1\ 600}{400 + 150 + 1\ 600} = \frac{173}{2\ 150} = 8.05\%$$

(六)边际资本成本的计算

边际资本成本是企业追加筹资的成本。企业的个别资本成本和平均资本成本,是企业过去筹集的单项资本的成本和目前使用全部资本的成本。然而,企业在追加筹资时,不能仅仅考虑目前所使用资本的成本,还要考虑新筹集资金的成本,即边际资本成本。边际资本成本,是企业进行追加筹资的决策依据。筹资方案组合时,边际资本成本的权数采用目标价值权数。

[**例3-12**] 某公司设定的目标资本结构为:银行借款20%、公司债券15%、普通股65%。现拟追加筹资300万元,按此资本结构来筹资。个别资本成本率预计分别为:银行借款7%,公司债券12%,普通股权益15%。追加筹资300万元的边际资本成本如表3-8所示。

表3-8 边际资本成本计算表

资本种类	目标资本结构	追加筹资额	个别资本成本	边际资本成本
银行借款	20%	60万元	7%	1.4%
公司债券	15%	45万元	12%	1.8%
普通股	65%	195万元	15%	9.75%
合计	100%	300万元	—	12.95%

二、杠杆效应

财务管理中存在着类似于物理学中的杠杆效应，表现为：特定固定支出或费用的存在，导致当某一财务变量以较小幅度变动时，另一相关变量会以较大幅度变动。财务管理中的杠杆效应，包括经营杠杆、财务杠杆和总杠杆三种效应形式。杠杆效应既可以产生杠杆利益，也可能带来杠杆风险。

(一)经营杠杆效应

1. 经营杠杆

经营杠杆，是指固定性经营成本的存在使得企业的资产报酬（息税前利润）变动率大于业务量变动率的现象。经营杠杆反映了资产报酬的波动性，用以评价企业的经营风险。用息税前利润（EBIT）表示资产总报酬，则

$$\mathrm{EBIT} = S - V - F = (P - V_c)Q - F = M - F$$

式中 EBIT——息税前利润；

S——销售额；

V——变动性经营成本；

F——固定性经营成本；

Q——产销业务量；

P——销售单价；

V_c——单位变动成本；

M——边际贡献。

上式中，影响 EBIT 的因素包括产品售价、产品需求、产品成本等因素。当产品成本中存在固定成本时，如果其他条件不变，产销业务量的增加虽然不会改变固定成本总额，但会降低单位产品分摊的固定成本，从而提高单位产品利润，使息税前利润的增长率大于产销业务量的增长率，进而产生经营杠杆效应。当不存在固定性经营成本时，所有成本都是变动性经营成本，边际贡献等于息税前利润，此时息税前利润变动率与产销业务量的变动率完全一致。

2. 经营杠杆系数

只要企业存在固定性经营成本，就存在经营杠杆效应。但不同的产销业务量，其相应杠杆效应的大小程度是不一致的。测算经营杠杆效应程度，常用指标为经营杠杆系数。经营杠杆系数（DOL），是息税前利润变动率与产销业务量变动率的比，计算公式为

$$\mathrm{DOL} = \frac{\text{息税前利润变动率}}{\text{产销量变动率}} = \frac{\Delta \mathrm{EBIT}}{\mathrm{EBIT}} \Big/ \frac{\Delta Q}{Q}$$

式中 DOL——经营杠杆系数；

ΔEBIT——息税前利润变动额；

ΔQ——产销业务量变动值。

上式经整理,经营杠杆系数的计算也可以简化为

$$\mathrm{DOL}=\frac{\text{基期边际贡献}}{\text{基期息税前利润}}=\frac{M}{M-F}=\frac{\mathrm{EBIT}+F}{\mathrm{EBIT}}$$

[例3-13] 泰华公司产销某种服装,固定成本500万元,变动成本率70%。年产销额5 000万元时,变动成本3 500万元,固定成本500万元,息税前利润1 000万元;年产销额7 000万元时,变动成本为4 900万元,固定成本仍为500万元,息税前利润为1 600万元。可以看出,该公司产销量增长了40%,息税前利润增长了60%,产生了1.5倍的经营杠杆效应。

$$\mathrm{DOL}=\frac{\Delta \mathrm{EBIT}}{\mathrm{EBIT}}\Big/\frac{\Delta Q}{Q}=\frac{600}{1\ 000}\Big/\frac{2\ 000}{5\ 000}=1.5$$

$$\mathrm{DOL}=\frac{M}{\mathrm{EBIT}}=\frac{5\ 000\times 30\%}{1\ 000}=1.5$$

3. 经营杠杆与经营风险

经营风险是指企业由于生产经营上的原因而导致的资产报酬波动的风险。引起企业经营风险的主要原因是市场需求和生产成本等因素的不确定性,经营杠杆本身并不是资产报酬不确定的根源,而是资产报酬波动的表现。但是,经营杠杆放大了市场和生产等因素变化对利润波动的影响。经营杠杆系数越高,表明资产报酬等利润波动程度越大,经营风险也就越大。根据经营杠杆系数的计算公式,有

$$\mathrm{DOL}=\frac{\mathrm{EBIT}+F}{\mathrm{EBIT}}=1+\frac{F}{\mathrm{EBIT}}$$

上式表明,在企业不发生经营性亏损、息税前利润为正的前提下,经营杠杆系数最低为1,不会为负数;只要有固定性经营成本存在,经营杠杆系数总是大于1。

从上式可知,影响经营杠杆的因素包括:企业成本结构中的固定成本比重;息税前利润水平。其中,息税前利润水平又受产品销售数量、销售价格、成本水平(单位变动成本和固定成本总额)高低的影响。固定成本比重越高、成本水平越高、产品销售数量和销售价格水平越低,经营杠杆效应越大,反之亦然。

[例3-14] 某企业生产A产品,固定成本100万元,变动成本率60%,当销售额分别为1 000万元、500万元、250万元时,经营杠杆系数分别为

$$\mathrm{DOL}_{1\ 000}=\frac{1\ 000-1\ 000\times 60\%}{1\ 000-1\ 000\times 60\%-100}=1.33$$

$$\mathrm{DOL}_{500}=\frac{500-500\times 60\%}{500-500\times 60\%-100}=2$$

$$\mathrm{DOL}_{250}=\frac{250-250\times 60\%}{250-250\times 60\%-100}\to\infty$$

上例计算结果表明:在其他因素不变的情况下,销售额越小,经营杠杆系数越大,经营风险也就越大,反之亦然。如销售额为1 000万元时,DOL为1.33,销售额为500万元时,DOL为2,显然后者的不稳定性大于前者,经营风险也大于前者。在销售额处于盈亏临界点

250 万元时，经营杠杆系数趋于无穷大，此时企业销售额稍有减少便会导致更大的亏损。

（二）财务杠杆效应

1. 财务杠杆

财务杠杆，是指固定性资本成本的存在使得企业的普通股收益（或每股收益）变动率大于息税前利润变动率的现象。财务杠杆反映了股权资本报酬的波动性，用以评价企业的财务风险。用普通股收益或每股收益表示普通股权益资本报酬，则

$$TE=(EBIT-I)(1-T)$$

$$EPS=(EBIT-I)(1-T)/N$$

式中 TE——全部普通股净收益；

EPS——每股收益；

I——债务资本利息；

T——所得税税率；

N——普通股股数。

上式中，影响普通股收益的因素包括资产报酬、资本成本、所得税税率等因素。当有固定利息费用等资本成本存在时，如果其他条件不变，息税前利润的增加虽然不改变固定利息费用总额，但会降低每一元息税前利润分摊的利息费用，从而提高每股收益，使得普通股收益的增长率大于息税前利润的增长率，进而产生财务杠杆效应。当不存在固定利息、股息等资本成本时，息税前利润就是利润总额，此时利润总额变动率与息税前利润变动率完全一致。如果两期所得税税率和普通股股数保持不变，每股收益的变动率与利润总额变动率也完全一致，进而与息税前利润变动率一致。

2. 财务杠杆系数

只要企业融资方式中存在固定性资本成本，就存在财务杠杆效应。如固定利息、固定融资租赁费等的存在，都会产生财务杠杆效应。在同一固定的资本成本支付水平上，不同的息税前利润水平，对固定的资本成本的承受负担是不一样的，其财务杠杆效应的大小程度是不一致的。测算财务杠杆效应程度，常用指标为财务杠杆系数。财务杠杆系数（DFL），是每股收益变动率与息税前利润变动率的倍数，计算公式为

$$DFL=\frac{\text{每股收益变动率}}{\text{息税前利润变动率}}=\frac{\Delta EPS/EPS}{\Delta EBIT/EBIT}$$

上式经整理，财务杠杆系数的计算也可以简化为

$$DFL=\frac{\text{息税前利润总额}}{\text{息税前利润总额}-\text{利息}}=\frac{EBIT}{EBIT-I}$$

[例 3-15] 有 A、B、C 三个公司，资本总额均为 1 000 万元，所得税税率均为 30%，每股面值均为 1 元。A 公司资本全部由普通股组成；B 公司债务资本 300 万元（利率 10%），普通股 700 万元；C 公司债务资本 500 万元（利率 10.8%），普通股 500 万元。三个公司 2018 年 EBIT 均为 200 万元，2019 年 EBIT 均为 300 万元，EBIT 增长了 50%。有关财务指标

如表3－9所示。

表3－9　普通股收益及财务杠杆的计算　　单位:万元

利润项目		A公司	B公司	C公司
普通股股数		1 000万股	700万股	500万股
利润总额	2018年	200	170	146
	2019年	300	270	246
	增长率	50%	58.82%	68.49%
净利润	2018年	140	119	102.2
	2019年	210	189	172.2
	增长率	50%	58.82%	68.49%
普通股收益	2018年	140	119	102.2
	2019年	210	189	172.2
	增长率	50%	58.82%	68.49%
每股收益	2018年	0.14元	0.17元	0.20元
	2019年	0.21元	0.27元	0.34元
	增长率	50%	58.82%	68.49%
财务杠杆系数		1.000	1.176	1.370

可见,资本成本固定型的资本所占比重越高,财务杠杆系数就越大。A公司由于不存在固定资本成本的资本,没有财务杠杆效应;B公司存在债务资本,其普通股收益增长幅度是息税前利润增长幅度的1.176倍;C公司存在债务资本,并且债务资本的比重比B公司高,其普通股收益增长幅度是息税前利润增长幅度的1.370倍。

3.财务杠杆与财务风险

财务风险是指企业由于筹资原因产生的资本成本负担而导致的普通股收益波动的风险。引起企业财务风险的主要原因是资产报酬的不利变化和资本成本的固定负担。由于财务杠杆的作用,当企业的息税前利润下降时,企业仍然需要支付固定的资本成本,导致普通股剩余收益以更快的速度下降。财务杠杆放大了资产报酬变化对普通股收益的影响,财务杠杆系数越高,表明普通股收益的波动程度越大,财务风险也就越大。只要有固定性资本成本存在,财务杠杆系数总是大于1。

从公式可知,影响财务杠杆的因素包括:企业资本结构中债务资本比重;普通股收益水平;所得税税率水平。其中,普通股收益水平又受息税前利润、固定资本成本(利息)高低的影响。债务成本比重越高、固定的资本成本支付额越高、息税前利润水平越低,财务杠杆效应越大,反之亦然。

[例3－16]　在例3－15中,三个公司2018年的财务杠杆系数分别为:A公司1.000;B

公司 1.176;C 公司 1.370。这意味着,如果 EBIT 下降时,A 公司的 EPS 与之同步下降,而 B 公司和 C 公司的 EPS 会以更大的幅度下降。导致各公司 EPS 不为负数的 EBIT 最大降幅如表 3 – 10 所示。

表 3 – 10 例 3 – 16 数据表

公司	DFL	EPS 降低	EBIT 降低
A	1.000	100%	100%
B	1.176	100%	85.03%
C	1.370	100%	72.99%

上述结果意味着,2019 年在 2018 年的基础上,C 公司 EBIT 降低 72.99%,普通股收益会出现亏损;B 公司 EBIT 降低 85.03%,普通股收益和指率先亏损;A 公司 EBIT 降低 100%,普通股收益会出现亏损。显然,C 公司不能支付利息、不能满足普通股股利要求的财务风险远高于其他公司。

(三)总杠杆效应

1. 总杠杆

经营杠杆和财务杠杆可以独自发挥作用,也可以综合发挥作用,总杠杆是用来反映两者之间共同作用结果的,即权益资本报酬与产销业务量之间的变动关系。由于固定性经营成本的存在,产生经营杠杆效应,导致产销业务量变动对息税前利润变动有放大作用;同样,由于固定性资本成本的存在,产生财务杠杆效应,导致息税前利润变动对普通股收益有放大作用。两种杠杆共同作用,将导致产销业务量的变动引起普通股每股收益更大的变动。

总杠杆,是指由于固定经营成本和固定资本成本的存在,导致普通股每股收益变动率大于产销业务量的变动率的现象。

2. 总杠杆系数

只要企业同时存在固定性经营成本和固定性资本成本,就存在总杠杆效应。产销量变动通过息税前利润的变动,传导至普通股收益,使得每股收益发生更大的变动。用总杠杆系数(DTL)表示总杠杆效应程度,可见,总杠杆系数是经营杠杆系数和财务杠杆系数的乘积,是普通股每股收益变动率相当于产销量变动率的倍数,计算公式为

$$\mathrm{DTL}=\frac{\text{普通股每股收益变动率}}{\text{产销量变动率}}$$

上式经整理,总杠杆系数的计算也可以简化为

$$\mathrm{DTL}=\mathrm{DOL}\times\mathrm{DFL}=\frac{\text{基期边际贡献}}{\text{基期利润总额}}=\frac{M}{M-F-1}$$

[**例 3 – 17**] 某企业有关资料如表 3 – 11 所示,可以分别计算其 2018 年经营杠杆系

数、财务杠杆系数和总杠杆系数。

表 3-11　杠杆效应计算表　　单位:万元

项目	2018 年	2019 年	变动率
销售收入(售价 10 元)	1 000	1 200	+20%
边际贡献(单位 4 元)	400	480	+20%
固定成本	200	200	—
息税前利润(EBIT)	200	280	+40%
利息	50	50	—
利润总额	150	230	+53.33%
净利润(税率 20%)	120	184	+53.33%
每股收益(200 万股,元)	0.60	0.92	+53.33%
经营杠杆(DOL)			2.000
财务杠杆(DFL)			1.333
总杠杆(DTL)			2.667

3. 总杠杆与公司风险

公司风险包括企业的经营风险和财务风险。总杠杆系数反映了经营杠杆和财务杠杆之间的关系,用以评价企业的整体风险水平。在总杠杆系数一定的情况下,经营杠杆系数与财务杠杆系数此消彼长。总杠杆效应的意义在于:第一,能够说明产销业务量变动对普通股收益的影响,据以预测未来的每股收益水平;第二,揭示了财务管理的风险管理策略,即要保持一定的风险状况水平,需要维持一定的总杠杆系数,经营杠杆和财务杠杆可以有不同的组合。

一般来说,固定资产比较重大的资本密集型企业,经营杠杆系数高,经营风险大,企业筹资主要依靠权益资本,以保持较小的财务杠杆系数和财务风险;变动成本比重较大的劳动密集型企业,经营杠杆系数低,经营风险小,企业筹资主要依靠债务资本,保持较大的财务杠杆系数和财务风险。

一般来说,在企业初创阶段,产品市场占有率低,产销业务量小,经营杠杆系数大,此时企业筹资主要依靠权益资本,在较低程度上使用财务杠杆;在企业扩张成熟期,产品市场占有率高,产销业务量大,经营杠杆系数小,此时,企业资本结构中可扩大债务资本,在较高程度上使用财务杠杆。

三、资本结构

资本结构及其管理是企业筹资管理的核心问题。企业应综合考虑有关影响因素,运用适当的方法确定最佳资本结构,提升企业价值。如果企业现有资本结构不合理,应通过筹资活动优化调整资本结构,使其趋于科学合理。

(一)资本结构的含义

资本结构是指企业资本总额中各种资本的构成及其比例关系。筹资管理中,资本结构有广义和狭义之分。广义的资本结构包括全部债务与股东权益的构成比率;狭义的资本结构则指长期负债与股东权益资本构成比率。狭义资本结构下,短期债务作为营运资金来管理。本书所指的资本结构通常仅是狭义的资本结构,也就是债务资本在企业全部资本中所占的比重。

不同的资本结构会给企业带来不同的后果。企业利用债务资本进行举债经营具有双重作用,既可以发挥财务杠杆效应,也可能带来财务风险。因此企业必须权衡财务风险和资本成本的关系,确定最佳的资本结构。评价企业资本结构最佳状态的标准应该是能够提高股权收益或降低资本成本,最终目的是提升企业价值。股权收益,表现为净资产报酬率或普通股每股收益;资本成本,表现为企业的平均资本成本率。根据资本结构理论,当公司平均资本成本最低时,公司价值最大。所谓最佳资本结构,是指在一定条件下使企业平均资本成本率最低、企业价值最大的资本结构。资本结构优化的目标,是降低平均资本成本率或提高普通股每股收益。

从理论上讲,最佳资本结构是存在的,但由于企业内部条件和外部环境的经常性变化,动态地保持最佳资本结构十分困难。因此在实践中,目标资本结构通常是企业结合自身实际进行适度负债经营所确立的资本结构。

(二)影响资本结构的因素

资本结构是一个产权结构问题,是社会资本在企业经济组织形式中的资源配置结果。资本结构的变化,将直接影响社会资本所有者的利益。

1. 企业经营状况的稳定性和成长率

企业产销业务量的稳定程度对资本结构有重要影响:如果产销业务量稳定,企业可较多地负担固定的财务费用;如果产销业务量和盈余有周期性,则要负担固定的财务费用将承担较大的财务风险。经营发展能力表现为未来产销业务量的增长率,如果产销业务量能够以较高的水平增长,企业可以采用高负债的资本结构,以提升权益资本的报酬。

2. 企业的财务状况和信用等级

企业财务状况良好,信用等级高,债权人愿意向企业提供信用,企业容易获得债务资本。相反,如果企业财务情况欠佳,信用等级不高,债权人投资风险大,这样会降低企业获得信用的能力,加大债务资本筹资的资本成本。

3. 企业资产结构

资产结构是企业筹集资本后进行资源配置和使用后的资金占用结构,包括长短期资产构成和比例,以及长短期资产内部的构成和比例。资产结构对企业资本结构的影响主要包括:拥有大量固定资产的企业主要通过长期负债和发行股票筹集资金;拥有较多流动资产的企业更多地依赖流动负债筹集资金;资产适用于抵押贷款的企业负债较多;以技术研发为主的企业则负债较少。

4. 企业投资人和管理当局的态度

从企业所有者的角度看,如果企业股权分散,企业可能更多地采用权益资本筹资以分散企业风险。如果企业由少数股东控制,股东通常重视企业控股权问题,为防止控股权稀释,企业一般尽量避免普通股筹资,而是采用优先股或债务资本筹资。从企业管理当局的角度看,高负债资本结构的财务风险高,一旦经营失败或出现财务危机,管理当局将面临市场接管的威胁或者被董事会解聘。因此,稳健的管理当局偏好于选择低负债比例的资本结构。

5. 行业特征和企业发展周期

不同行业资本结构差异很大。产品市场稳定的成熟产业经营风险低,因此可提高债务资本比重,发挥财务杠杆作用。高新技术企业的产品、技术、市场尚不成熟,经营风险高,因此可降低债务资本比重,控制财务杠杆风险。在同一企业不同发展阶段,资本结构安排不同。企业初创阶段,经营风险高,在资本结构安排上应控制负债比例;企业发展成熟阶段,产品产销业务量稳定和持续增长,经营风险低,可适度增加债务资本比重,发挥财务杠杆效应;企业收缩阶段,产品市场占有率下降,经营风险逐步加大,应逐步降低债务资本比重,保证经营现金流量能够偿付到期债务,保持企业持续经营能力,减少破产风险。

6. 经济环境的税务政策和货币政策

资本结构决策必然要研究理财环境因素,特别是宏观经济状况。政府调控经济的手段包括财政税收政策和货币金融政策,当所得税税率较高时,债务资本的抵税作用大,企业可以充分利用这种作用来提高企业价值。货币金融政策影响资本供给,从而影响利率水平的变动,当国家执行紧缩的货币政策时,市场利率较高,企业债务资本成本增大。

(三)资本结构优化

资本结构优化,要求企业权衡负债的低资本成本和高财务风险的关系,确定合理的资本结构。资本结构优化的目标,是降低平均资本成本率或提高普通股每股收益。

1. 每股收益分析法

可以用每股收益的变化来判断资本结构是否合理,即能够提高普通股每股收益的资本结构,就是合理的资本结构。在资本结构管理中,利用债务资本的目的之一,就在于债务资本能够提供财务杠杆效应,利用负债筹资的财务杠杆作用来增加股东财富。

每股收益受到经营利润水平、债务资本成本水平等因素的影响,分析每股收益与资本结构的关系,可以找到每股收益无差别点。所谓每股收益无差别点,是指不同筹资方式下每股收益都相等时的息税前利润和业务量水平。根据每股收益无差别点,可以分析判断在什么样的息税前利润水平或产销业务量水平前提下,适于采用何种筹资组合方式,进而确定企业的资本结构安排。

在每股收益无差别点上，无论是采用债务还是股权筹资方案，每股收益都是相等的。当预期息税前利润或业务量水平大于每股收益无差别点时，应当选择财务杠杆效应较大的筹资方案，反之亦然。在每股收益无差别点时，不同筹资方案的 EPS 是相等的，用公式表示如下：

$$\frac{(\overline{\text{EBIT}}-I_1)(1-T)}{N_1}=\frac{(\overline{\text{EBIT}}-I_2(1-T)}{N_2}$$

$$\overline{\text{EBIT}}=\frac{I_1 \cdot N_2-I_2 \cdot N_1}{N_2-N_1}$$

式中 $\overline{\text{EBIT}}$——息税前利润平衡点，即每股收益无差别点；

I_1、I_2——两种筹资方式下的债务利息；

N_1、N_2——两种筹资方式下普通股股数；

T——所得税税率。

［例 3－18］ 光华公司目前资本结构为：总资本 1 000 万元，其中债务资本 400 万元（年利息 40 万元），普通股资本 600 万元（600 万股，面值 1 元，市价 5 元）。企业由于有一个较好的新投资项目，需要追加筹资 300 万元，有两种筹资方案。

甲方案：向银行取得长期借款 300 万元，利息率 16%。

乙方案：增发普通股 100 万股，每股发行价 3 元。

根据财务人员测算，追加筹资后销售额可望达到 1 200 万元，变动成本率 60%，固定成本为 200 万元，所得税率 20%，不考虑筹资费用因素。根据上述数据，代入无差别点公式

$$\frac{(\overline{\text{EBIT}}-40)\times(1-20\%)}{600+100}=\frac{(\overline{\text{EBIT}}-40-48)\times(1-20\%)}{600}$$

解得 $$\overline{\text{EBIT}}=376(\text{万元})$$

或 $$\overline{\text{EBIT}}=\frac{40\times600-(40+48)\times(600+100)}{600-(600+100)}=376(\text{万元})$$

这里，$\overline{\text{EBIT}}$ 为 376 万元是两个筹资方案的每股收益无差别点。在此点上，两个方案的每股收益相等，均为 0.384 元。企业预期追加筹资后销售额 1 200 万元，预期获利 280 万元，低于无差别点 376 万元，应当采用财务风险较小的乙方案，即增发普通股方案。在 1 200 万元销售额水平上，甲方案的 EPS 为 0.256 元，乙方案的 EPS 为 0.274 元。

当企业需要的资本额较大时，可能会采用多种筹资方式组合融资。这时，需要详细比较分析各种组合筹资方式下的资本成本及其对每股收益的影响，选择每股收益最高的筹资方式。

［例 3－19］ 光华公司目前资本结构为：总资本 1 000 万元，其中债务资本 400 万元（年利息 40 万元），普通股资本 600 万元（600 万股，面值 1 元，市价 5 元）。企业由于扩大经营规模，需要追加筹资 800 万元，所得税率 20%，不考虑筹资费用因素。有三种筹资方案。

甲方案：增发普通股 200 万股，每股发行价 3 元；同时向银行借款 200 万元，利率保持原

来的 10%。

乙方案:增发普通股 100 万股,每股发行价 3 元;同时溢价发行 500 万元面值为 300 万元的公司债券,票面利率 15%。

丙方案:不增发普通股,溢价发行 600 万元面值为 400 万元的公司债券,票面利率 15%;由于受债券发行数额的限制,需要补充向银行借款 200 万元,利率 10%。

三种方案各有优劣:增发普通股能够减轻资本成本的固定性支出,但股数增加会摊薄每股收益;采用债务筹资方式能够提高每股收益,但增加了固定性资本成本负担,受到的限制较多。基于上述原因,筹资方案需要两两比较。

甲、乙方案的比较:

$$\frac{(\overline{EBIT}-40-20)\times(1-20\%)}{600+200}=\frac{(\overline{EBIT}-40-45)\times(1-20\%)}{600+100}$$

解得 $\overline{EBIT}=260$(万元)

乙、丙方案的比较:

$$\frac{(\overline{EBIT}-40-45)\times(1-20\%)}{600+100}=\frac{(\overline{EBIT}-40-80)\times(1-20\%)}{600}$$

解得 $\overline{EBIT}=330$(万元)

甲、丙方案的比较:

$$\frac{(\overline{EBIT}-40-20)\times(1-20\%)}{600+200}=\frac{(\overline{EBIT}-40-80)\times(1-20\%)}{600}$$

解得 $\overline{EBIT}=300$(万元)

上述结果也可直接代公式求得。

筹资方案两两比较时,产生了三个筹资分界点,上述分析结果可用图 3-1 表示。从图 3-1 中可以看出:企业 EBIT 预期为 260 万元以下时,应当采用甲筹资方案;EBIT 预期为 260 万~330 万元之间时,应当采用乙筹资方案;EBIT 预期为 330 万元以上时,应当采用丙筹资方案。

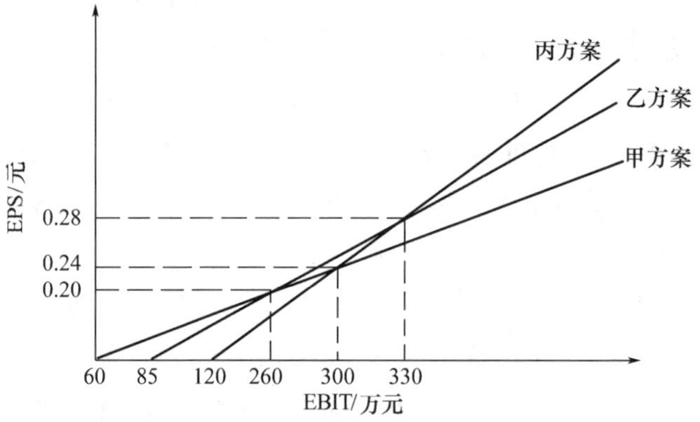

图 3-1 每股收益无差别点分析图

2. 平均资本成本比较法

平均资本成本比较法，是通过计算和比较各种可能的筹资组合方案的平均资本成本，选择平均资本成本率最低的方案。即能够降低平均资本成本的资本结构，就是合理的资本结构。这种方法侧重于从资本投入的角度对筹资方案和资本结构进行优化分析。

［**例 3－20**］ 长达公司需筹集 100 万元长期资本，可以用贷款、发行债券、发行普通股三种方式筹集，其个别资本成本率已分别测定，有关资料如表 3－12 所示。

表 3－12 长达公司资本成本与资本结构数据表

筹资方式	资本结构			个别资本成本率
	A 方案	B 方案	C 方案	
贷款	40%	30%	20%	6%
债券	10%	15%	20%	8%
普通股	50%	55%	60%	9%
合计	100%	100%	100%	

首先，分别计算三个方案的综合资本成本 K。

A 方案：$K = 40\% \times 6\% + 10\% \times 8\% + 50\% \times 9\% = 7.7\%$

B 方案：$K = 30\% \times 6\% + 15\% \times 8\% + 55\% \times 9\% = 7.95\%$

C 方案：$K = 20\% \times 6\% + 20\% \times 8\% + 60\% \times 9\% = 8.2\%$

其次，根据企业筹资评价的其他标准，考虑企业的其他因素，对各个方案进行修正之后，再选择其中成本最低的方案。本例中，我们假设其他因素对方案选择的影响甚小，则 A 方案的综合资本成本最低。这样，该公司的资本结构为贷款 40 万元，发行债券 10 万元，发行普通股 50 万元。

3. 公司价值分析法

以上两种方法都是从账面价值的角度进行资本结构优化分析，没有考虑市场反应，也没有考虑风险因素。公司价值分析法，是在考虑市场风险的基础上，以公司市场价值为标准，进行资本结构优化，即能够提升公司价值的资本结构，就是合理的资本结构。这种方法主要用于对现有资本结构进行调整，适用于资本规模较大的上市公司资本结构优化分析。同时，在公司价值最大的资本结构下，公司的平均资本成本率也是最低的。

设：V 表示公司价值，B 表示债务资本价值，S 表示权益资本价值。公司价值应该等于资本的市场价值，即

$$V = S + B$$

为简化分析，假设公司各期的 EBIT 保持不变，债务资本的市场价值等于其面值，权益资本的市场价值可通过下式计算：

$$S = \frac{(\text{EBIT} - 1)(1 - T)}{K_s}$$

且 $$K_s = R_s = R_f + \beta(R_m - R_f)$$

此时 $$K_w = K_b \frac{B}{V}(1 - T) + K_s \frac{S}{V}$$

[**例3－21**] 某公司息税前利润为400万元，资本总额账面价值1 000万元。假设无风险报酬率为6%，证券市场平均报酬率为10%，所得税税率为40%。经测算，不同债务水平下的权益资本成本率和债务资本成本率如表3－13所示。

表3－13 不同债务水平下的债务资本成本率和权益资本成本率

债务市场价值 B/万元	税前债务利息率 K_b	股票 β 系数	权益资本成本率 R_s
0	—	1.50	12.0%
200	8.0%	1.55	12.2%
400	8.5%	1.65	12.6%
600	9.0%	1.80	13.2%
800	10.0%	2.00	14.0%
1 000	12.0%	2.30	15.2%
1 200	15.0%	2.70	16.8%

根据表3－13资料，可计算出不同资本结构下的企业总价值和综合资本成本，如表3－14示。

表3－14 公司价值和平均资本成本率 单位：万元

债务市场价值	股票市场价值	公司总价值	债务税后资本成本	普通股资本成本	平均资本成本
0	2 000	2 000	—	12.0%	12.0%
200	1 889	2 089	4.80%	12.2%	11.5%
400	1 743	2 143	5.10%	12.6%	11.2%
600	1 573	2 173	5.40%	13.2%	11.0%
800	1 371	2 171	6.00%	14.0%	11.1%
1 000	1 105	2 105	7.20%	15.2%	11.4%
1 200	786	1 986	9.00%	16.8%	12.1%

可以看出，在没有债务资本的情况下，公司的总价值等于股票的账面价值。当公司增加一部分债务时，财务杠杆开始发挥作用，股票市场价值大于其账面价值，公司总价值上升，平均资本成本率下降。在债务达到600万元时，公司总价值最高，平均资本成本率最低。债务超过600万元后，随着利息率的不断上升，财务杠杆作用逐步减弱甚至呈现副作用，公司总价值下降，平均资本成本率上升。因此，债务为600万元时的资本结构是该公司的最优资本结构。

复习思考题

一、什么是销售百分比法？销售百分比法的基本步骤是什么？

二、简述资本成本的含义及影响因素。

三、简述发行普通股的筹资特点。

四、简述经营杠杆、财务杠杆和总杠杆的含义。

五、某公司拟发行每张面值 100 元,票面利率 12%,每年付息一次,到期还本,期限为 3 年的债券一批。要求:分别计算市场利率为 10%、12%、15%时的发行价格。

六、某公司发行面值为 100 元,按复利计息,票面利率为 10% 的债券,发行时的市场利率为 12%,折价发行,发行价格为 90 元。要求:计算该债券的期限。

七、某公司发行面值为 1 000 元、期限为 5 年、票面利率为 12% 的长期债券,根据发行时的市场利率情况,确定以 1 100 的价格出售。要求:计算该债券发行时的市场利率。

八、某公司拟发行债券,债券面值为 1 000 元,期限 5 年,票面利率为 8%,每年付息一次,到期还本,按溢价 10% 发行,债券发行费用为发行额的 5%,该公司适用的所得税率为 25%,则该债券的资本成本为多少?

九、某企业权益资金和负债资金的比例为 60%:40%,债务资本成本为 7%,股东权益资本成本为 15%,则平均资本成本是多少?

十、某公司拟筹集资金 2 500 万元,采用三种方式:①发行债券 1 000 万元,预计筹资费率为 2%,债券票面利率为 10%,面值发行,公司适用的所得税税率为 25%;②发行优先股 500 万元,年股息率 7%,预计筹资费率为 3%;③发行普通股 1 000 万元,预计筹资费率 4%,预期第 1 年股利率 10%,以后每年增长 4%。要求:计算该筹资方案的综合资本成本。

十一、某公司目前发行在外的普通股 200 万股(每股面值 1 元),已发行的债券 800 万元,票面年利率为 10%。该公司拟为新项目筹资 1 000 万元,新项目投产后,公司每年息税前利润将增加到 400 万元。现有两个方案可供选择。方案一:按 12% 的年利率发行债券;方案二:按每股 10 元发行普通股。假设公司适用的所得税税率为 25%。

要求:(1)计算新项目投产后两个方案的每股利润;

(2)计算两个方案每股利润无差别点的息税前利润,并分析选择筹资方案。

十二、某企业年销售额为 210 万元,息税前利润 60 万元,变动成本率 60%;全部资本 200 万,负债比率 40%,负债利率 15%。

要求:计算该企业的经营杠杆系数、财务杠杆系数和总杠杆系数。

十三、某企业 2008 年息税前利润为 200 万元,企业资产总额为 1 000 万元,资产负债率为 40%,负债资金平均年利率为 10%。企业没有优先股和租赁费用。

要求:(1)计算企业 2008 年利息费用;

(2)计算企业财务杠杆系数。

第四章　流动资金管理

内容要点

应收账款的功能和成本、应收账款的日常管理；企业持有现金的动机、现金管理的要求、信用政策；货币资金最佳持有量的确定；存货的日常管理；流动资金的特点、管理的意义；流动资金的构成。

第一节　流动资金概念及特点

一、流动资金的概念

流动(营运)资金是指在企业生产经营活动中占用在流动资产上的资金。流动(营运)资金有广义和狭义之分,广义的营运资金是指一个企业流动资产的总额;狭义的营运资金是指流动资产减流动负债后的余额。营运资金的管理既包括流动资产的管理,也包括流动负债的管理。本书采用的是狭义营运资金的概念。

从会计角度看,营运资金是指流动资产和流动负债的差额。它反映企业短期债务的偿还能力。从财务管理角度看,营运资金反映的是流动资产和流动负债关系的总和,是对企业所有短期性财务活动的统称,并且它与诸多财务指标密切相关,是整体财务结构的组成部分。

所谓流动资产,是指可以在一年内或长于一年的一个营业周期内变现的资产。按照流动资产的变现速度(速度越快,流动性越高,反之亦然)划分,流动性最高的资产属货币资金;其次是短期投资;再次是应收账款;最后是存货。同样地,流动负债是指需要在一年或者超过一年的一个营业周期内偿还的债务,又称短期融资。其主要包括以下几类项目:短期借款、应付账款、应付工资、应交税费及应付利润(股利)等。

二、营运资金的特点

企业营运资金管理十分复杂,这是由营运资金自身特点决定的,其特点主要包括以下内容。

(一)营运资金的周转具有短期性

企业占用在流动资产上的资金,周转一次所需时间较短,通常会在一年或一个经营周期内收回,对企业影响的时间比较短。根据这一特点,营运资金可以用商业信用、银行短期借款等短期筹资方式来加以解决。

(二)营运资金的实物形态具有易变现性

短期投资、应收账款、存货等流动资产一般具有较强的变现能力,如果遇到意外情况,企业出现资金周转不灵、现金短缺时,便可迅速变卖这些资产,以获取现金,帮助企业渡过难关。

(三)营运资金的数量具有波动性

流动资产的数量会随企业内外条件的变化而变化,时高时低,波动很大。季节性企业如此,非季节性企业也如此。随着流动资产数量的变动,流动负债的数量也会相应发生变化。

(四)营运资金的实物形态具有变动性

企业营运资金的实物形态往往是随着企业生产经营活动的变动而变动,一般在现金、材料、在产品、产成品、应收账款与现金之间顺序转化。企业筹集的资金,一般都以现金的形式存在;为了保证生产经营的正常进行,必须拿出一部分现金去采购材料,这样,有一部分现金转化为材料;材料投入生产后,当产品尚未最后完工脱离加工过程以前,便形成在产品和自制半成品;当产品被加工完成后,就成为准备出售的产成品;产成品经过出售等方式可直接获得现金,有的则因赊销而形成应收账款;经过一段时间,应收账款通过收现又转化为现金。

(五)营运资金的来源具有灵活多样性

企业筹集营运资金的来源渠道和方式是多种多样的,通常有银行短期借款、短期融资券、商业信用、应交税费、应交利润、应付工资、应付费用、预收货款、应计款项、预提款项及各类直接借款,从一般的商业信用到国家信用、个人信用和贸易信用等,其期限也是长短不一的。

正是由于上述特点决定了营运资金的灵活性与复杂性。对其实施的管理决不能是一种盲目的管理活动,应该是在一系列科学、合理的理念指导下有序进行的。

三、营运资金的管理原则

企业的营运资金在全部资金中占有相当大的比重,而且周转期短,形态易变,所以是企业财务管理工作的一项重要内容。企业进行营运资金管理,必须遵循以下原则。

(一)认真分析生产经营状况,合理确定营运资产的需要数量

企业营运资金的需要数量与企业生产经营活动有直接关系,当企业产销两旺时,流动资产会不断增加,流动负债也会相应增加;而当企业产销不断减少时,流动资产和流动负债也会相应减少,因此,企业财务人员应认真分析生产经营状况,采用一定的方法预测营运资金的需要数量,以便合理使用营运资金。

(二)在保证生产经营需要的前提下,节约使用资金

在营运资金管理中,必须正确处理保证生产经营需要和节约合理使用资金二者之间的关系,要在保证生产经营需要的前提下,遵守勤俭节约的原则,挖掘资金潜力,精打细算地使用资金。

(三)合理安排流动资产与流动负债的比例关系,保证企业有足够的短期偿债能力

流动资产、流动负债及二者之间的关系能较好地反映企业的短期偿债能力。流动负债是在短期内需要偿还的债务,而流动资产则是在短期内可以转化为现金的资产。因此,如果一个企业的流动资产比较多,流动负债比较少,说明企业的短期偿债能力较强,反之,则说明短期偿债能力较弱。如果企业的流动资产太多,流动负债太少,也并不是正常现象,这可能是因流动资产闲置,流动负债利用不足所致,因此,在营运资金管理中,要合理安排流动资产和流动负债的比例关系,以便既节约使用资金,又能保证企业有足够的偿债能力。

第二节　现 金 管 理

一、现金概述

现金的定义有狭义与广义之分。狭义的现金仅指库存现金,而广义的现金除了库存现金以外,还包括各种现金等价物,即指随时可以根据需要转换成现金的货币性资产,如银行存款、外埠存款和在途现金。本书所指的现金是广义的现金。

现金是流动性最强的一种货币性资产,是指在企业的生产经营过程中以货币形态存在的那部分资产,是企业流动资产的重要组成部分。现金包括一切可以自由流通与转让的交易媒介,如库存现金、银行存款、外埠存款、银行本票存款、银行汇票存款、在途现金等。

根据核算和管理的需要,可以将现金按不同的标志进行分类。现金按形式的不同可分为铸币、纸币、银行存款、支票、本票、银行汇票等;按币种不同可分为本币和外币。

企业流入、流出及置存的现金是投资者、债权人和管理当局据以进行经营决策的最基本的因素之一。因此它代表着企业的现实购买力,并且这种现实购买力能够在社会经济生活中极易得到实现,具有流动性强的特点。企业为了进行正常的生产经营活动,必须拥有一定数额的现金,用于材料采购、支付工资、缴纳税金、支付利息及进行其他投资活动。同时,一个企业拥有现金的多少,又标志着其偿债能力与支付能力的大小,是企业投资人、债权人等分析判断企业财务状况好坏的重要标志。

二、现金的持有动机和成本

(一)现金的持有动机

货币资金通常被称为“非盈利资产”,任何企业都必须持有一定数量的现金。具体来

说,企业持有货币资金的动机可归纳如下。

1. 交易动机

为满足日常业务的现金支付,必须持有一定数额的货币资金。尽管企业也经常会收到现金,但现金的收支在时间数额上往往是不同的,若不维持适当的现金余额,就难以保证企业的业务活动正常进行下去。一般说来,企业为满足交易动机所持有的现金余额主要取决于销售水平。企业销售扩大,销售额增加,所需现金余额也随之增加。

2. 预防动机

预防动机即置存现金以防发生意外的支付。这种需求的大小与现金预算的准确性、突发事件发生的可能性及企业取得短期借款的难易程度有关。现金预算越准确,突发事件发生的概率越小,企业取得短期借款越容易,则所需预防性余额越小;反之,所需预防性余额越大。

3. 投机动机

投机动机即企业为了抓住各种瞬息即逝的市场机会,获取较大的利益而准备的现金余额。比如遇到有廉价原材料或其他资产供应的机会,便可用手头现金大量购入;再比如在适当时机购入价格有利的股票和其他有价证券;等等。当然,除了金融和投资公司外,一般地讲,其他企业专为投机性需要而特殊置存现金的不多,遇到不寻常的购买机会,也常设法临时筹集资金。但拥有相当数额的现金,确实为突然的大批采购提供了方便。

企业除以上三种原因持有现金外,也会基于满足将来某一特定要求或者为在银行维持补偿性余额等其他原因而持有现金。企业在确定现金余额时,一般应综合考虑各方面的持有动机。但要注意的是,由于各种动机所需的现金可以调节使用,企业持有的现金总额并不等于各种动机所需现金余额的简单相加,前者通常小于后者。另外,上述各种动机所需保持的现金,并不要求必须是货币形态,也可以是能够随时变现的有价证券以及能够随时转换成现金的其他各种存在形态,如可随时借入的银行信贷资金等。

(二)现金的成本

现金的成本通常由以下四部分组成。

1. 机会成本

机会成本是企业不能同时用该现金进行有价证券投资所产生的再投资收益,这种成本在数额上等同于资金成本。它与现金持有量呈正比例关系。

2. 管理成本

企业保留现金,对现金进行管理,会发生一定的管理费用,如管理人员工资及必要的安全措施费用等。这部分费用具有固定成本的性质,它在一定范围内与现金持有量的多少关系不大,是决策无关成本。

3. 转换成本

转换成本是指企业用现金购买有价证券,以及转让有价证券换取现金时付出的交易费用,即现金同有价证券之间相互转换的成本,如委托买卖佣金、委托手续费、证券过户费、实物交割费等。其中委托买卖佣金和委托手续费是按照委托成交金额计算的,在证券总额既定的条件下,无论变现次数怎样变动,所需支付的委托成本金额是固定的,因此属于决策无关成本。与证券变现次数密切相关的转换成本便只包括其中的固定性交易费用。固定性转换成本与现金持有量成反比例关系。

4. 短缺成本

现金短缺成本是指在现金持有量不足而又无法及时通过有价证券变现加以补充而给企业造成的损失,包括直接损失和间接损失,例如丧失购买机会、造成信用损失和得不到折扣的好处等,其中因不能按期支付有关款项而造成信用损失的后果是无法用货币来计量的。现金的短缺成本与现金持有量呈反方向变动关系。

三、最佳现金持有量的确定

现金管理的目的是提高现金的使用效率,这就需要确定最佳现金持有量。确定最佳现金持有量的方法很多,本章主要介绍成本分析模式、存货模式和随机模式。

(一) 成本分析模式

成本分析模式是通过分析持有现金的成本,寻找使持有成本最低的现金持有量的一种方法。企业持有的现金,将会有三种成本。

1. 机会成本

现金作为企业的一项资金占用是有代价的,这种代价就是它的资金成本。假定某企业的资金成本率为10%,年均持有50万元的现金,则该企业每年现金的资金成本为5万元。企业持有的现金越多,资金成本越大。企业为了保证正常生产经营活动的需要,必须拥有一定的现金,也必须要付出相应的资金成本代价。但如果企业现金拥有量过多,资金成本代价就会过大,这就需要企业慎重权衡。

2. 管理成本

企业拥有现金,就会发生现金的管理费用,如管理人员工资、安全措施费等。这些费用是现金的管理成本。管理成本是一种固定成本,不随企业现金持有量的多少而变动。

3. 短缺成本

现金的短缺成本,是指企业因缺乏必要的现金,不能应付业务开支所需,而使企业蒙受的损失或为此付出的代价。现金的短缺成本随着现金持有量的增加而下降,随着现金持有量的减少而上升。

上述三项成本之和为现金的总成本。使上述三项成本之和(即现金总成本)最小的现金持有量,就是最佳现金持有量。如果把上述三种成本线放在一个图上(图4-1),就能表示出持有现金的总成本,找出最佳现金持有量的点:资金成本线向右上方倾斜,短缺成本线向右下方倾斜,而管理成本线为平行于横轴的平行线,总成本线是一条抛物线,该抛物线的最低点即为持有现金的最低总成本。超过这一点,资金成本上升的代价会大于短缺成本下降的好处;这一点之前,短缺上升的代价又会大于资金成本下降的好处;这一点横轴上的量,即是最佳现金持有量。

最佳现金持有量的具体计算,可以先分别计算出各种方案的资金成本、短缺成本之和,再从中选取出成本之和最低的,相应的现金量就是最佳持有量。

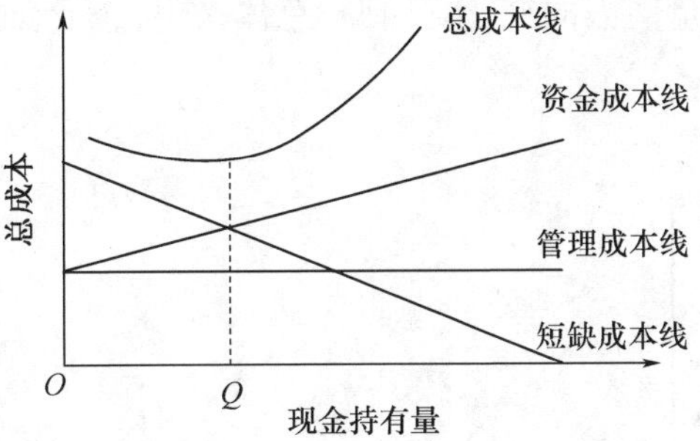

图 4-1 成本分析模式下的成本与现金持有量关系图

[例 4-1] 某企业有四种现金持有方案,它们各自的现金持有量、资金成本、管理成本、短缺成本如表 4-1 所示。

表 4-1 现金持有方案

单位:元

项目 \ 方案	1	2	3	4
现金持有量	70 000	80 000	90 000	100 000
资金成本	14 000	16 000	18 000	20 000
管理成本	18 000	18 000	18 000	18 000
短缺成本	5 000	2 500	1 000	0
现金持有总成本	37 000	36 500	37 000	38 000

通过对上述各方案总成本比较,第二个方案现金持有量为 80 000 元时,现金持有成本最低。

(二)存货模式

存货模式是由美国学者鲍莫于 1952 年提出的,因此又称鲍莫模式(Baumol Model)。该模式假定,企业在期初取得一定量的现金,企业在一定时期内现金流出是均匀发生的。在一定时期后当现金额降至零时,企业就卖出有价证券来补充所需的现金满足下一时期的现金支出。如图 4-2 所示,现金和存货具有一定的相似性,存货经济订货模型也可以被用来确定最佳现金持有量。

在图 4-2 中,企业在一定时期内的现金需求总量是一定的,并且现金的支出是均匀发生的。企业的最佳现金持有量为 N,在一个周期内均匀地发生支出,然后通过出售金额为 N 的有价证券来补充现金,以后各个周期如此不断循环。

存货模式中,现金余额总成本包括两个方面。

(1)现金持有成本,即持有现金所发生的机会成本,用有价证券的利息率来反映,通常包括企业因保留一定的现金余额而增加的管理费用及丧失的投资收益,其中,管理费用具有固定成本的性质,与现金持有量的关系不大;而放弃的投资收益,也就是机会成本,则属于变动成本,与现金持有量同方向变化。因此,总体来说,企业保持的现金数量越大,现金持有成本也越高。

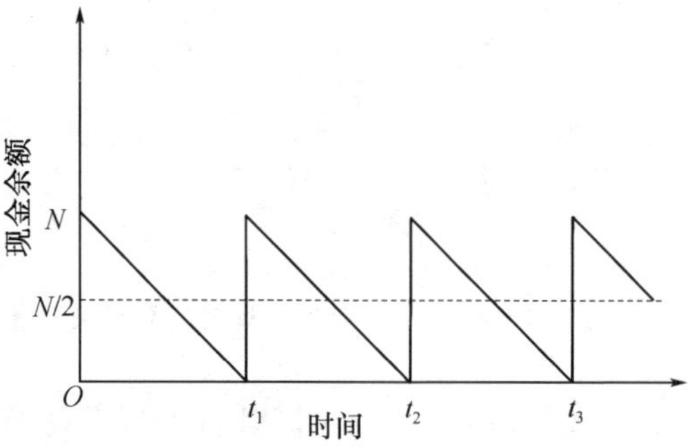

图 4-2　确定最佳现金持有量的存货模式

(2)现金转换成本,即现金与有价证券转化的固定成本,如发生交易费用、管理费用等。这些费用中,固定性的交易费用与交易的次数密切相关,因此,在现金需求量一定的情况下,每次现金持有量越少,变现次数越多,转换成本就越大;反之,每次现金持有量越多,变现次数越少,转换成本就越小。可见,现金转换成本与交易的次数成正比,而与现金持有量成反比。

通过分析可以看出,企业保留的现金的余额越大,则现金的持有成本越高,但是现金的转化成本会相对较小。反之,企业保留的现金余额越小,则现金的持有成本越低,但是现金的转化成本会变大。二者之间的关系如图 4-3 所示。因此,所要制定的最佳现金持有量就是上述两种成本之和最低时的现金持有量。

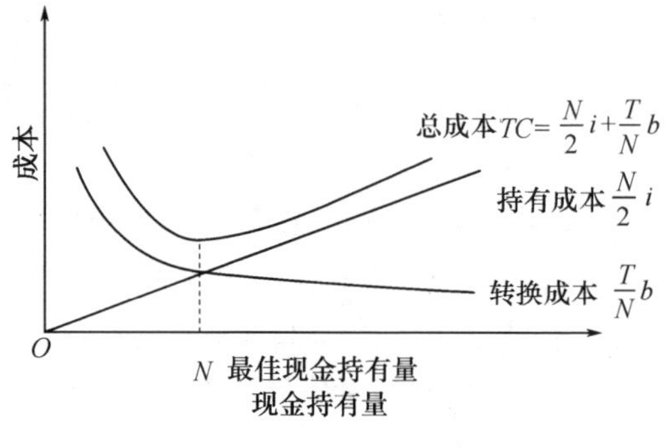

图 4-3　存货模式下的最佳现金持有量

存货模式下的现金持有量和现金总成本的函数关系如下:

$$TC=\frac{N}{2}i+\frac{T}{N}b$$

式中　TC——总成本;

b——单位转换成本;

T——现金需求总额;

N——最佳现金持有量；

i——短期有价证券的利息率。

对其进行求导得
$$TC' = \frac{i}{2} - \frac{Tb}{N^2}$$

令
$$TC' = 0$$

则
$$\frac{i}{2} = \frac{Tb}{N^2}$$

最佳现金持有量

$$N = \sqrt{\frac{2Tb}{i}}$$

［**例4－2**］ 某企业预计一定时期需要现金4 000元，现金与有价证券转换成本为每次25元，有价证券的利息率为20%。则最佳现金持有量为

$$N = \sqrt{\frac{2 \times 4\ 000 \times 25}{20\%}} = 1\ 000（元）$$

存货模式可以精确地计算出最佳现金持有量。但是，运用该模式计算最佳持有量是在一定的前提和条件下来进行的，即现金流出是均匀发生的，而且现金的持有成本和转换成本都比较容易确定。只有满足了上述条件，才可以使用存货模式来确定最佳现金持有量。

（三）随机模式

随机模式又称米勒－奥模式，它是由美国经济学家 Mertton Mill 和 Deniel Orr 首先提出来的。该模式适用于现金需求量难以预知的情况下进行现金持有量的控制。

该方法要求企业根据自身特点测算出一个企业现金持有量的控制范围，即现金持有的上限和下限，当现金持有量在该控制范围之内，企业不需要对现金持有量进行控制，如果现金持有量超过了上限，企业则需要买入有价证券，降低现金持有量。如果现金持有量低于下限，则要求企业抛售出持有的有价证券以保证企业对现金的需求。

该方法的关键在于确定一条最优现金返回线 R，当企业的现金持有量一旦超越了上限或下限时，企业需要通过买入或卖出有价证券调整现金持有量，使现金额达到最优现金返回线，如图4－4所示。

该模式假设每日现金净流量是一个随机变量，且在一定时期内近似地服从正态分布，每日现金净流量可能等于期望值，也可能高于或低于期望值。如图4－4所示，虚线 H 为现金存量的上限，虚线 L 为现金存量的下限，实线 R 为最佳现金返回线，即最佳现金持有量所对应的期望值。企业的现金存量是随机波动的，当其达到 A 点时，即达到了现金控制的上限，企业用现金购买有价证券，使现金量回落到现金返回线的水平；当现金存量降至 B 点时，即达到了现金控制的下限，企业则应转让有价证券换回现金，使其存量回升至现金返回线的水平。

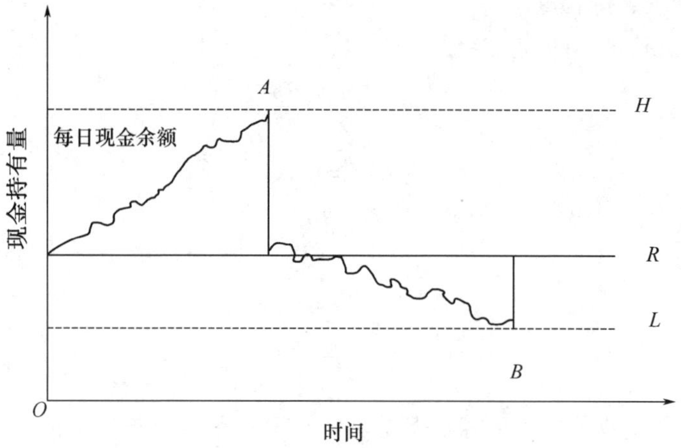

图 4－4 随机模式下的最佳现金持有量

与存货模式相比，随机模式也依赖于交易成本和机会成本，且每次转换交易成本被认为是固定的，而每期持有现金的机会成本则是有价证券的日利息率。但是随机模式每期的交易次数是一个随机变量，其根据每期现金流入与流出量的不同而发生变化。因此，每期的交易成本就决定于各期有价证券的期望交易次数。同理，持有现金的机会成本就是关于每期期望现金额的函数。

其中，上限 H 和最有现金返回线 R 的最优值不仅依赖于转换成本和机会成本，还依赖于现金余额的波动程度 δ^2。最优现金返回线的确定公式如下：

$$R=\sqrt[3]{\frac{3b\delta^2}{4i}}+L$$

$$H=3R-2L$$

式中 b——每次有价证券转换的固定转换成本；

i——有价证券的日利息率；

δ——预期每日现金余额变化的标准差；

L——现金持有额下限；

H——现金持有额上限。

［**例 4－3**］ 某企业有价证券的年利率为 9%，固定转换成本为 50 元，该企业的现金持有量的下限为 2 500 元，根据以往经验测算得出的每日现金余额变化的标准差为 800 元。试计算最佳现金返回线 R 和现金持有上限 H。

$$有价证券的日利率=9\%/360=0.025\%$$

$$R=\sqrt[3]{\frac{3\times50\times800^2}{4\times0.025\%}}+2\ 500=7\ 079$$

$$H=3R-2L=16\ 237$$

四、现金的日常管理

现金日常管理的目的在于提高现金的使用效率，为达到这一目的，不仅要从总体上对现金进行有效的控制与管理,还要进一步加强现金的回收和支出的日常管理。

(一)现金的总体管理

1. 遵守对现金使用和管理的规定

国家相关部门对现金使用和管理有以下规定:①明确现钞的使用范围:支付职工工资、津贴;根据国家规定颁发给个人的科学技术、文化艺术、体育等各种奖金;支付各种劳保、福利费用,以及国家规定的对个人的其他支出;向个人收购农副产品和其他物资的价款;出差人员必须随身携带的差旅费;结算起点(1 000 元)以下的零星支出;中国人民银行确定的需要支付现金的其他支出。②规定库存现金限额。企业库存现金,由其开户银行根据企业的实际需要核定限额,一般以 3~5 天的零星开支额为限。③不得坐支现金。即企业不得从本单位的人民币现钞收入中直接支付交易款。现钞收入应于当日终了送存开户银行。④不得出租、出借银行账户。⑤不得签发空头支票和远期支票。⑥不得套取银行信用。⑦不得保存账外公款,包括将公款以个人名义存入银行和保存账外现钞等各种形式的账外公款。

2. 加强对现金收支的内部控制

既然现金的风险隐患较大,就应该加强其内部控制,主要应做好以下几个方面的工作:①现金收支与记账岗位分离;②现金收入、支出要有合理、合法的凭证;③全部收支要及时、准确地入账,并且支出要有核准手续;④控制现金坐支,当日收入现金及时送存银行;⑤按月盘点现金,编制银行存款余额调节表,以做到账实相符;⑥加强对现金收支业务的内部审计。

3. 力争现金流量同步

如果企业能尽量使它的现金流入与现金流出发生的时间趋于一致,就可以使其所持有的交易性现金余额降到最低水平,从而达到降低整个企业现金持有量、提高经营效益的目的。这应是每个企业努力实现的理想化现金管理状态。

(二)现金回收管理

企业在日常的生产经营活动中,应及时回收应收账款,使企业支付能力增强。为了加速现金的回收,就必须尽可能缩短应收账款的平均收现期。企业在制定销售政策和赊销政策时,要权衡增加应收账款投资和延长收账期乃至发生坏账的利弊,采取合理的现金折扣政策;采用适当的信用标准、信用条件、信用额度,建立销售回款责任制,制定合理的信用政策;另一方面是加速收款与票据交换,尽量避免由于票据传递而延误收取货款的时间。具体可采用以下方法。

1. 邮政信箱法

邮政信箱法又称锁箱法,是西方企业加速现金流转的一种常用方法。企业可以在客户分布地区的邮局设置加锁信箱,让客户将支票汇至当地的这种信箱,然后由当地指定的银行每天数次收取信箱中的支票并存入特别的活期账户。由银行将这些支票在当地交换后以电汇方式存入该企业的银行账户。这种方法的优点是不但缩短了票据邮寄时间,还免除了公司办理收账、货款存入银行等手续,因而缩短了票据邮寄及在企业的停留时间。但采用这种方法成本较高,因为被授权开启邮箱的当地银行除了要求扣除相应的补偿性余额外,还要收取额外服务的劳务费,导致现金成本增加。因此,是否采用邮政信箱法,需视提前回笼现金产生的收益与增加的成本的大小而定。

2. 银行业务集中法

银行业务集中法即在客户较为集中的若干地区分设“收款中心”,并指定一个收款中心的开户银行(通常是企业总部所在地)为“集中银行”。各收款中心的客户在收到付款通知后,就近将货款交至收款中心;收款中心每天将收到的款项存入指定的当地银行;当地银行在进行票据交换后立即转给企业总部所在银行。这种方法可以缩短客户邮寄票据所需的时间和票据托收所需时间,但是采用这种方法须设立多个收账中心,从而增加了相应的费用支出。因此,企业应在权衡利弊得失的基础上,做出是否采用银行业务集中法的决策。

除上述方法外,还可以采取电汇、大额款项专人处理、企业内部往来多边结算、集中轧抵、减少不必要的银行账户等方法加快现金回收。

(三)现金支出的管理

1. 使用现金浮游量

现金浮游量是指企业存款账户上存款余额和银行账簿上企业存款账户余额之间的差额,也就是企业和银行之间的未达账项。充分利用浮游量是西方企业广泛采用的一种提高现金利用效率、节约现金支出总量的有效手段。可从收款方和付款方两个角度加强浮游量的管理。

收款方:①设立多个收款中心来代替设在总部的单一收款中心;②承租邮政信箱并授权当地开户行每天数次收取信箱内汇款,存入企业账户;③对于金额较大的货款可直接派人前往收取并及时送存银行;④对企业内部各部门间的现金往来要严加控制,防止现金滞留;⑤保证支票即时处理并当日送存银行;⑥将支付渠道通知付款方。

付款方:付款方在处理浮游量中处于优势地位,应在短期效益和长期信誉之间做出权衡,确定合理的浮游量。①加速收款。主要指缩短应收账款的时间。发生应收账会增加企业资金的占用,但它又是必要的,因为它可以扩大销售规模,增加销售收入。问题是如何在吸引顾客和缩短收款时间之间找出平衡点,这需要制定出合理的信用政策和妥善的收账策略。②推迟应付款的支付。企业在不影响自己信誉的前提下,尽可能地推迟应付款的支付期,充分运用供货方所提供的信用期限。③确定最佳现金持有量现金的管理除了做好上述日常收支控制、预测等管理外,还需控制好现金持有规模,即确定适当的现金持有量,以从实质上实现企业现金管理的目标,即在资产的流动性和盈利能力之间做出抉择,以获取最大的长期利润。

2. 控制现金支出,推迟应付款的支付

企业应在不影响本身信誉的前提下,尽可能地推迟应付款的支付期,充分运用供货方提供的信用优惠。如果货币资金很紧,也可以放弃供货方的折扣优惠,在信用期的最后一天付货款。推迟应付款的支付,当然,这要权衡折扣优惠与急需现金之间的利弊得失而定,或者利用汇票付款,充分利用汇票的付款期间来延缓货币的支付。

第三节 应收账款管理

一、应收款项的概述

应收款项是指企业因对外销售产品、材料、供应劳务及其他原因,应向购货单位或接受劳务的单位及其他单位收取的款项,包括应收销货款、其他应付款、应收票据等。

(一)应收款项产生的原因

1. 市场竞争

在社会主义市场经济条件下,存在着激烈的市场竞争。市场竞争迫使企业以各种手段扩大销售。企业除了依靠产品质量、价格、服务等促销外,赊销也是扩大销售的重要手段。对于同等质量的产品,相同的价格,一样的售后服务,实行赊销的产品的销售额将大于现金销售的产品销售额。实行赊销,无疑给客户购买产品带来了更多的机会,相当于给客户一笔无息或低息贷款,所以对客户的吸引力极大。正因为如此,许多企业都广泛采取赊销方式进行产品销售,而同时应收款项应运而生。市场竞争是应收款项产生的根本原因,应收款项又反过来加剧了市场竞争。

2. 销售与收款的时间差

销售时间与应收时间常常不一致,因为货款结算需要时间。结算手段越落后,结算需要的时间越长,应收款项收回所需的时间就越长,销售企业垫支的资金占用期限就越长,这是本质意义上的应收款项。本章所要研究的作为竞争手段的应收款项,其属于商业信用的应收款项。

(二)应收账款的成本

企业为了促销而形成应收款项,运用这种商业信用是要付出代价的,即形成应收款项的成本。这种代价表现在以下方面。

(1)坏账损失成本。应收款项收不回来而造成的损失就是应收款项的坏账损失成本。这项成本一般与应收款项发生的数量成正比。

(2)机会成本。机会成本是指企业的资金由于投放应收款项而丧失的其他投资收益。这种成本一般按有价证券的利率确定。

(3)管理成本。管理成本是指管理应收款项而付出的费用,包括客户信用情况调查所需的费用、收集客户各种信息的费用、账簿的记录费用、收账费用等。

(三)应收款项管理的目的

通过对企业应收账款产生的原因和有关成本的分析,我们可以得出,企业提供商业信用,一方面可以扩大销售、增加利润,另一方面也会发生成本费用,如垫支成本、坏账损失等。因此,应收款项管理的目的就是要在应收款项信用政策放宽所增加的销售利润与所增加的成本之间进行权衡,确定适当的信用政策,提高企业的经济效益。

二、应收款项的管理政策

应收款项的管理政策又称为信用政策,是企业对应收款项进行规划和控制的一些原则性规定,它主要包括信用标准、信用条件和收账政策三部分。

(一)信用标准

所谓信用标准是指企业提供信用时要求客户达到的最低信用水平。如果客户达不到企业的信用标准,便不能享受企业提供的商业信用。为了有效地控制应收款项,通常采用的评估方法有以下方面。

1. 信用"5C"分析法

所谓信用"5C",是指品行(character)、能力(capacity)、资本(capital)、担保品(collateral)和条件(condition)。

(1)品行(character)。品行即客户履行偿还其债务的可能性。这是衡量客户是否信守契约的重要标准,也是企业决定是否赊销给客户产品的首要条件。

(2)能力(capacity)。能力即考察客户按期付款的能力,主要通过了解企业的经营手段、偿债记录和获利情况等做出判断,或进行实地考察。

(3)资本(capital)。资本即通过分析客户的资产负债比率、流动比率等了解其财务状况,分析客户的资产、负债、所有者权益情况。

(4)担保品(collateral)。担保品即客户为获得信用所能提供担保的资产,这是企业提供给客户信誉的可靠保证。

(5)条件(condition)。条件即可以影响到客户偿债的一般经济趋势和某些地区或经济领域的特殊因素。

以上五个方面的资料,可由以下途径取得:

①公司以往与客户交易的经验;

②客户与其他债权人交往的情报;

③企业间的证明,即由其他有声望的客户证明某客户的信用品质;

④银行的证明;

⑤诚信调查机构所提供的客户信用品质及其信用等级的资料;

⑥客户的财务报表。

2. 信用评分法

所谓信用评分法是根据有关指标和情况计算出客户的信用分数,然后与既定的标准比较,确定其信用等级的方法。

对客户信用进行评分的指标体系主要包括流动比率、速动比率、销售利润率、负债比率、应收账款周转率等指标,此外还要考虑其赊购支付历史及企业未来预计等情况。在进行信用评定时,要先将上述各因素打分,然后再乘上一个权数(按重要性而定)确定其信用分数。计算公式为

$$某客户信用分数 = \sum(某项指标或情况分数 \times 权数)$$

在采用信用评分法时,企业应先确定一个最低信用分数,若某客户信用分数低于该分数,则不给予信用。分数越高,则表明信用品质越好,信用等级越高。通常分数在80分以上者,表明其信用状况良好;分数在60~80分者,表明其信用状况一般;分数在60分以下者则信用情况较差。

[例4-4] 某客户信用评分情况如表4-2所示。

表4-2 信用评分情况表

项目	财务比率或有关情况①	分数②	预计权数③	加权平均数④=②×③
流动比率	1.8	85	0.1	8.5
速动比率	0.9	90	0.2	18
销售利润率	20%	80	0.1	8
负债比率	60%	70	0.15	10.5
应收账款周转率	12次	85	0.15	12.75
赊购支付历史	尚好	75	0.25	18.75
未来发展预计	好	85	0.05	4.25
合计			1	80.75

由计算结果可知,该客户信用状况较好,可以考虑提供信用。

(二)信用条件

信用条件指企业要求客户支付赊销款项的条件,包括信用期限、折扣期限和现金折扣。

1. 信用期限

信用期限是指企业给予客户的最长付款时间。一般来说,企业给予客户信用期限越长,所能增加的销售额也越多,但同时企业在应收款项上的投资也越大,出现坏账损失的可能性也越大。所以企业应当在延长信用期产生的收益与成本之间做出比较,从而确定最佳信用期限。

[例4-5] 某企业现行信用期限20天,为了扩大销售额,该企业预将信用期延长至30天,销售额将增长20%。企业目前年销售额400万元(赊销额),收账费用2万元,坏账损失率为1%。扩大信用期后,收账费用将增至5万元,坏账损失率2%。企业资金成本15%,变动成本率为60%。试判断该企业是否应该延长信用期。

(1)收益的增加

$$销售额的增加\times边际贡献率=400\times20\%\times(1-60\%)=32(万元)$$

(2)应收账款占用资金的成本增加

$$应收账款占用资金的成本=应收账款占用资金\times资金成本$$

$$应收账款占用资金=应收账款平均余额\times变动成本率$$

$$应收账款平均余额=日销售额\times平均收现期$$

20天信用期占用资金的成本 $=400/360\times20\times60\%\times15\%=2$(万元)

30 天信用期占用资金的成本 =400×(1+20%)/360×30×60%×15% =3.6(万元)

占用资金成本的增加额 =3.6 -2 =1.6(万元)

(3)收账费用和坏账损失的增加

收账费用的增加 =5 -2 =3(万元)

坏账损失的增加 =400×(1+20%)×2% -400×1% =9.6 -4 =5.6(万元)

(4)改变收益期的净收益

改变收益期的净收益 =32 -1.6 -3 -5.6 =21.8(万元)

所以,企业应该延长信用期。

2. 折扣期限

折扣期限是指为客户规定的可享受现金折扣的付款时间。

3. 现金折扣

现金折扣是指企业对客户在商业价格上所做的扣减。向客户提供这种价格上的优惠,主要目的是吸引客户为享受优惠而提前付款,缩短企业的平均收款期。另外,现金折扣也能招揽一些视折扣为减价出售的客户前来购买,企业借此扩大销售。企业在对是否提供现金折扣做出决策时应该充分考虑现金折扣所带来的收益和成本的增加额,若前者大于后者,则企业就应该提供折扣,否则企业应维持原来的价格,不予提供现金折扣。

[**例4 -6**] 某公司的资料如下:赊销收入为3 000 万元,变动成本率为70%,资本成本率为12%。该公司为了完成增加销售收入10%的目标,拟采用以下信用条件,“2/10,1/20,*N*/60”。若采用该信用条件,预计将有60%的客户选择享受2%的现金折扣,15%的客户选择享受1%的现金折扣,余下部分的坏账损失率将会达到2%,收账费用达到58.78万元,试确定该方案是否可行。

(1)在扣除信用成本之前的收益

年销售收入 =3 000×(1+10%) =3 300(万元)

现金折扣 =(60%×2% +15%×1%)×3 300 =44.55(万元)

变动成本额 =3 300×70% =2 310(万元)

收益 =3 300 -44.55 -2 310 =945.45(万元)

(2)信用成本

资金成本 =3 300/360×(60%×10 +15%×20 +25%×60)×70%×12%

=18.48(万元)

坏账损失 =3 300×2% =66(万元)

收账费用 =58.78(万元)

信用成本 =18.48 +66 +58.78 =143.26(万元)

(3)在扣除成本后的收益

在扣除信用成本之后的收益 =945.45 -143.26 =802.19(万元)

因此,该方案可行。

关于多个方法的比较选优,也可用该方法,但需要对最终的收益进行比较,以选择收益最大的方案作为决策的标准。

（三）收账政策

收账政策是指当信用条件被违反时，企业应采取的收账策略。若企业采取积极的收账政策，就会增加企业应收款项的投资，反之，企业就会增加应收款项的收账费用。一般企业为了扩大产品的销售量，增强竞争能力，往往在客户的逾期未付款项规定一个允许拖欠的期限，超过规定的期限，企业就将进行各种形式的催还。如果企业制定的收款政策过宽，会导致逾期未付款的客户拖延时间更长，对企业不利；收款政策过严，催款过急，又可能伤害无意拖欠的客户，影响企业未来的销售和利润。因此企业在制定收款政策时必须十分谨慎，掌握好宽严程度。

企业对不同的过期账款应采取不同的收款方式。企业对账款过期较短的客户，应不给予过多地打扰，以免将来失去这一市场；对过期稍长的客户，可措辞婉转地写信催款；对过期很长的客户，频繁地利用信件催款并电话催询；对过期很长的客户，可在催款过程中措辞严厉，必要时提请有关部门仲裁或提请诉讼；等等。

催款要发生费用，某些催款方式的费用，如诉讼费，还会很高。一般来说，收账的费用越大，坏账措施越有力，可收回的账款就越大，坏账损失也就越小。因此制定收账政策，应在收账费用和所减少的坏账损失之间做出权衡。如果增加的收账费用高于减少的坏账损失，说明此收账措施是不合适的；如果增加的收账费用低于减少的坏账损失，可继续催款，这时若有不同的收账方案可供选择的话，可根据应收账款总成本进行比较选择，制定有效、得当的收账政策。

三、应收款项的日常管理

应收款项的日常管理与控制主要采取以下措施。

（一）加强对客户偿还能力与信用状况的调查研究和分析

搜集和整理反映客户信用状况的有关资料，掌握客户的财务状况和盈利状况，了解客户的信用状况；根据信用调查得到的有关资料，运用特定方法，对客户的信用状况进行分析和评价，确定各客户的信用等级；制定给予客户相应的信用条件，确定给予客户的信用期限、现金折扣、折扣期限和信用额度（企业允许客户赊购货物的最高限额）。

（二）做好应收账款的日常核算工作

企业应在总分类中能够设置“应收账款”“其他应收款”“坏账损失”等账户，汇总记载企业所有销售产品给客户的账款增减变动情况；同时，另设“应收账款明细分类账”，分别详细地记载各销售产品给客户的账款增减数额，以全面反映客户所赊欠账款多少变动状况，以便及时催款。

（三）加强应收账款监督

企业已经发生的应收账款时间有长有短，有的尚未超过信用期限，已经超过信用期限的时间长短也不一样。一般来说，拖欠的时间越长，收回欠款的可能性越小，形成坏账的可能性越大,因此,企业必须采取一定的管理方法,对应收账款的收回情况进行监督,加速应收账款的收回。常用的方法有账龄分析法和应收账款收现保证率分析法。

1. 账龄分析法

账龄分析法就是将所有赊销客户的应收账款的实际归还期编制成表,汇总反映其信用分类、账龄、比重、损失金额和百分比情况。账龄分析表是一张能显示应收账款在外天数(账龄)长短的报告,其格式如表4-3所示。

表4-3 应收账款账龄分析表

应收账款账龄	账户数量	金额/万元	百分率/%
信用期内	200	120	60
超过信用期1~20天	100	20	10
超过信用期21~40天	40	12	6
超过信用期41~60天	20	8	4
超过信用期61~80天	30	14	7
超过信用期81~100天	24	10	5
超过信用期101~120天	16	4	2
超过信用期120天以上的	32	12	6
合计	—	200	100

利用账龄分析表,企业可以了解到以下情况。

(1)有多少欠款尚在信用期内。如表4-3所示,有价值120万元的应收账款处在信用期内,占全部应收账款的60%。这些款项未到偿付期,欠款是正常的,但到期后能否收回,还要待时再定,故及时的监督仍是必要的。

(2)有多少欠款超过了信用期,超过时间长短的款项各占多少,有多少欠款会因拖欠时间太久而可能成为坏账。如表4-3所示,有价值80万元的应收账款已超过了信用期,占全部应收账款的40%。不过,其中拖欠时间较短的(20天内)有20万元,占全部应收账款的10%,这部分欠款收回的可能性很大;拖欠时间较长的(21~40)天有12万元,占全部应收账款的6%,这部分欠款的回收有一定难度;拖欠时间很长的(120天以上)有12万元,占全部应收账款的6%,这部分欠款有可能成为坏账。对不同拖欠时间的欠款,企业应采取不同的收账方法,制定出经济、可行的收账政策;对可能发生的坏账损失,则应提前做出准备,充分估计这一因素对损益的影响。

通过应收账款账龄分析,不仅能提示财务管理人员应把过期款项视为工作重点,而且有助于促进企业进一步研究和制定新的信用政策。

2. 应收账款收现保证率分析法

由于企业当期现金支付需要量与当期应收账款收现额之间存在着非对称性矛盾,并呈现出预付性与滞后性的差异特征(如企业必须用现金支付与赊销收入有关的增值税和所得税,弥补应收账款资金占用等),这就决定了企业必须对应收账款收现水平制定必要的控制标准,即应收账款收现保证率。

应收账款收现保证率是为适应企业现金收支匹配关系的需要,所确定出的有效收现的账款应占全部应收账款的百分比,是二者应当保持的最低比例。公式为

$$应收账款收现保证率=\frac{当期必要现金支付总额-当期其他稳定可靠的现金流入总额}{当期应收账款总计金额}$$

式中的其他稳定可靠现金流入总额是指从应放账款收现以外的途径可以取得的各种稳定可靠的现金流入数额,包括短期有价证券变现净额、可随时取得的银行贷款额等。

应收账款收现保证率指标反映了企业既定会计期间预期现金支付数量扣除各种可靠、稳定性来源后的差额,必须通过应收账款有效收现予以弥补的最低保证程度,其意义在于:应收款项未来是否可能发生坏账损失对企业并非最为重要,更为关键的是实际收现的账项能否满足同期必需的现金支付要求,特别是满足具有刚性约束的纳税债务及偿付不得展期或调换的到期债务的需要。

企业应定期计算应收账款实际收现率,看其是否达到了既定的控制标准,如果发现实际收现率低于应收账款收现保证率,应查明原因,采取相应措施,确保企业有足够的现金满足同期必需的现金支付要求。

第四节　存 货 管 理

一、存货概述

存货是指企业在生产经营过程中为销售或者耗用而储备的各种资产。工业企业的存货包括原料、辅助材料、燃料、包装物、低值易耗品、在产品、自制半成品、外购商品、产成品等。商业企业的存货包括商品和非商品物资。

(一)存货的特点

存货是企业流动资产的重要组成部分,是随着企业生产经营过程的连续进行而循环周转的,它具有以下特点。

(1)流动性。存货作为流动资产分别表现为原材料存货、在产品存货、产成品存货等各种不同的占有形态。它既是依次不断地从一个阶段过渡到另一个阶段,又是同时在空间上并列地处在循环的各个不同阶段上,存货的流动性很强。

(2)周转期较短。存货的周转期短,通常是在一年内或者在超过一年的一个营业周期内,在生产和销售中耗用,其价值在销售后一次收回。存货的周转期在一年或超过一年的一个营业周期内。

(二)存货管理的目标

存货管理的目标就是以最少资金占用和最低的存货成本来保证企业生产经营的正常进行,实现企业经营管理的目标,获得最大经济效益。

二、存货成本

企业为销售和耗用而储存的一定数量的存货,必然会发生一定的成本支出,与存货管理有关的成本有以下内容。

(一)取得成本

取得成本指出取得某种存货而支出的成本,这由订货成本和购置成本组成。我们用 TC_a 表示。

1. 订货成本

订货成本指取得订单的成本,如办公费、差旅费、邮资、电报电话等支出。订货成本中有一部分与订货次数无关,如常设采购机构的基本支出等,这些我们称为订货的固定成本,另一部分与订货次数有关,如差旅费、邮资等,这些我们称为订货的变动成本。我们用 F_1 表示订货的固定成本,K(一次的订货成本)表示每次的变动成本,D 表示存货年需要量,Q 表示每次进货批量,则订货成本为

$$订货成本 = D/Q \cdot K + F_1$$

2. 购置成本

购置成本指存货本身的价值,经常用数量与单价的乘积来确定。我们用 D 表示年需要量,用 U 表示单价,则购置成本为 DU。

存货的取得成本等于订货成本加上购置成本。表示为

$$取得成本 = 订货成本 + 购置成本 = 订货固定成本 + 订货变动成本 + 购置成本$$

$$TC_a = F_1 + D/Q \cdot K + DU$$

(二)储存成本

储存成本指生产领用或出售之前储存物资而发生的各项成本费用,包括仓储费用、存储中的损耗、库存物资的财产保险费,以及库存存货占用资金应支付的利息费用等。库存存货占用的资金应支付的利息费用应计入存货储存成本中,因为企业用现有现金购买存货,便失去了现金存放银行或投资于证券本应取得的利息,是为"放弃利息"而付出代价;企业借款购买存货,便要支付利息费用,也是"为付出"而付出代价,这两种代价都要计入存货成本中。我们用 TC_c 表示,单位储存成本用 K_c 表示。

$$储存成本 = 储存固定成本 + 储存变动成本$$

$$TC_c = F_2 + K_c \cdot Q/2$$

(三)缺货成本

缺货成本指由于存货供应中断而造成的损失,包括材料供应中断而造成的停工损失、产成品库存缺货造成的拖欠发货损失和丧失销售机会的损失、企业商誉的损失;如果生产企业以紧急采购代用材料解决库存材料中断之急,那么缺货成本表现为紧急额外购入成本,这时的紧急额外购入成本会大于正常采购成本。我们用 TC_s 表示。

存货的总成本是取得成本、储存成本、缺货成本三者之和。企业存货的最优化,就是使存货总成本最小化。我们用 TC 表示存货的总成本。则

$$TC = TC_a + TC_c + TC_s = F_1 + D/Q \cdot K + DU + F_2 + K_c \cdot Q/2 + TC_s$$

三、存货管理决策

按照存货管理的目的，需要制定合理的进货批量和进货时间，使存货的总成本最低。这个批量就是经济订货量或经济批量。有了经济订货量，就可以很容易地得出最适宜的进货时间。

影响存货总成本的因素很多，为了解决比较复杂的问题，有必要简化或舍弃一些变量，先研究解决简单的问题然后再扩展到复杂的问题。这需要设立一些假设，在此基础上建立经济订货量的基本模型。

（一）经济订货量基本模型

经济订货量基本模型需要设立的假设条件是：

(1)企业能够及时补充存货，即需要订货时便可立即取得存货；

(2)能集中到货，而不是陆续入库；

(3)不允许缺货，即无缺货成本，TC_s 为零，这是因为良好的存货管理本来就不应该出现缺货成本；

(4)需要量确定且能确定，即 D 为已知常量；

(5)存货单价不变，不考虑现金折扣，即 U 为已知常量；

(6)企业现金充足，不会因现金短缺而影响进货；

(7)所需存货市场供应充足，不会因买不到需要的存货而影响其他。

设立了上述假设后，存货总成本的公式可以简化为

$$TC = F_1 + D/Q \cdot K + F_2 + K_c \cdot Q/2$$

上式中，F_1、D、K、F_2、K_c为常量，TC 与 Q 为变量，现求使存货总成本为最小时的经济批量 Q，对变量 Q 微分，公式为零，从而求得

$$Q = \sqrt{\frac{2KD}{K_c}}$$

［例 4－7］　某企业需要某种材料年度采购总量为 2 400 吨，材料单价 1 500 元，一次的订货成本为 6 000 元，每吨材料的平均储存成本为 150 元，计算出不同采购批量条件下的材料总成本见表 4－4。

表 4－4　材料采购批量与总成本

①	采购批量/吨	200	400	800	1 200	2 400
②	每年采购次数② = 2 400/①	12	6	3	2	1
③	吨材料存储成本（元）	150	150	150	150	150
④	一年存储总成本/元④ = ③ × ①/2	15 000	30 000	60 000	90 000	180 000
⑤	一年订货总成本/元⑤ = 6 000 × ②	72 000	36 000	18 000	12 000	6 000
⑥	材料存货总成本/元⑥ = ④ + ⑤	87 000	66 000	78 000	102 000	186 000

通过上面计算,可知采购批量为400吨时,材料存货的总成本最低,即为合理的采购批量。

按上面我们求得的经济批量技术公式:

$$Q=\sqrt{\frac{2KD}{K_c}}=\sqrt{\frac{2\times 6\ 000\times 2\ 400}{150}}\approx 438(\text{吨})$$

即计算出更精确的采购批量。

(二)基本模型的扩展

1. 存货陆续到货和使用

在建立基本模型时,一般假设存货一次全部到货,但事实上,各批存货可能陆续到货,使存货陆续增加。特别是产成品入库和在产品转移,几乎总是陆续供应和陆续耗用的。

图4-5中的E表示最高库存量,$\overline{E}$表示平均库存量。设每批订货数为Q,由于每日送货量为P,故该批货全部送达所需日数则为Q/P,称之为送货期。

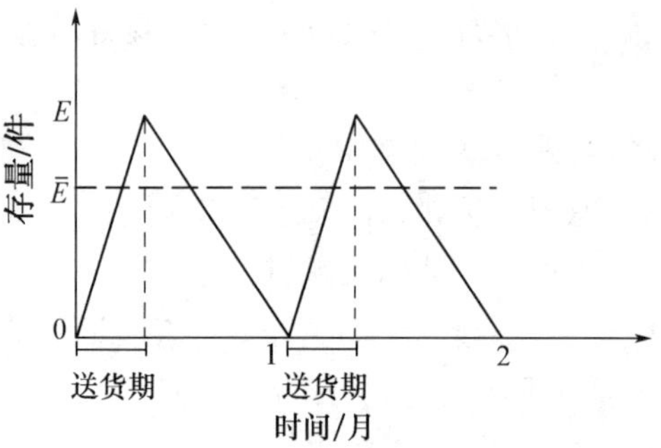

图4-5 存货陆续到货和使用数量变动图

因每日耗用量为d,故送货期内的全部耗用量为

$$\text{全部耗用量}=\frac{Q}{P}\cdot d$$

由于边送边用,所以每批送完时,最高库存量为

$$\text{最高库存量}=Q-\frac{Q}{P}\cdot d$$

平均存量则为

$$\text{平均存量}=\frac{1}{2}\left(Q-\frac{Q}{P}\cdot d\right)$$

这样,与批量有关的总成本为

$$TC(Q)=\frac{D}{Q}\cdot K+\frac{1}{2}\left(Q-\frac{Q}{P}\cdot d\right)\cdot K_c$$

$$=\frac{D}{Q}\cdot K+\frac{Q}{2}\left(1-\frac{d}{P}\right)\cdot K_c$$

在订货变动成本与储存变动成本相等时,$TC(Q)$有最小值,故存货陆续供应和使用的

经济订货量公式为

$$\frac{D}{Q}\cdot K=\frac{Q}{2}\left(1-\frac{d}{P}\right)\cdot K_c$$

$$Q^*=\sqrt{\frac{2KD}{K_c}\cdot\frac{P}{P-d}}$$

将这一公式代入上述 $TC(Q)$ 公式，得存货陆续到货和使用的经济订货量总成本公式

$$TC(Q^*)=\sqrt{2KDK_c\left(1-\frac{d}{P}\right)}$$

此模型还可应用于自制和外购的选择的决策中。如果要在自制和外购存货之间做出选择，就要全面衡量它们各自的总成本，才能得出正确结果。

[例 4－8] 某企业生产使用 D 零件，既可自制又可外购。如自制，单位成本 3 元，每次生产准备成本 600 元，每日产量 50 件；如外购，单价 4 元，一次订货成本 10 元。零件的全年需求量为 3 600 件，储存变动成本为零件价值的 0%，每日平均需求量为 10 件。

(1) 自制零件

$$Q^*=\sqrt{\frac{2KD}{K_c}\cdot\frac{P}{P-d}}=\sqrt{\frac{2\times600\times3\ 600}{3\times0.2}\times\frac{50}{50-10}}=3\ 000(\text{件})$$

$$TC(Q^*)=\sqrt{2KDK_c\cdot(1-\frac{d}{P})}=\sqrt{2\times600\times3\ 600\times3\times0.2\times\left(1-\frac{10}{50}\right)}=1\ 440(\text{元})$$

$$TC=DU+TC(Q^*)=3\ 600\times3+1\ 440=12\ 240(\text{元})$$

(2) 外购零件

$$Q^*\sqrt{\frac{2KD}{K_c}}=\sqrt{\frac{2\times600\times3\ 600}{4\times0.2}}=300(\text{件})$$

$$TC(Q^*)=\sqrt{2KDK_c}=\sqrt{2\times10\times3\ 600\times4\times0.2}=240(\text{元})$$

$$TC=DU+TC(Q^*)=3\ 600\times3+240=11\ 040(\text{元})$$

由于自制零件的总成本 12 240 元高于外购零件的总成本 11 040 元，故外购为宜。

2. 保险储备量

上面都假定存货的供需是稳定的并且是确切的，但事实上，每日需求量可能是变化的，交货时间也可能是变化的。若对存货的需求大增或存货的供应延迟，就会发生缺货或供货中断。为避免发生此类情况给企业造成不必要的损失，因此就需要多储备一些存货以备应急，这部分存货被称为保险储备量或安全存量。通常保险储备量在企业正常的生产经营中是不会被动用的，仅当企业存货使用过量或送货延迟时才动用。

设立保险储备量会使存货的平均储备增大而使储备成本升高，因此我们就要找出合理的保险储备量，以使缺货或供应中断的损失和储备成本之和最小。

设总成本为 $TC(S、B)$，缺货成本 C_S，保险储备成本为 C_B，则

$$TC(S、B)=C_S+C_B$$

设单位缺货成本为 K_u，一次订货缺货量为 S，年订货次数为 N，保险储备量为 B。单位

存货成本为 K_c,则

$$C_S=K_u\cdot S\cdot N$$

$$C_B=B\cdot K_c$$

$$TC(S、B)=K_u\cdot S\cdot N+B\cdot K_c$$

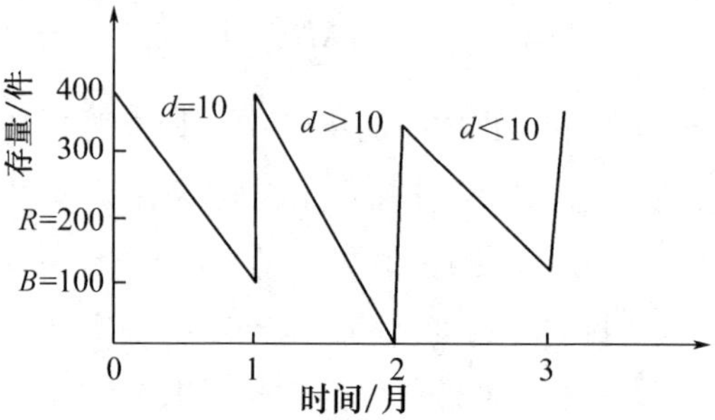

图 4-6　保险储备量数量图

一般,缺货量 B 具有概率性,其概率可根据历史经验估计得出,保险储备量 B 可选择而定。

[**例 4-9**]　假定某存货的年需要量 $D=3\ 600$ 件,单位储存变动成本 $K_c=2$ 元,单位缺货成本 $K_u=4$ 元,交货时间 $L=10$ 天;已计算出的经济订货量 $Q=300$ 件,每年订货次数 $N=12$ 次。交货期内的存货需要量及其概率分布见下表

需要量($10\times d$)	70	80	90	100	110	120
概率(P_1)	0.01	0.04	0.20	0.50	0.20	0.04

(1)不设立保险储备量的总成本,即令 $B=0$,且以 100 件为再订货点。

当 $B=0$ 时缺货的期望值:

$$S_0=(110-100)\times 0.2+(120-100)\times 0.04=2.8(\text{件})$$

$$TC(S、B)=K_u\cdot S_0\cdot N+B\cdot K_c=4\times 2.8\times 12+0\times 2=134.4(\text{元})$$

(2)保险储备量为 10 件时,即 $B=10$ 件,以 110 件为再订货点。

当 $B=10$ 件时缺货的期望值:

$$S_{10}=(120-110)\times 0.04=0.4(\text{件})$$

$$TC(S、B)=K_u\cdot S_{10}\cdot N+B\cdot K_c=4\times 0.4\times 12+10\times 2=39.2(\text{元})$$

当 $B=10$ 件时,总成本为 39.2 元,是各总成本中最低的,故应设定的保险储备量为 10 件或应设定的再订货点为 110 件。

第五节　短期融资的管理

一、短期融资的概念和特征

（一）短期融资的概念

短期融资又称流动负债，是需要在1年或者超过1年的一个营业周期内偿还的债务。短期融资属于企业风险最大的融资方式，但也是资金成本最低的融资方式。短期债务融资由于其具有可转换性、灵活性和多样性，以及成本低、偿还期短等特点，因此必须对其进行认真管理。通常采用的短期融资方式有：银行短期借款、短期融资券、商业信用、应交税费、应付利润、应付工资、应付账款、应付票据、预收货款、票据贴现等。

（二）短期融资的特征

（1）短期融资的周转期短。短期融资主要是为解决企业流动资金的需要，由于企业占用在流动资产上的资金，周转一次所需时间较短，通常会在1年或1个营业周期内收回，因此，短期融资具有周转周期短的特征。

（2）短期融资中的大部分具有相对稳定性。在一个正常的生产经营企业中，短期负债中的大部分具有经常占用性和一定的稳定性，例如生产企业中的最低原材料的储备、在产品储备和商业企业的商品最低库存等占用的资金，虽然采用短期融资方式筹集资金，但一般都是短期资金长期占用，一笔短期资金不断循环使用。因此，短期融资中的大部分具有相对稳定的特征。

（3）短期融资的财务风险较高。短期融资的到期日近，容易出现不能按时偿还本金的风险；短期负债尤其是银行短期借款在利息成本方面也有较大的不确定性。因为利用短期借款筹集资金，必须不断更新债务，而此次借款到期后，下次借款利息的高低是不确定的。金融市场上短期负债的利息率有时会在短期内有较大的波动。

（4）短期融资的资金成本较低。企业的短期融资不必承担长期负债的期限性风险，因为企业的长期负债在债务期间内，即使没有资金需求，也不宜提前归还，只好继续支付利息。而如果使用短期负债，当生产经营紧缩，企业资金需求减少时，企业可以逐渐偿还债务，这样就可以减少利息支出，或在对方提供的折扣期内偿还应付账款，取得折扣优惠等，从而降低资金成本。

二、短期融资的分类

（一）按照应付金额确定与否

以应付金额是否确定为标准，可把短期融资分为应付金额确定的短期融资和应付金额不确定的短期融资。

（1）应付金额确定的短期融资，主要是根据合同或法律的规定，到期必须偿还，并有确定金额的流动负债。如短期借款、应付账款、应付票据、应付短期融资券等。

(2)应付金额不确定的短期融资,主要是根据企业生产经营状况,到一定时期才能确定的流动负债以及应付金额需要估计的流动负债。如应交税费、应付利润等。

(二)按照短期融资的来源不同

以短期融资的来源为标准,可把短期融资分为自然形成的短期融资和人为的短期融资。

(1)自然形成的短期融资是不需进行正式安排,由于企业经营中正常的结算程序等原因而自然形成的那部分短期资金来源。在企业生产经营过程中,由于法定结算程序等原因,使一部分应付款项的支付时间晚于形成时间,这部分已形成但尚未支付的款项就成为企业短期的资金来源,这一资金来源无须进行正式安排,而是自然形成的。如应付账款、应付票据等。

(2)人为的短期融资是企业的财务管理人员根据企业生产经营中对短期资金的需求情况,通过人为安排所形成的短期资金来源。如银行短期借款、应付短期融资券等。

由于企业用以进行短期融资的方式比较多,本节只介绍银行短期借款、商业信用和短期融资券三种主要方式。

三、银行短期借款

银行短期借款是企业为解决短期资金需求,根据借款合同从有关银行或非银行金融机构申请借入的需要还本付息的款项。银行短期借款的还款期限一般为 1 年以内(含 1 年),它是企业筹集短期资金的重要方式。

(一)银行短期借款的种类

(1)按借款是否需要担保,银行短期借款可以分为信用借款、担保借款和票据贴现。

①信用借款。又称无担保借款,是没用保证人做保证或没有财产作抵押,仅凭借款人的信用而取得的借款。这种借款又分为两类。

A. 信用额度借款。信用额度是商业银行与企业之间商定的在未来一段时间内银行能向企业提供无担保贷款的最高限额。信用额度一般是在银行对企业信用状况详细调查后确定。信用额度一般要做出如下规定。

第一,信用额度的期限。一般 1 年建立一次,更短期的也有。

第二,信用额度的数量。它规定银行能贷款给企业的最高限额。如果信用额度的数量是 1 500 万元,而企业已从银行借入尚未归还的金额已达 1 000 万元,那么,企业最多还能借 500 万元。

第三,应支付的利率和其他一些条款。

B. 循环协议借款。循环协议借款是一种特殊的信用额度借款,在此借款协议下,企业和银行之间也要协商确定贷款的最高限额,在最高限额内,企业可以借款、还款,再借款、再还款,不停地周转使用。

信用额度借款与循环借款协议的主要区别在于:

第一,二者的持续时间不同。信用额度的有效期一般为 1 年,而循环贷款可超过 1 年。在实际应用中,很多的循环借款协议是无期限的,只要企业和银行之间遵照协议进行,贷款可不断重复进行。

第二,二者的法律约束力不同。信用额度一般不具有法律约束力,不构成银行对企业的必需的贷款责任,而循环贷款协议具有法律约束力,银行要承担限额内的贷款义务。

第三,二者的费用支付不同。企业采用循环协议借款,除支付利息外,还要支付协议费。协议费是对循环贷款限额中未使用的部分收取的费用,银行也正因为收取协议费,才构成了对企业提供资金的法定义务。在信用额度借款的情况下,一般无须支付协议费。

②担保借款。担保借款是有一定的保证人做保证或利用一定的财产作抵押或质押而取得的借款。这种借款又分为三类。

A. 保证借款。保证借款是按保证的方式以第三人承诺在借款人不能偿还借款时,按约定承担一般保证责任或连带责任而取得的借款。

B. 抵押借款。抵押借款是按抵押的方式以借款人或第三人的财产作为抵押物而取得的借款。

C. 质押借款。质押借款是按质押的方式以借款人或第三人的动产或权利作为质押物而取得的借款。

③票据贴现。票据贴现是商业票据的持有人把未到期的商业票据转让给银行,贴付一定利息以取得银行资金的一种借贷行为。银行通过贴现把款项贷给销货企业,并于票据到期时向购货企业收款。

(2)按短期借款参与资金周转时间的长短和具体用途,银行短期借款可分为流动基金借款、生产周转借款、临时借款和结算借款。

①流动基金借款。流动基金借款是企业在核定流动资金计划占用额的基础上,由于自有流动资金未达到规定的比例而向银行申请取得的借款。

这种借款具有短期周转长期占用的特点。企业申请流动基金借款的数额取决于上年定额流动资金平均占用额和自有流动资金的数额,可按下列公式计算:

流动基金借款额 = 上年定额流动资金平均占用额 × 规定的自有流动资金比率 − 自有流动资金

②生产周转借款。生产周转借款是企业为满足生产周转的需要,在确定的流动资金计划占用范围内,弥补自有流动资金和流动基金借款不足部分而向银行申请取得的借款。通常以核定的流动资金定额,扣除企业自有流动资金、流动基金借款和视同自有流动资金(定额负债)后的不足部分,为生产周转借款的数额。

③临时借款。临时借款是企业在生产经营过程中由于临时性或季节性原因形成超定额物资储备,为解决流动资金周转困难而向银行申请取得的借款。

④结算借款。结算借款是企业采用托收承付结算方式向异地发出商品,在委托银行收款期间为解决在途结算资金占用的需要,以托收承付结算凭证为保证向银行申请取得的借款。

(二)银行短期借款的程序

1. 企业提出借款申请

在企业需要向银行借入短期借款时,应当向主办银行或其他银行的经办机构提出申请,填写包括借款金额、借款用途、偿还能力以及还款方式等主要内容的《借款申请书》,并提供以下资料:①借款人及保证人的基本情况;②财政部门或会计师事务所核准的企业上年度财务报告;③抵押物清单及同意抵押的证明,保证人拟同意保证的有关证明文件;④贷款银行认为需要提交的其他资料。

2. 银行对申请借款企业进行调查

银行在受理了借款人的申请后,要对借款人的信用及借款的合法性、安全性和盈利性等情况进行调查,核实抵押物、保证人的情况,测定贷款的风险。

3. 贷款的审查批准

贷款银行一般都建立了审贷分离、分级审批的贷款管理制度。一般审查的内容包括以下几方面:①审查借款的用途和原因,做出是否贷款的决策;②审查企业的产品销售和物资保证情况,决定贷款的数额;③审查企业的资金周转和物资耗用状况,确定贷款的期限。

4. 签订借款合同

为维护借贷双方的合法权益,保证资金的合理使用,企业向银行借入资金时,双方要签订借款合同。合同主要包括如下几方面内容:①基本条款。这是借款合同的基本内容,主要强调双方的权利和义务。具体包括:借款数额、借款方式、放款时间、还款期限、还款方式、利息支付方式、利息率等。②保证条款。这是保证款项能顺利归还的一系列条款。包括借款按规定的用途使用、有关的物资保证、抵押财产、担保人及其责任等内容。③违约条款。这是对双方若有违约现象时应如何处理的条款。主要载明对企业逾期不还或挪用贷款等如何处理和银行不按期发放贷款的处理等内容。④其他附属条款。这是与借贷双方有关的其他一系列条款,如双方经办人、合同生效日期等条款。

5. 企业取得借款

双方签订借款合同后,贷款银行要按合同的规定按期发放贷款,企业便可取得相应的资金。贷款银行不按合同约定发放贷款的,应偿付违约金。借款企业不按合同约定用款的,也应偿付违约金。

6. 短期借款的归还

企业应按借款合同的规定按时足额归还借款本息。一般而言,贷款银行会在短期贷款到期前1个星期,向借款企业发送还本付息通知单。企业在接到还本付息通知单后,要及时筹备资金,按期还本付息。

如果企业不能按期归还借款,应在借款到期之前向银行申请贷款展期,但能否展期,由贷款银行视具体情况决定。贷款银行对不能按借款合同约定期限归还的贷款,可以按规定加罚利息;对不能归还或者不能落实还本付息事宜的,应督促归还或者依法起诉。

企业提前归还贷款,应当与贷款银行协商。

(三)银行短期借款的优缺点

1. 银行短期借款的优点

(1)借款所需时间较短,可以迅速获取资金。

(2)银行资金充足,实力雄厚,能随时为企业提供比较多的短期借款。对于季节性和临时性的资金需求,采用银行短期借款尤为方便。而对于规模大,信誉好的大企业,更可以比较低的利率借入资金。

(3)银行短期借款的弹性好。企业可以与银行直接商谈借款的时间、数量和利息率等条款。在借款期间,如果企业情况发生了变化,也可与银行进行协商,修改借款的数量和条件。借款到期后,如有正当理由,还可延期归还。

2. 银行短期借款的缺点

(1)风险大。银行借款都有确定的还款日期和利率规定,在企业经营不利时,可能会产生不能按期偿付的风险,甚至会引起企业的破产。

(2)限制多。企业与银行签订的借款合同中,一般都有一些限制条款。如不准改变借款用途,并要求企业把流动比率、负债比率维持在一定的范围之内等。

(3)资金成本相对较高。银行短期借款的成本要高于商业信用和短期融资券。而抵押借款因需要支付管理和服务费用,成本会更高。

四、商业信用

商业信用,即企业信用,是工商企业之间在进行商品交易时,以契约(合同)作为预期货币资金支付保证的经济行为,其物质内容是商品的赊购赊销,而其核心却是资本运作,是企业间的直接信用。企业信用是企业在资本运营、资金筹集以及商品生产流通中所进行的信用活动。企业信用在商品经济中发挥着润滑生产和流通的作用。

商业信用融资是无须支付利息的,如果运用得好,可以筹到一大笔资金。即所谓的“借人家的鸡生蛋”。在市场经济发达的商业社会,利用商业信用融资已逐渐成为企业筹集短期资金的一个重要方式。

商业信用融资是一种短期筹资行为,超出使用期而不支付欠款要影响企业信用,所以不能滥用。

商业信用融资对资金实力浓厚的大公司容易,对资金实力薄弱的小公司比较难;对有长期供货关系的企业容易,对无长期稳固供货关系的企业比较难。

(一)商业信用的形式

(1)赊购商品,延期付款。赊购商品是一种最典型、最常见的商业信用形式。这种形式下,买卖双方发生商品交易,买方收到商品后不立即支付货款,而是延期到一定时间以后再付款。如开一个工厂,找到原料供应商购进一批原料,但与对方讲好20天后付款,将这批材料制成商品卖出后,以货款去付原料款。

(2)预收货款。在这种形式下,卖方要预先向买方收取货款,但要延期到一定时间以后交货,这相当于卖方向买方先借入一笔资金,是另一种典型的商业信用形式。

通常，对于购买紧俏商品的企业多采用这种先收款再发货的形式，以便顺利获得所需商品。又如提供一项服务，向对方言明要预收50%货款，则可将这笔货款去购买必要的设备、工具、材料，等全部交货，结算余下的50%货款。

此外，对于生产周期长、售价高的商品，如飞机、轮船等，生产企业也经常向订货方分次预收货款，以缓解资金占用过多的矛盾。

(3)商业汇票。商业汇票是交易双方根据购销合同进行延期付款的商品交易时，开出的反映债权债务关系的票据。根据承兑人的不同，商业汇票可分为银行承兑汇票和商业承兑汇票。

银行承兑汇票是由收款人或承兑申请人开出，由银行审查同意承兑的商业汇票。商业承兑汇票是由收款人开出，经付款人承兑，或由付款人开出并承兑的汇票。商业汇票是一种期票，是反映应付账款和应收账款的书面证明。对于买方来说，它是一种短期融资方式。

(4)应收账款质押贷款。应收账款质押贷款是借款人以应收账款作为质押，向银行申请的授信，是卖方提前回笼货款的一种方式。应收账款只是贷款的担保条件，是业务操作的辅助要素，是对企业良好商业信用的补充与提升。

用于质押的应收账款须满足一定的条件，比如应收账款项下的产品已发出，并由购买方验收合格；购买方(应收账款付款方)资金实力较强，无不良信用记录；付款方确认应收账款的具体金额，并承诺只在买方贷款银行开立的账户付款；应收账款的到期日，早于借款合同规定的还款日等。

应收账款的质押率一般为六至八成，申请企业所需提交的资料一般包括销售合同原件、发货单、收货单、付款方的确认与承诺书等。其他所需资料与一般流动资金贷款相同。

(二)商业信用的条件

信用条件是销货方对付款时间和现金折扣所做的具体规定，如“3/10、2/20、n/30”，便属于一种信用条件。信用条件主要有以下几种形式。

(1)预付货款。预付贷款即买方向卖方提前支付货款。一般有两种情况：一是卖方已知买方的信用欠佳；二是销售生产周期长、售价高的产品。在这种信用条件下，卖方企业可以得到暂时的资金来源，而买方企业则要预先垫付一笔资金。

(2)延期付款，但没有现金折扣。在这种信用条件下，卖方允许买方在交易发生后一定时间内按发票金额支付货款，如“net 30”，是指在交易后30天内按发票金额付款。这种条件下的信用期间一般为30~60天，但有些季节性的生产企业可能为其顾客提供更长的信用期间。此种情况下，买卖双方存在商业信用，买方可因延期付款而取得资金来源。

(3)延期付款，但提前付款可享受现金折扣。在这种信用条件下，买方若能提前付款，则卖方可给予一定的现金折扣；若买方不享受现金折扣，则必须在卖方规定的付款期内付清账款。如“3/10、n/30”，便属于此种信用条件。其中，30表示信用期为30天，10表示折扣期，3表示在折扣期10天内付款，可享受3%的价格优惠。

采用这种信用交易方式，主要是为了加速应收账款的收现。现金折扣一般为发票金额的1%~5%。此种情况下，买卖双方存在商业信用。买方若在折扣期内付款，除可获得短期资金来源外，还能得到现金折扣；若放弃现金折扣，则可在稍长时间内占用卖方资金。

(三)现金折扣成本的计算

在采用商业信用形式销售产品时,为鼓励买方尽早支付货款,卖方往往都规定一些信用条件,这主要包括现金折扣和付款期间两部分内容。如“3/10、n/30”是指在10天内付款,可享受3%的现金折扣;若不享受现金折扣,则货款应在30天内付清。如果卖方提供现金折扣,买方应尽量争取获得此折扣,因为丧失现金折扣的机会成本是很高的。计算公式如下:

$$K=\frac{CD}{1-CD}\times\frac{360}{N}$$

式中 K——资金成本;

CD——现金折扣的百分比;

N——失去现金折扣而延期付款的天数。

此例中的资金成本即为

$$K=\frac{3\%}{1-3\%}\times\frac{360}{20}=55.67\%$$

(四)商业信用融资的优缺点

1. 商业信用融资的优点

(1)商业信用融资非常方便。因为商业信用融资与商品买卖同时进行,属于一种自然形成的融资,不需进行人为筹划。

(2)如果企业不放弃现金折扣,不使用带息票据,则利用商业信用融资没有实际成本。

(3)商业信用融资限制少。如果企业利用银行借款融资,银行往往对贷款的使用规定一些限制条件,而商业信用融资限制较少。

2. 商业信用融资的缺点

商业信用融资的信用时间一般较短,如果企业取得现金折扣,则时间更短,如果放弃现金折扣,则要付出较高的资金成本,而使用商业承兑汇票的付款期限,则最长不超过6个月。

五、短期融资券

短期融资券又称商业票据、短期债券,是由大型工商企业或金融企业所发行的短期无担保本票,是一种新型的短期融资方式。

(一)短期融资券的种类

1. 按照发行方式的不同

按发行方式不同,可将短期融资券分为经纪人代销的融资券和直接销售的融资券。

经纪人代销的融资券又称间接销售融资券,它是由发行公司卖给经纪人,然后再由经纪人卖给投资者的融资券。

直接销售融资券是发行人直接销售给最终投资者的融资券。直接发行融资券的公司通常中经营金融业务的公司或自己有附属经营金融机构的公司,它们有自己的分支网点,有专门的金融人才,因此,有力量自己组织推销工作,从而节省了间接发行时付给证券公司的手续费。

2. 按照发行人不同

按发行人的不同,可将短期融资券分为金融企业的融资券和非金融企业的融资券。

金融企业的融资券是由各大公司所属的财务公司、各种投资信托公司、银行控股公司等发行的融资券。这类融资券一般采用直接发行方式。

非金融企业的融资券是指那些没有设立财务公司的工商企业所发行的融资券。这类融资券一般采用间接融资方式。

3. 按照融资券的发行和流通范围不同

按融资券的发行和流通范围,可将短期融资券分为国内融资券和国际融资券。

国内融资券是一国发行者在其国内金融市场上发行的融资券。发行这种融资券一般只要遵循本国法规和金融市场惯例即可。

国际融资券是一国发行者在其本国以外的金融市场上发行的融资券。发行这种融资券,必须遵循有关国家的法律和国际金融市场上的惯例。

(二)短期融资券的发行程序

(1)公司做出决策,采用短期融资券方式筹集资金。

(2)办理短期融资券的信用评级。

(3)向有关审批机关提出发行融资券的申请。

(4)审批机关对企业的申请进行审查和批准。

(5)正式发行融资券,取得资金。

(三)短期融资券的优缺点

1. 短期融资券筹资的优点

(1)筹资成本比较低。在西方,短期融资券的利率加上发行成本,通常要低于银行的同期贷款利率。这是因为利用短期融资券筹集资金时,筹资者与投资者直接往来,绕开了银行,从而节省了一笔原应支付给银行的筹资费用。但目前我国短期融资券的利率一般比银行借款利率高。这主要是因为我国短期融资券市场刚刚建立,还不十分成熟。随着短期融资券市场的不断发展和完善,短期融资券的利率会逐渐接近银行贷款利率,直至略低于银行贷款利率。

(2)筹资数额比较大。银行一般不会向企业贷放巨额的短期借款,而发行短期融资券可以筹集更多的资金。对于需要巨额资金的企业,短期融资券更为适用。

(3)能提高企业的信誉。由于能在货币市场上发行短期融资券的公司都是著名的大公司,因此,一个公司如果能在货币市场上发行自己的短期融资券,说明该公司的信誉很好。

2. 短期融资券筹资的缺点

(1)风险比较大。短期融资券到期必须归还,一般不会有延期的可能。如果到期不归还,则会产生严重后果。

(2)弹性比较小。只有当企业的资金需求达到一定数量时才能使用短期融资券,如果数量较小，则会加大单位资金的筹资成本。另外，短期融资券一般不能提前偿还，即使公司资金比较宽裕，也只能在到期时才能还款。

(3)发行条件比较严格。并不是任何公司都能发行短期融资券进行筹资，必须是实力强、信誉好、效益高的企业才能使用，而一些小企业或信誉不太好的企业则不能利用短期融资券来进行筹资。

第六节　营运资金管理策略

营运资金管理策略是企业有关营运资金管理的原则和方法。企业生存与发展在很大程度上取决于营运资金管理策略制定的好坏。只有实施符合企业自身发展要求的营运资金管理策略，企业才能得以生存和发展，企业的目标才能得以实现。

一、营运资金管理策略的主要内容

流动资产是个不确切的概念。从定义上说，流动资产是现金及预期能在一年或超过一年的一个经营周期内转变为现金或者支用的资源。但随着企业的成长，有许多流动资产项目变得不那么“流动”了。如一个企业总是需要有一定数量的库存支持销售的需要，由于赊销的增长，应收款项也变成长期的了。这些资产项目不是一般意义上的临时性的或短期的，而是“永久、长期”的流动资产。这样，企业的全部资产可分为三部分：①临时性(波动性)流动资产，它随着每个销售周期变化而变化，是由于季节性经营活动或其他类似原因所引起的、在一定期间内的流动资产占用的临时性增加；②永久性(长期性)的流动资产，这些资产随着时间的推移而增加，是现金、有价证券、应收账款、存货等在整个年度内占用的最低水平，这部分流动资产占用可以满足企业生产经营活动的最基本需要，其数额相对稳定；③长期资产，如固定资产等。

由于固定资产占用和永久性流动资产占用具有相对稳定的特征，因此，它们的资金需求通常以长期负债和所有者权益的长期资金来满足，从而保证企业正常的、基本的经营活动的资金需要。对于临时性占用的流动资产所形成的资金需要，其如何满足在很大程度上取决于企业的营运资金策略。一般情况下，可以首先考虑用自然融资、应付账款、应付工资、应付税金等来满足这部分临时性的资金需要，然后再考虑流动负债、长期负债和所有者权益来满足这种临时性的资金需求。因此，营运资金策略的主要内容：一是确定流动资产各项目的目标水平；二是确定流动资产用何种方法融资。

二、影响营运资金管理策略的因素分析

营运资金管理千头万绪，涉及生产经营的方方面面，如现金管理、信用管理、营销管理、生产管理等。理财人员应努力协调好各方面的关系，认真分析影响营运资金策略的因素，为选择切实可行的营运资金策略打下基础。影响营运资金策略的主要因素有以下几点。

(一)销售收入水平及增长趋势

一般地讲，营运资金规模会随着销售额的增长而增长，但两者之间呈非线性关系。随

着销售水平的提高,营运资金将以递减的速度增加,特别是现金和存货。即随着销售水平的提高,现金和存货所占用的资金因时间、数量的不一致而可以相互调剂使用,使占用于流动资产的资金增加速度小于销售额的增长速度。因此,当销售额快速增长时,企业可选择风险较高的营运资金策略,以争取获得较高的收益。

(二)现金流入、流出量的不确定性和时间上的非衔接程度

在市场经济条件下,企业的生产经营活动日趋复杂,企业的材料采购、产品销售都广泛地以商业信用为媒介来实现,很难对现金流量进行准确的预测。企业的现金流入与流出量不确定程度越高,企业保持在流动资产上的营运资金就越多,现金流入和流出在时间上的协调程度就越差。因此,企业应保持较大的营运资金规模,以备偿付当期的到期债务。如果企业现金流入量、流出量的确定性程度越高,并且在时间上保持衔接一致,就可选择激进的营运资金策略。

(三)理财人员对待风险的态度和对收益的预期

这里的风险是企业陷入无力偿付到期债务而导致的技术性无力清偿的可能性。如果企业敢冒风险,则宜采用低的流动资产比率或较高的流动负债比率,反之,则采用较高的流动资产比率或较低的流动负债比率。

风险与收益的权衡是确定营运资金策略的基本前提。一个崇尚稳健的企业通常会选择低风险、低收益的营运资金策略,而一个崇尚冒险的企业则会选择高风险、高收益的营运资金策略。由于理财人员普遍是担心风险的,又预期能获得比较理想的收益能力,因此,理想的营运资金策略应恰到好处地处于两者之间,适度的风险、适度的收益将是企业确定营运资金策略的基本原则。流动负债策略与流动资产策略的有效的搭配组合,可以使企业的风险程度与获利水平在一个合理的范围内变动,有利于企业的长远发展。

除此之外,影响企业营运资金策略的因素,还有经营杠杆、财务杠杆、企业的行业特点、产品结构等。

三、营运资金管理策略的类型及评价

在企业管理中,企业应根据自身的具体条件选择相应的营运资金管理策略,灵活地运用管理好营运资金。营运资金管理策略的主要类型及其评价如下。

(一)自动清偿策略

自动清偿策略,也称配合策略。在企业全部资产中,短期资金来源满足流动资产中的临时需要部分,长期筹资来源于股本,长期负债则满足流动资产中的长期需要部分和固定资产的资金需要。这一策略较适合具有季节性变化的企业,即流动资产的临时需要部分同经营活动的季节性紧密相关。只要企业的短期融资计划做得好,实际现金流动与预期的安排相一致,则在季节性淡季时,由于存货减少、应收账款减少而余出的现金将会偿还全部短期负债。但这一策略的不足是:①临时性资金需要可能会超过计划;②在季节性淡季,存货、应收账款的减少如果预计失误,将导致更多的永久性流动资产;③短期负债的利息成本

的未知性，会造成企业税后利润的波动。显然，自动清偿营运资金策略适用于预计误差较小的情况，仅是一种理想融资模式，较难于在现实工作中实施。

(二)保守策略

实行保守策略，无论是固定资产还是永久性流动资产或临时性流动资产的资金需求，都通过长期筹资来满足。在资金需求旺季，全部资金需求将由长期筹资来满足；在资金需求淡季，超过资金需求的、暂时闲置的资金将投资于有价证券。

保守策略的优点是财务风险低。因为全部资金来源都属于长期，不至于导致清算资产以偿还到期债务，同时也没有短期负债利率变动的风险。其缺点有二：①许多中小型企业没有足够的信用基础在资本市场上筹集全部所需的长期资金，甚至部分大公司也难以做到；②将导致较高的资金成本。因此这一政策在实践中很难被普遍采用。

(三)激进策略

激进策略的要点是，短期资金不仅用于满足临时性流动资产需要，而且用于满足永久性流动资产需要。其优点是，可通过降低债务资金的成本来提高权益资本报酬率；其缺点是，企业用短期负债方式形成永久性流动资产，企业必须在借款到期日展延期限或重新借款，其中隐含着两种风险：一是借款不能展延或企业借不到新债致使偿债能力丧失；二是利息成本的不确定性会带来企业盈利变动。当货币政策收紧时，利息成本就会偏高，短期负债的低成本优势也就随之消失。

(四)平衡策略

平衡策略要求企业保持足够多的净营运资金，运用长期资金来满足永久性流动资产和一部分临时性流动资产的需要。在用资高峰时，可筹集短期资金来满足，但短期资金可能满足不了企业的全部需要。季节性需求降低之后，首先应归还短期债务。随着资金需求量的进一步降低，可以将闲置资金投资于有价证券。这一策略实际上是介于“自动清偿策略”与“保守策略”之间的一种营运资金策略，并吸取了它们各自的优点。

通过对以上四种类型的营运资金策略的评析，可以发现，它们各有利弊，直接得到营运资金管理的最佳策略并非易事，但它们却向理财人员展示了各种可供选择策略的风险与收益共存的特征。

复习思考题

一、简述营运资金的概念及特点？

二、营运资金的管理原则有哪些？

三、何谓信用“5C”分析法？

四、营运资金管理策略的类型及优缺点有哪些？

五、某公司现金收支平衡，预计全年(按360天计算)现金需要量为250 000元，现金与有价证券的转换成本为每次500元，有价证券年利率为10%。

要求:(1)计算最佳现金持有量;

(2)计算最佳现金持有量下的全年现金交易成本和全年现金机会成本;

(3)计算最佳现金持有量下的全年有价证券交易次数。

六、某公司为保障日常现金收支的需要,任何时候银行结算户和库存现金余额均不能低于2 500元,公司有价证券的年利率为10.8%,每次固定转换成本均为30元,根据历史资料测算出现金余额波动的标准差为600元。

要求:(1)计算公司的最优现金返还线;

(2)计算现金控制的上限。

七、某公司预计的年度销售额为300万元,应收账款周转率为6次,变动成本率为60%,资本成本为10%。

要求:计算该公司应收账款的机会成本。

八、某企业全年需要耗用甲材料1 200吨。该材料每吨购入价格为每吨500元。每订购一次的订货变动成本为400元,材料在仓库中的每吨储存变动成本为6元。假设保险储备为零。

要求:(1)填写下表各项;

(2)每次购入甲材料多少吨,可使全年与进货批量相关的总成本达到最低?此时相关的总成本是多少?

进货批量(吨)	平均存量(吨)	储存成本(元)	订货次数(次)	订货成本(元)	相关总成本(元)
300					
600					

九、C公司是一家冰箱生产企业,全年需要压缩机360 000台,均衡耗用。全年生产时间为360天,每次的订货费用为160元,每台压缩机持有费率为80元,每台压缩机的进价为900元。根据经验,压缩机从发生订单到进入可使用状态一般需要5天,保险储备量为2 000台。

要求:(1)计算经济订货批量;

(2)计算全年最佳订货次数;

(3)计算最低存货成本;

(4)计算再订货点。

十、某公司拟赊购一批价值10万元的材料,对方开出的信用条件是“3/10,n/60”,市场利率为12%。若公司享受现金折扣可少付多少贷款?公司是否应该享受现金折扣?

十一、某企业只生产跑步机一种产品,年销售量16.5万台,每台单价2 400元。该企业为了增加销售量,全部采用商业信用方式销售,信用条件为:2/10,1/20,n/30。根据预测,将有30%的客户按10天付款、30%的客户按20天付款、40%的客户按30天付款。假设同期有价证券年利息率为10%,全年按360天计算。

要求:(1)计算该企业收款平均间隔时间、每日信用销售额以及应收账款余额;

(2)计算该企业应收账款的机会成本。

十二、某企业每年需要耗用甲材料 20 000 千克,每千克材料年储存成本为 1.5 元,平均每次订货成本为 600 元。

要求:(1)确定最佳采购批量;

(2)计算最佳采购批量下的年存货总费用;

(3)计算最佳进货次数;

(4)计算最佳进货周期。

第五章　固定资产和无形资产投资管理

内容要点

固定资产项目投资的特点;固定资产折旧额的计算、固定资产项目投资可行性预测;财务部门对固定资产的管理;无形资产的内容;固定资产的分类。

第一节　固定资产和无形资产投资管理概述

一、投资的概念和种类

投资,是特定经济主体(包括国家、企业和个人)为了在未来可预见的时期内获得收益或使资金增值,在一定时期内向一定领域的标的物投放足够数额的资金或实物等货币等价物的经济行为。从特定企业角度看,投资就是企业为获取收益而向一定对象投放资金的经济行为。

按照投资的方向不同,分为对内投资和对外投资。从企业的角度看,对内投资就是项目投资,是企业将资金投放于为取得供本企业生产经营使用的固定资产、无形资产、其他资产和垫支流动资金而形成的一种投资。对外投资是企业为购买国家及其他企业发行的有价证券或其他金融产品(包括:期货与期权、信托、保险),或以货币资金、实物资产、无形资产向其他企业(如联营企业、子公司等)注入资金而发生的投资。

按照投资的内容不同,分为固定资产投资、无形资产投资、流动资金投资、房地产投资、有价证券投资、期货与期权投资、信托投资和保险投资等多种形式。

本章所讨论的投资,是指属于直接投资的企业内部投资——即固定资产和无形资产的项目投资。

二、固定资产与无形资产的概念和种类

(一)固定资产的概念和种类

《企业会计准则第 4 号——固定资产》第二条指出,固定资产,是同时具备下列特征的有形资产:为生产产品、提供劳务、出租或经营管理而持有的;使用寿命超过一个会计年度。从固定资产的定义看,固定资产具有以下三个特征。

(1)为生产商品、提供劳务、出租或经营管理而持有。企业持有固定资产的目的是为了生产商品、提供劳务、出租或经营管理,而不是直接为了出售。其中,出租是以经营租赁方式出租的机器设备等,以经营租赁方式出租的建筑物属于企业的投资性房地产,不属于固定资产。

(2)固定资产的使用寿命超过一个会计年度。使用寿命超过一个会计年度,意味着固

定资产属于长期资产。固定资产的使用寿命,是企业使用固定资产的预计期间,或者该固定资产所能生产产品或提供劳务的数量。通常情况下,固定资产的使用寿命,是使用固定资产的预计期间,如自用房屋建筑物的使用寿命,表现为企业对该建筑物的预计使用年限。对于某些机器设备或运输设备等固定资产,其使用寿命表现为以该固定资产所能生产产品或提供劳务的数量,如汽车或飞机等,按其预计行驶或飞行里程估计使用寿命。

(3)固定资产是有形资产。固定资产具有实物特征,这一特征将固定资产与无形资产区别开来。有些无形资产可能同时符合固定资产的其他特征,如无形资产为生产商品、提供劳务而持有,使用寿命超过一个会计年度,但是,由于其没有实物形态,所以不属于固定资产。

企业固定资产种类很多,根据不同的分类标准可以分成不同的类别。企业应当选择适当的分类标准、将固定资产进行分类以满足经营管理的需要。

1. 固定资产按经济用途分类

按照经济用途可以将固定资产分为经营用固定资产和非经营用固定资产两大类。

(1)经营用固定资产,是直接参加或直接服务于生产经营过程的各种固定资产用于企业生产经营的房屋、建筑物、机器设备、运输设备、工具器具等。

(2)非经营用固定资产,是不直接服务于生产经营过程的各种固定资产,如用于职工住宅、公共福利设施、文化娱乐、卫生保健等方面的房屋、建筑物、设施和器具等。

2. 固定资产按使用情况分类

按照使用情况可以将固定资产分为使用中固定资产、未使用固定资产、出租固定资产和不需用固定资产四大类。

(1)使用中固定资产,是企业正在使用的经营性固定资产和非经营性固定资产。企业的房屋及建筑物无论是否在实际使用,都应视为使用中固定资产。由于季节性生产经营或进行大修理等原因而暂时停止使用,以及存放在生产车间或经营场所备用、轮换使用的固定资产,都属于企业使用中的固定资产。

(2)未使用固定资产,是指已购建完成但尚未交付使用的新增固定资产,以及进行改建、扩建等暂时脱离生产经营过程的固定资产。

(3)出租固定资产,是企业根据租赁合同的规定,以经营租赁方式出租其他企业临时使用的固定资产。

(4)不需用固定资产,是指本企业多余或不适用、待处置的固定资产。

除上述基本分类外,固定资产还可按其他标准进行分类,如按固定资产的所有权分类,可分为自有固定资产和租入固定资产;按固定资产的性能分类,可分为房屋和建筑物、动力设备、传导设备、工作机器及设备、工具、仪器及生产经营用具、运输设备、管理用具等;按固定资产的来源渠道分类,可分为外购的固定资产、自行建造的固定资产、投资者投入的固定资产、融资租入的固定资产、改建扩建新增的固定资产、接受抵债取得的固定资产、非货币性资产交换换入的固定资产、接受捐赠的固定资产及盘盈的固定资产等。

(二)固定资产折旧

固定资产折旧是一定时期内为弥补固定资产损耗按照规定的固定资产折旧率提取的固定资产折旧,或按国民经济核算统一规定的折旧率虚拟计算的固定资产折旧。它反映了固定资产在当期生产中的转移价值。各类企业和企业化管理的事业单位的固定资产折旧是指实际计提的折旧费;不计提折旧的政府机关、非企业化管理的事业单位和居民住房的固定资产折旧是按照统一规定的折旧率和固定资产原值计算的虚拟折旧。原则上,固定资产折旧应按固定资产当期的重置价值计算,但是目前我国尚不具备对全社会固定资产进行重估价的基础,所以暂时只能采用上述办法。

企业在用的固定资产,包括生产经营用的固定资产、非生产经营用固定资产、租出固定资产等,一般均应计提折旧。但是,房屋和建筑物,不管是否使用,都要计提。因此,需要计提折旧懂得固定资产具体范围包括:房屋和建筑物,在用的机器设备、仪器仪表、运输工具、工具器具、季节性停用、大修理停用的固定资产,融资租入和以经营租借方式租出的固定资产。已达到预定可使用状态的固定资产,如果尚未办理竣工决算,应当按照估计价值暂估入账,并计提折旧。待办理了竣工决算手续后,再按照实际成本调整原来的暂估价值,同时调整原已计提的折旧额。当期计提的折旧和对原折旧额的调整,均作为当期的成本、费用处理。

1. 折旧的影响因素

原值,固定资产原值,即固定资产的账面成本。

净残值,固定资产的净残值,是假定固定资产预计使用寿命已满并处于使用寿命终了时的预期状态,企业目前从该项资产处置中获得的扣除预计处置费用以后的金额。由于在计算折旧时,对固定资产的残余价值和清理费用是人为估计的,所以净残值的确定有一定的主观性。

减值准备,固定资产减值准备,是固定资产已计提的固定资产减值准备累计金额。

使用寿命,固定资产的使用寿命,是企业使用固定资产的预计期间,或者该固定资产所能生产产品或提供劳务的数量。固定资产使用寿命的长短直接影响各期应计提的折旧额。

2. 折旧方法

企业应当根据固定资产所含经济利益的预期实现方式,选择折旧方法。可选择的折旧方法包括平均年限法(直线法)、工作量法、年数总和法和双倍余额递减法。折旧方法一经选定,不得随意变更,如果企业在对折旧方法定期的复核中,发现固定资产包含经济利益的预期实现方式有重大改变,则应当相应改变固定资产折旧方法,变更时应报有关部门进行备案,并在财务报表附注中予以说明。

(1)年限平均法,是将固定资产的应计折旧额均衡地分摊到固定资产预定使用寿命内的一种方法。采用这种方法计算的每期折旧额相等。计算公式如下:

$$年折旧率 = (1 - 预计净残值率) \div 预计使用寿命(年) \times 100\%$$

$$月折旧率 = 年折旧率 \div 12$$

$$月折旧额 = 固定资产原价 \times 月折旧率$$

(2)工作量法,是根据实际工作量计算每期应提折旧额的一种方法。计算公式如下:

$$单位工作量折旧额 = 固定资产原价 \times (1 - 预计净残值率) \div 预计总工作量$$

$$某项固定资产月折旧额 = 该项固定资产当月工作量 \times 单位工作量折旧额$$

(3)年数总和法,设备入账账面价值为 X,预计使用 N 年,预计残值为 Y,则第 M 年计提折旧为

$$(X-Y)\times(N-M+1)\div\left[(N+1)\times\frac{N}{2}\right]$$

(4)双倍余额递减法,有四个计算步骤。

①年折旧率=2÷预计的折旧年限×100%,年折旧额=固定资产期初账面净值×年折旧率;

②月折旧率=年折旧率÷12;

③月折旧额=年初固定资产折余净值×月折旧率;

③固定资产期初账面净值=固定资产原值-累计折旧。

实行双倍余额递减法计提的固定资产,应当在固定资产折旧年限到期以前若干年内(当采用直线法的折旧额大于等于双倍余额递减法的折旧额时),将固定资产账面净值扣除预计净残值后的余额平均摊销。

(三)财务部门对固定资产的管理

财务部门制定并颁布执行《固定资产管理制度》,是对公司项下的所有固定资产进行管理的制度方法,它的制定可加强固定资产的管理,掌握固定资产的构成与使用情况,确保公司财产不受损失,每个企业公司可根据自身的不同情况,对《固定资产管理制度》的具体内容进行增删,从而提高制度的可执行性。此制度一般都由财务部门制定并颁布执行。其内容有:①管理分工;②制度职责;③管理事项;④调拨转移;⑤报废封存;⑥清查制度;⑦奖惩制度。

(四)无形资产的概念和种类

1. 无形资产的概念

无形资产,是企业拥有或者控制的没有实物形态的可辨认非货币性资产专利权、非专利技术、商标权、著作权、特许权、土地使用权等。

2. 无形资产的特征

与其他资产相比无形资产具有以下的特征。

(1)由企业拥有或者控制并能为其带来未来经济利益的资源

无形资产作为一项资产,具有一般资产的本质特征,即由企业拥有或者控制并能为其带来未来经济利益。通常情况下,企业拥有或者控制的无形资产应当拥有其所有权,并且能够为企业带来未来经济利益。但在某些情况下并不需要企业拥有其所有权,如果企业有权获得某项无形资产产生的未来经济利益,并能约束其他方获得这些经济利益,则表明企业控制了该无形资产。例如,对于会产生经济利益的技术知识,若其受版权、贸易协议约束(如果允许)等法定权利的保护,那么说明该企业控制了相关利益。客户关系、人力资源等,由于企业无法控制其带来的未来经济利益的定义,不应将其确认为无形资产。

(2)无形资产不具有实物形态

无形资产通常表现为某种权利、某项技术或是某种获取超额利润的综合能力,它们不具有实物形态,如土地使用权、非专利技术等。企业的有形资产如固定资产虽然也能为企业带来经济利益,但其为企业带来经济利益的方式与无形资产不同。固定资产是通过实物价值的磨损和转移来为企业带来未来经济利益,而无形资产很大程度上是通过自身所具有的技术等优势为企业带来未来经济利益。

某些无形资产的存在有赖于实物载体。例如,计算机软件需要存储在介质上,但这并不改变无形资产本身不具有实物形态的特性。在确定一项包含无形和有形要素的资产是属于固定资产,还是属于无形资产时,需要通过判断来加以确定,通常以哪个要素更重要作为判断的依据。例如,计算机控制的机械工具没有特定计算机软件就不能运行时,则说明该软件构成相关硬件不可缺少的组成部分,该软件应作为固定资产处理;如果计算机软件不是相关硬件不可缺少的组成部分,则该软件应作为无形资产处理。

(3)无形资产但有可辨认性

要作为无形资产进行核算,该资产必须是能够区别于其他资产可单独辨认的,如企业特有的专利权、非专利技术、商标权、土地使用权、特许权等。满足下列条件之一的,应当认定为其具有可辨认性。

能够从企业中分离或者划分出来,并能单独或者与相关合同、资产或负债一起,用于出售、转移、授予许可、租赁或交换。

源自合同性权利或其他法定权利,无论这些权利是否可以从企业或其他权利和义务中转移或者分离。如一方通过与另一方签订特许权合同而获得的特许使用权,通过法律程序申请获得的商标权、专利权等。

商誉通常是与企业整体价值联系在一起的,其存在无法与企业自身相分离,不具有可辨认性,不属于本章所指的无形资产。

(4)无形资产属于非货币性资产

非货币性资产,是企业持有的货币资金和将以固定或可确定的金额收取的资产以外的其他资产。无形资产在持有过程中为企业带来未来经济利益的情况不确定,不属于以固定或可确定的金额收取的资产,属于非货币性资产。

3. 无形资产的内容与分类

(1)无形资产的内容

无形资产包括专利权、非专利技术、商标权、著作权、特许权、土地专利权,是国家专利主管机关依法授予发明创造专利申请人,对其发明创造在法定期限内所享有的专有权利,包括发明专利权、实用新型专利权和外观设计专利权。其中,发明专利权的期限为二十年,实用新型及外观设计专利权的期限为十年,均自申请日起计算。发明者在取得专利权后,在有效期限内将享有专利的独占权。

非专利技术,也称专有技术,是不为外界所知、在生产经营活动中已采用了的、不享有法律保护的、可以带来经济效益的各种技术和诀窍。非专利技术一般包括工业专有技术、商业贸易专有技术、管理专有技术等。非专利技术不是专利法的保护对象,其独占性的维持及获取超额收益时间的长短取决于企业自我保密的方式。非专利技术具有经济性、机密性和动态性等特点。

商标权,商标是用来辨认特定商品和劳务的标记。商标权,是指专门在某类指定的商品或产品上使用特定的名称中图案的权利。经商标局核准注册的商标为注册商标。商标注册人享有商标专用权,受法律保护。根据《中华人民共和国商标法》规定,注册商标的有效期限为十年,自核准注册之日起计算。注册商标有效期满,需要继续使用的,商标注册人应当在期满前二十个月内按照规定办理续展手续,每次续展注册的有效期为十年,在此期间未能办理的，可以给予六个月的宽展期。宽展期满仍未办理续展手续的，注销其注册商标。

著作权，又称版权，是作者对其创作的文学、科学和艺术作品依法享有的某些特殊权利。著作权包括署名权、发表权、修改权和保护作品完整权，还包括复制权、发行权、出租权、展览权、表演权、放映权、广播权、信息网络传播权、摄制权、改编权、翻译权、汇编权，以及应当由著作权人享有的其他权利。

特许权，又称特许经营权、专营权，是指企业在某一地区经营或销售某种特定商品的权利，或是一家企业接受另一家企业使用其商标、商号、技术秘密等的权利。通常有两种形式，一种是政府机构授权，准许企业使用或在一定地区享有经营某种业务的特权，如水、电、邮电通信等专营权，烟草专卖权等；另一种指企业间依照签订的合同，有限期或无限期使用另一家企业的某些权利，如连锁店分店使用总店的名称等。

土地使用权，是国家机关、企事业单位、农民集体和公民个人，以及三资企业，凡具备法定条件者，依照法定程序或依约定对国有土地或农民集体土地所享有的占有、开发、利用、收益和有限处分的权利。根据《中华人民共和国土地管理法》的规定，我国土地实行公有制，任何单位和个人不得侵占、买卖或者以其他形式非法转让。企业取得土地使用权的方式大致有以下几种：行政划拨取得、外购取得及投资者投资取得。

(2)无形资产的分类

无形资产对企业来讲具有重要的意义，特别是在知识经济的条件下，无形资产的作用就更加突出，因此企业必须加强对无形资产的管理与核算。从不同的角度、采取科学的方法对无形资产进行合理的分类，是做好无形资产管理和核算的一项重要基础工作。根据无形资产的特点，一般可以对无形资产做如下的分类。

无形资产按取得来源不同分类，可分为外购的无形资产、自行开发的无形资产、投资者投入的无形资产、企业合并取得的无形资产、债务重组取得的无形资产、以非货币性资产交换取得的无形资产，以及政府补助取得的无形资产等。这种分类的目的主要是使无形资产的初始计量更加准确和合理。因为不同来源取得的无形资产，其初始成本的确定方法及所包括的经济内容是不同的。

无形资产按其使用寿命是否有期限，可分为有期限无形资产和无期限无形资产。

无形资产的使用寿命是否有期限，应在企业取得无形资产时就加以分析和判断，其中需要考虑的因素是很多的。这种分类的目的主要是为了正确地将无形资产的应摊销金额，在无形资产的使用寿命内系统而合理地进行摊销。因为按照会计准则的规定，使用寿命有限的无形资产存在价值的摊销问题，而使用寿命不能确定的无形资产，其价值是不能进行摊销的。

三、固定资产项目投资的特点与意义

与其他形式的投资相比，固定资产项目投资具有投资内容独特（每个项目都至少涉及一项形成固定资产的投资）、投资数额大、影响时间长（至少一年或一个营业周期以上）、发生频率低、变现能力差和投资风险高的特点。

从宏观角度看，项目投资有以下两方面积极意义：

第一，项目投资是实现社会资本积累功能的主要途径，也是扩大社会再生产的重要手

段,有助于促进社会经济的长期可持续发展;

第二,增加项目投资,能够为社会提供更多的就业机会,提高社会总供给量,不仅可以满足社会需求的不断增长,而且会最终拉动社会消费的增长。

从微观角度看,项目投资有以下三个方面积极意义:

第一,增强投资者经济实力。投资者通过项目投资,扩大其资本积累规模,提高其收益能力,增强其抵御风险的能力;

第二,提高投资者创新能力。投资者通过自主研发和购买知识产权,结合投资项目的实施,实现科技成果的商品化和产业化,不仅可以不断地获得技术创新,而且能够为科技转化为生产力提供更好的业务操作平台;

第三,提升投资者市场竞争能力。市场竞争不仅是人才的竞争、产品的竞争,而且从根本上说是投资项目的竞争。一个不具备核心竞争能力的投资项目,是注定要失败的。无论是投资实践的成功经验还是失败的教训,都有助于促进投资者自觉按市场规律办事,不断提升其市场竞争力。

四、固定资产投资决策及其影响因素

投资决策,是特定投资主体根据其经营战略和方针,由相关管理人员做出的有关投资目标、拟投资方向或投资领域的确定和投资实施方案的选择的过程:

一般而言,项目投资决策主要考虑以下因素。

(一)需求因素

需求情况可以通过考察投资项目建成投产后预计产品的各年营业收入(即预计销售单价与预计销量的乘积)的水平来反映。如果项目的产品不适销对路,或质量不符合要求,或产能不足,都会直接影响其未来的市场销路和价格的水平。其中,产品是否符合市场需求、质量应达到什么标准,取决于对未来市场的需求分析和工艺技术所达到水平的分析;而产能情况则直接取决于工厂布局是否合理、原材料供应是否有保证,以及对生产能力和运输能力的分析。

(二)时期和时间价值因素

(1)时期因素是由项目计算期的构成情况决定的。项目计算期是指投资项目从投资建设开始到最终清理结束整个过程的全部时间,包括建设期和运营期。其中建设期是指项目资金正式投入开始到项目建成投产为止所需要的时间,建设期第一年的年初称为建设起点,建设期最后一年的年末称为投产日。在实践中,通常应参照项目建设的合理工期或项目的建设进度计划合理确定建设期。项目计算期最后一年的年末称为终结点,假定项目最终报废或清理均发生在终结点(但更新改造除外)。从投产日到终结点之间的时间间隔称为运营期,又包括试产期和达产期(完全达到设计生产能力期)两个阶段。试产期是指项目投入生产,但生产能力尚未完全达到设计能力时的过渡阶段。达产期是指生产运营达到设计预期水平后的时间。运营期一般应根据项目主要设备的经济使用寿命期确定。

项目计算期、建设期和运营期之间的有以下关系成立,即

$$项目计算期(n)=建设期(s)+运营期(p)$$

图 5-1 为项目计算期的构成示意图。

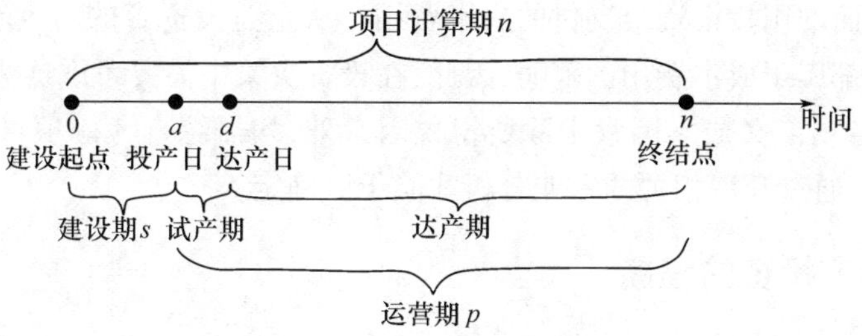

图 5-1　项目计算期示意图

[例 5-1]　A 企业拟投资新建一个项目，在建设起点开始投资，历经两年后投产，试产期为 1 年，主要固定资产的预计使用寿命为 10 年。根据上述资料，估算该项目各项指标如下。

建设期为 2 年，运营期为 10 年，可得

$$达产期=10-1=9(年)$$

$$项目计算期=2+10=12(年)$$

(2)时间价值因素，是根据项目计算期不同时点上价值数据的特征，按照一定的折现率对其进行折算，从而计算出相关的动态项目评价指标。因此，科学地选择适当的折现率，对于正确开展投资决策至关重要。

(三)成本因素

成本因素包括投入和产出两个阶段的广义成本费用。

(1)投入阶段的成本。它是由建设期和运营期初期所发生的原始投资所决定的。从项目投资的角度看，原始投资(又称初始投资)等于企业为使该项目完全达到设计生产能力、开展正常经营而投入的全部现实资金，包括建设投资和流动资金投资两项内容。建设投资是在建设期内按一定生产经营规模和建设内容进行的投资。流动资金投资，是项目投产后分次或一次投放于营运资金项目的投资增加额，又称垫支流动资金或营运资金投资。

在财务可行性评价中，原始投资与建设期资本化利息之和为项目总投资，这是一个反映项目投资总体规模的指标。

[例 5-2]　B 企业拟新建一条生产线项目，建设期为 2 年，运营期为 20 年。全部建设投资分别安排在建设起点、建设期第 2 年年初和建设期末分三次投入，投资额分别为 100 万元、300 万元和 68 万元；全部流动资金投资安排在投产后第一年和第二年年末分两次投入，投资额分别为 15 万元和 5 万元。根据项目筹资方案的安排，建设期资本化借款利息为 22 万元。根据上述资料，可估算该项目各项指标如下：

$$建设投资合计=100+300+68=468(万元)$$

$$流动资金投资合计=15+5=20(万元)$$

$$原始投资=468+20=488(万元)$$

项目总投资 = 488 + 22 = 510(万元)

(2)产出阶段的成本。它是由运营期发生的经营成本、营业税金及附加和企业所得税三个因素所决定的。经营成本又称付现的营运成本(或简称付现成本),是在运营期内为满足正常生产经营而动用货币资金支付的成本费用。从企业投资者的角度看,营业税金及附加和企业所得税都属于成本费用的范畴,因此,在投资决策中需要考虑这些因素。

严格地讲,各项广义成本因素中除所得税因素外,均需综合考虑项目的工艺、技术、生产和财务等条件,通过开展相关的专业分析才能予以确定。

五、固定资产投资的程序

企业投资的程序主要包括以下步骤。

(1)提出投资领域和投资对象。这需要在把握良好投资机会的情况下,根据企业的长远发展战略、中长期投资计划和投资环境的变化来确定。

(2)评价投资方案的可行性。在评价投资项目的环境、市场、技术和生产可行性的基础上,对财务可行性做出总体评价。

(3)投资方案比较与选择。在财务可行性评价的基础上,对可供选择的多个投资方案进行比较和选择。

(4)投资方案的执行。即投资行为的具体实施。

(5)投资方案的再评价,在投资方案的执行过程中,应注意原来做出的投资决策是否合理、是否正确。一旦出现新的情况,就要随时根据变化的情况做出新的评价和调整。

六、固定资产投资项目的可行性研究

(一)可行性研究的概念

可行性是一项事物可以做到的、现实行得通的、有成功把握的可能性。就企业投资项目而言,其可行性就是对环境的不利影响最小,技术上具有先进性和适应性,产品在市场上能够被容纳或被接受,财务上具有合理性和较强的盈利能力,对国民经济有贡献,能够创造社会效益。

广义的可行性研究是在现代环境中,组织一个长期投资项目之前,必须进行的有关该项目投资必要性的全面考察与系统分析,以及有关该项目未来在技术、财务乃至国际经济等诸方面能否实现其投资目标的综合论证与科学评价。它是有关决策人(包括宏观投资管理当局与投资当事人)做出正确可靠投资决策的前提与保证。

狭义的可行性研究专指在实施广义可行性研究过程中,与编制相关研究报告相联系的有关工作。

广义的可行性研究包括机会研究、初步可行性研究和最终可行性研究三个阶段,具体又包括环境与市场分析、技术与生产分析和财务可行性评价等主要分析内容。

(二)环境与市场分析

1. 建设项目的环境影响评价

在可行性研究中,必须开展建设项目的环境影响评价。所谓建设项目的环境,是建设项目所在地的自然环境、社会环境和生态环境的统称。

建设项目的环境影响报告书应当包括下列内容:①建设项目概况;②建设项目周围环境现状;③建设项目对环境可能造成影响的分析、预测和评估;④建设项目环境保护措施及其技术、经济论证;⑤建设项目对环境影响的经济损益分析;⑥对建设项目实施环境监测的建议;⑦环境影响评价的结论。

建设项目的环境影响评价属于否决性指标,凡未开展或没通过环境影响评价的建设项目,不论其经济可行性和财务可行性如何,一律不得上马。

2. 市场分析

市场分析又称市场研究,是在市场调查的基础上,通过预测未来市场的变化趋势,了解拟建项目产品的未来销路而开展的工作。

进行投资项目可行性研究,必须要从市场分析入手。因为一个投资项目的设想,大多来自市场分析的结果或源于某一自然资源的发现和开发,以及某一新技术新设计的应用。即使是后两种情况,也必须把市场分析放在可行性研究的首要位置。如果市场对于项目的产品完全没有需求,项目仍不能成立。

市场分析要提供未来运营期不同阶段的产品年需求量和预测价格等预测数据,同时要综合考虑潜在或现实竞争产品的市场占有率和变动趋势,以及人们的购买力及消费心理的变化情况。这项工作通常由市场营销人员或委托的市场分析专家完成。

(三)技术与生产分析

1. 技术分析

技术是指在生产过程中由系统的科学知识、成熟的实践经验和操作技艺综合而成的专门学问和手段。它经常与工艺通称为工艺技术,但工艺是指为生产某种产品所采用的工作流程和制造方法,不能将两者混为一谈。

广义的技术分析是指构成项目组成部分及发展阶段上凡与技术问题有关的分析论证与评价。它贯穿于可行性研究的项目确立、厂址选择、工程设计、设备选型和生产工艺确定等各项工作,成为与财务可行性评价相区别的技术可行性评价的主要内容。狭义的技术分析是指对项目本身所采用工艺技术、技术装备的构成以及产品内在的技术含量等方面内容进行的分析研究与评价。

技术可行性研究是一项十分复杂的工作,通常由专业工程师完成。

2. 生产分析

生产分析是指在确保能够通过项目对环境影响评价的前提下,所进行的厂址选择分析、资源条件分析、建设实施条件分析、投产后生产条件分析等一系列分析论证工作的统称。厂址选择分析包括选点和定址两个方面内容。前者主要是建设地区的选择,主要考虑生产力布局对项目的约束;后者则是项目具体地理位置的确定。在厂址选择时,应通盘考虑自然因素(包括自然资源和自然条件)、经济技术因素、社会政治因素和运输及地理位置因素。

生产分析涉及的因素多,问题复杂,需要组织各方面专家分工协作才能完成。

(四)财务可行性分析

财务可行性评价,是在已完成相关环境与市场分析、技术与生产分析的前提下,围绕已具备技术可行性的建设项目而开展的,有关该项目在财务方面是否具有投资可行性的一种专门分析评价。

第二节 固定资产项目投资可行性要素

一、财务可行性要素的特征

财务可行性要素,是在项目的财务可行性评价过程中,计算一系列财务可行性评价指标所必须予以充分考虑的、与项目直接相关的、能够反映项目投入产出关系的各种主要经济因素的统称。

财务可行性要素通常应具备重要性、可计量性、时间特征、效益性、收益性、可预测性和直接相关性等特征。

财务可行性评价的重要前提,是按照一定定量分析技术估算所有的财务可行性要素,进而才能计算出有关的财务评价指标。

在估算时必须注意的是,尽管相当多的要素与财务会计的指标在名称上完全相同,但由于可行性研究存在明显的特殊性,导致这些要素与财务会计指标在计量口径和估算方法方面往往大相径庭。因此,千万不能生搬硬套财务会计的现成结论。

从项目投入产出的角度看,可将新建工业投资项目的财务可行性要素划分为投入类和产出类两种类型。

二、投入类财务可行性要素的估算

投入类财务可行性要素包括以下四项内容:

(1)在建设期发生的建设投资;

(2)在运营期初期发生的流动资金投资;

(3)在运营期发生的经营成本(付现成本);

(4)在运营期发生的各种税金(包括营业税金及附加和企业所得税)。

(一)建设投资的估算

建设投资,是建设期发生的主要投资,可分别按形成资产法和概算法进行估算,本书只介绍第一种方法。

形成资产法需要分别按形成固定资产的费用、形成无形资产的费用、形成其他资产投资的费用和预备费四项内容进行估算,此法是估算精度较高、应用较为广泛的一种估算方法。

1. 形成固定资产费用的估算

形成固定资产的费用是项目直接用于购置或安装固定资产应当发生的投资,具体包括:建筑工程费、设备购置费、安装工程费和固定资产其他费用。任何建设项目都至少要包括一项形成固定资产费用的投资。形成固定资产费用的资金投入方式,可根据各项工程的工期安排和建造方式确定。为简化计算,当建设期为零(即取得的固定资产不需要建设和安装)或建设期不到1年,且为自营建造时,可假定预先在建设起点一次投入全部相关资金;当建设期达到或超过1年,且为自营建造时,可假定在建设起点和以后各年年初分次投入相关资金;当建设期达到或超过1年,且为出包建造时,可假定在建设起点和建设期末分次投入相关资金。

(1)建筑工程费的估算。建筑工程费是指为建造永久性建筑物和构筑物所需要的费用,包括场地平整,建筑厂房、仓库、电站、设备基础、工业窑炉、桥梁、码头、堤坝、隧道、涵洞、铁路、公路、水库、水坝、灌区管线敷设、矿井开凿和露天剥离等项目工程的费用。可分别按单位建筑工程投资估算法、单位实物工程量投资估算法和概算指标投资估算法进行估算。

①单位建筑工程投资估算法。该法的计算公式为

$$建筑工程费=同类单位建筑工程投资\times相应的建筑工程总量$$

②单位实物工程量投资估算法。该法的计算公式为

$$建筑工程费=预算单位实物工程投资\times相应的实物工程量$$

[例5-3] A企业拟新建一个固定资产投资项目,土石方建筑工程总量为10万立方米,同类单位建筑工程投资为20元/立方米;拟建厂房建筑物的实物工程量为2万立方米,预算单位造价为1 100元/立方米。根据上述资料,可估算该项目各项指标如下:

$$该项目的土石方建筑工程投资=20\times10=200(万元)$$

$$该项目的厂房建筑物工程投资=1\ 100\times2=2\ 200(万元)$$

$$该项目的建筑工程费=200+2\ 200=2\ 400(万元)$$

(2)设备购置费的估算。广义的设备购置费是为投资项目购置或自制的达到固定资产标准的各种国产或进口设备、工具、器具和生产经营用家具等应支出的费用。狭义的设备购置费则是为取得项目经营所必需的各种机器设备、电子设备、运输工具和其他装置应支出的费用。

①狭义设备购置费的估算。应按照设备的不同来源,分别估算国产设备和进口设备的购置费。

A. 国产设备购置费的估算。其估算公式如下:

$$设备购置费用=设备购买成本\times(1+运杂费率)$$

上式中,标准国产设备的设备购买成本是指设备的发票价或出厂价;非标准国产设备的设备购买成本是指生产厂家为生产该设备而发生的各项费用合计,包括非标准设备设计费、材料费、加工费、辅助材料费、专用工具费、废品损失费、外购配套件费、包装费、利润、应缴纳的消费税等。运杂费率是指除购买成本之外的设备采购、运输、途中包装、保险及仓库保管等费用合计占设备购买成本的百分比。

B. 进口设备购置费的估算。进口设备购置费包括以人民币标价用外汇支付的进口设备货价、以人民币支付的进口从属费和相关的国内运杂费,其公式如下:

$$设备购置费用=以人民币标价的进口设备到岸价+进口从属费+国内运杂费$$

a. 在估算以人民币标价的进口设备到岸价时,需要考虑按到岸价(CIF)结算和按离岸价(FOB)结算的两种不同的结算方式。

按到岸价结算时,其估算公式为

以人民币标价的进口设备到岸价 = 以外币标价的进口设备到岸价 × 人民币外汇牌价

按离岸价结算时,相关的估算公式为

以人民币标价的进口设备到岸价 =(以外币标价的进口设备离岸价 + 国际运费 + 国际运输保险费)× 人民币外汇牌价

其中

国际运费(外币)= 离岸价(外币)× 国际运费率

国际运费(外币)= 单位运价(外币)× 运输量

或　国际运输保险费(外币)=(以外币标价的进口设备离岸价 + 国际运费)× 国际运输保险费率

b. 在进口设备不涉及消费税的情况下,进口从属费的计算公式为

进口从属费 = 进口关税 + 外贸手续费 + 结汇银行财务费

其中

进口关税 = 以人民币标价的进口设备到岸价 × 进口关税税率

外贸手续费 = 以人民币标价的进口设备到岸价 × 外贸手续费率

结汇银行财务费 = 以外汇支付的进口设备货价 × 人民币外汇牌价 × 结汇银行财务费率

c. 进口设备相关的国内运杂费可按具体运输方式,根据运输单价和运量估算,亦可按下式计算:

国内运杂费 =(以人民币标价的进口设备到岸价 + 进口关税)× 运杂费率

[例 5-4]　A 企业新建项目所需要的国内标准设备的不含增值税出厂价为 1 000 万元,增值税率为 17%,国内运杂费率为 1%;进口设备的离岸价为 100 万美元,国际运费率为 7.5%,国际运输保险费率为 4%,关税税率为 15%,增值税率为 17%,国内运杂费率为 1%,外汇牌价为 1 美元 =8 元人民币。根据上述资料,可估算该项目各项指标如下:

国内标准设备购置费 = 1 000 ×(1 + 1%)= 1 010(万元)

进口设备的国际运费 = 100 × 7.5% = 7.5(万美元)

进口设备的国际运输保险费 =(100 + 7.5)× 4% = 4.3(万美元)

以人民币标价的进口设备到岸价 =(100 + 7.5 + 4.3)× 8 = 894.4(万元)

进口关税 = 894.4 × 15% = 134.16(万元)

进口设备国内运杂费 =(894.4 + 134.15)× 1% = 10.285 5(万元)

进口设备购置费 = 894.4 + 134.16 + 10.29 = 1 038.85(万元)

该项目的狭义设备购置费 = 1 010 + 1 038.85 = 2 048.85(万元)

②工具、器具和生产经营用家具购置费的估算。工具、器具和生产经营用家具购置费,是为确保项目投产初期的生产经营而第一批购置的,没达到固定资产标准的工具、卡具、模具和家具应发生的费用。为简化计算,可在狭义的设备购置费的基础上,按照部门或行业规定的购置费率进行估算。公式为

工具、器具和生产经营用家具购置费 = 狭义设备购置费 × 标准的工具、器具和生产经营用家具购置费率

[例 5-5]　仍按例 5-4 的计算结果,A 企业新建项目所在行业的标准工具、器具和生产经

营用家具购置费率为狭义设备购置费的10%。根据上述资料,可估算该项目各项指标如下:

工具、器具和生产经营用家具购置费=2 048.85×10%=204.885≈204.89(万元)

该项目的广义设备购置费=2 048.85+240.89=2 253.74(万元)

(3)安装工程费的估算。需要吊装的设备,往往按需要安装设备的重量和单价进行估算;其他需要安装的设备通常按设备购置费的一定百分比进行估算。需要注意的是,按后者估算时,要注意核实购置设备合同中是否包括了安装所需材料,是全部还是只包括了一部分(如从国外进口的石油化工设备中,一般都包括了部分安装材料)。如果设备购置费中包括了安装材料,则安装费率就比较低,否则就比较高。相关的估算公式如下:

安装工程费=每吨安装费×设备吨位

安装工程费=安装费率×设备原价

安装工程费=单位实物工程安装费标准×安装实物工程量

[例5-6] 仍按例5-4的计算结果,A企业新建项目的进口设备的安装费按其吊装吨位计算,每吨安装费为1万元/吨,该设备为50吨;国内标准设备的安装费率为设备原价的2%。根据上述资料,可估算该项目各项指标如下:

进口设备的安装工程费=1×50=50(万元)

国内标准设备的安装工程费=1 010×2%=20.20(万元)

该项目的安装工程费=50+20.20=70.20(万元)

(4)固定资产其他费用的估算。固定资产其他费用包括建设单位管理费、可行性研究费、研究试验费、勘察设计费、环境影响评价费、场地准备及临时设施费、引进技术和引进设备其他费、工程保险费、工程建设监理费、联合试运转费、特殊设备安全监督检验费和市政公用设施建设及绿化费等。估算时,可按经验数据、取费标准或项目的工程费用(即建筑工程费、广义设备购置费和安装工程费三项工程费用的合计)的一定百分比测算。

[例5-7] 仍按例5-3、例5-5和例5-6的计算结果,A企业新建项目的固定资产其他费用可按工程费用的20%估算。根据上述资料,可估算该项目各项指标如下:

该项目的工程费用=2 400+2 253.74+70.20=4 723.94(万元)

固定资产其他费用=4 723.94×20%=944.788≈944.79(万元)

在项目可行性研究中,形成固定资产的费用与固定资产原值的关系如下式所示:

固定资产原值=形成固定资产的费用+建设期资本化利息+预备费

其中 形成固定资产的费用=建筑工程费+设备购置费+安装工程费+其他费

[例5-8] 仍按例5-3、例5-5、例5-6和例5-7的资料,A企业新建项目的建设期资本化利息为100万元,预备费为400万元。根据上述资料,可估算该项目有关指标如下:

该项目形成固定资产的费用=2 400+2 253.74+70.20+944.79=5 668.73(万元)

该项目的固定资产原值=5 668.73+100+400=6 168.73(万元)

显然,在不考虑具体的筹资方案(即不考虑投资的资金来源)和预备费的情况下,可假定固定资产原值与形成固定资产的费用相等。

2. 形成无形资产费用的估算

形成无形资产的费用是指项目直接用于取得专利权、商标权、非专利技术、土地使用权和特许权等无形资产而应当发生的投资。虽然商誉和著作权也属于无形资产的范畴,但新建项目通常不涉及这些内容,故在进行可行性研究时对其不予考虑。形成无形资产费用的资金投入方式,通常假定在建设期取得时一次投入。

(1)专利权和商标权的估算。在可行性研究中,应先确认项目是否通过外购或接受投资方式取得上述产权的合法所有权。如果只是短期取得某项专利权或商标的使用权,就不能将其作为无形资产进行评估;若可通过外购方式取得上述产权,则可按预计的取得成本估算;若属于投资转入,则可按约定作价或评价价进行估算。新建项目通常很少发生自创专利权和商标权的情况,若确有发生,可按成本法或市价法进行估算。

(2)非专利技术的估算。可根据非专利技术的取得方式分别对待,若从外部一次性购入,可按取得成本估算;若作为投资转入,可按市价法或收益法进行估算。

(3)土地使用权的估算。可按土地使用权的不同取得方式估算。如通过有偿转让方式取得土地使用权,则应按照预计发生的取得成本—土地使用权出让金估算;若属于投资方投资转入的土地使用权,可按投资合同或协议约定的价值,也可按公允价值估算。

(4)特许权的估算。在项目可行性研究中,对项目有偿取得的永久或长期使用的特许权,按取得成本进行估算。

3. 形成其他资产费用的估算

形成其他资产的费用是指建设投资中除形成固定资产和无形资产的费用以外的部分,包括生产准备费和开办费两项内容。生产准备费的资金投入方式,可假定在建设期末一次投入。开办费的资金投入方式,可假定在建设期内分次投入。

(1)生产准备费的估算。生产准备费,是新建项目或新增生产能力的企业为确保投产期初期进行必要生产准备而应发生的费用,包括职工培训费、提前进厂熟悉工艺及设备性能人员的相关费用。生产准备费可按需要培训和预计培训费标准,以及需要提前进厂的职工人数和相关费用标准进行估算,也可按工程费用和生产准备费率估算。

(2)开办费的估算。开办费,是在企业筹建期发生的、不能计入固定资产和无形资产,也不属于生产准备费的各项费用。可按工程费用和开办费率估算。

4. 预备费的估算

预备费又称不可预见费,是在可行性研究中难以预料的投资支出,包括基本预备费和涨价预备费。预备费的资金投入方式,可假定在建设期末一次投入。

(1)基本预备费的估算。基本预备费,是由于建设期发生一般自然灾害而带来的工程损失或为防范自然灾害而采取措施而追加的投资,又称工程建设不可预见费。可按以下公式进行估算:

基本预备费 = (形成固定资产的费用 + 形成无形资产的费用 + 形成其他资产的费用) × 基本与别费率

(2)涨价预备费的估算。涨价预备费,是为应付建设期内可能发生的通货膨胀而预留的投资,又称价格上涨不可预见费。涨价预备费通常要根据工程费用和建设期预计通货膨胀率来估算。

[例 5-9] B企业拟建的生产线项目,需要在建设期内投入形成固定资产的费用400万元;支付20万元购买一项专利权,支付5万元购买一项非专利技术;投入开办费3万元,预备费40万元,假定不考虑筹资方案的建设期资本化利息。根据上述资料,可估算出该项目的以下指标:

该项目形成无形资产的费用 = 20 + 5 = 25(万元)

该项目形成其他资产的费用为 3 万元

该项目的建设投资 = 400 + 25 + 3 + 40 = 468(万元)

该项目的固定资产原值 = 400 + 0 + 40 = 440(万元)

(二)流动资金投资的估算

流动资金投资客分别按分项详细估算法和扩大指标估算法进行估算,本书只介绍第一种方法。

分项详细估算法,是根据投资项目在运营期内主要流动资产和流动负债要素的最低周转天数和预计周转额分别估算每一流动项目的占用额,进而确定各年流动资金投资的一种方法。流动资金投资属于垫付周转金,其资金投入方式也包括一次投入和分次投入两种形式。如果是一次投入,则假定发生在投产第一年末;如果是分次投入,则假定发生在投产后连续的若干年。

1. 分项详细估算法的基本公式

某年流动资金投资额(垫支额) = 本年流动资金需用额—截至上年的流动资金投资额

或 某年流动资金投资额(垫支额) = 本年流动资金需用额 - 上年流动资金需用额

本年流动资金需用额 = 该年流动资产需用额 - 该年流动负债需用额

[**例 5 - 10**] B 企业拟建的生产线项目,预计投产第一年的流动资产需用额为 30 万元,流动负债需用额 15 万元;预计投产第二年流动资产需用额为 40 万元,流动负债需用额为 20 万元。根据上述资料,可估算该项目各项指标如下:

投产第一年的流动资金需用额 = 30 - 15 = 15(万元)

第一次流动资金投资额 = 15 - 0 = 15(万元)

投产第二年的流动资金需用额 = 40 - 20 = 20(万元)

第二次流动资金投资额 = 20 - 15 = 5(万元)

流动资金投资合计 = 15 + 5 = 20(万元)

2. 周转天数、周转次数、周转额与资金需用额的概念及其关系

某一流动项目的周转天数是该项目的资金从其原始形态开始,依次经过各个循环阶段回到出发点,完成一次循环所需要的天数。最低周转天数则是在所有生产经营条件最为有利的情况下,完成一次周转所需要的天数。在确定各个流动项目的最低周转天数时,应综合考虑储存天数、在途天数,并考虑适当的保险系数。

某一流动项目的周转次数,是该项目在 1 年内(为简化计算,假定 1 年按 360 天计)完成单一循环的次数,周转次数与周转天数的关系可以下式表示:

$$周转次数 = \frac{360}{周转天数}$$

$$1\ 年内最多周转次数 = \frac{360}{最低周转天数}$$

某一流动项目的周转额,是指该项目所占用资金在 1 年内由于不断周转而形成的累计发生额。某一流动项目的需用额,是指该项目在任何一个时点上都至少要以其原始形态存在的价值量,它相当于该流动项目原始的投资额。资金需用额与周转额的关系如下式

所示：

$$某一流动项目的资金需用额=\frac{该项目的周转额}{该项目的最多周转次数}$$

3. 流动资产项目的估算

为简化计算，在进行财务可行性评价时有下式成立：

某年流动资产需用额=该年存货需用额+该年应收账款需用额+该年预付账款需用额+该年现金需用额

(1)存货需用额的估算。存货需用额的估算公式如下：

存货需用额=外购原材料需用额+外购燃料动力需用额+其他材料需用额+在产品需用额+产成品需用额

上式中的各项的计算公式为

$$外购原材料需用额=\frac{年外购原材料费用}{外购原材料的最多周转次数}$$

$$外购燃料动力需用额=\frac{外购燃料动力需用}{外购燃料动力的最多周转次数}$$

$$其他材料需用额=\frac{年外购其他材料费用}{其他材料的最多周转次数}$$

$$在产品需用额=\frac{年外购原材料费用+年外购燃料动力费用+年工资及福利费+年修理费+年其他制造费用}{在产品的最多周转次数}$$

$$产成品需用额=\frac{年经营成本-年销售费用}{产成品的最多周转次数}$$

上式中，其他制造费用是指从制造费用中扣除了所含原材料、外购燃料动力、职工薪酬、折旧费和修理费用后的剩余部分；经营成本的估算方法将在后面介绍。

(2)应收账款需用额的估算。应收账款需用额的估算公式为

$$应收账款需用额=\frac{年经营成本}{应收账款的最多周转次数}$$

(3)预付账款需用额的估算。预付账款需用额的估算公式为

$$预付账款需用额=\frac{外购商品或服务年费用金额}{预付账款的最多周转次数}$$

(4)现金需用额的估算。现金需用额的估算公式为

$$现金需用额=\frac{年工资及福利费+年其他费用}{现金的最多周转次数}$$

上式中，其他费用是指从制造费用、管理费用和销售费用中扣除了所含的折旧费、无形资产和其他资产的摊销额、材料费、修理费、职工薪酬以后的剩余部分，其计算公式如下：

其他费用=制造费用+管理费用+销售费用−以上三项费用中所含的职工薪酬、折旧费、摊销费和修理费

4. 流动负债项目的估算

为简化计算，在进行财务可行性评价时假定有下式成立：

流动负债需用额=应付账款需用额+预售账款需用额

(1)应付账款需用额的估算。应付账款需用额的估算公式为

$$应付账款需用额=\frac{外购原材料、燃料动力及其他材料年费用}{应付账款的最多周转次数}$$

(2)预收账款需用额的估算。预收账款需用额的估算公式为

$$预收账款需用额=\frac{预收的营业收年金额}{预收账款的最多周转次数}$$

(三)经营成本的估算

不论什么类型的投资项目,在运营期都要发生经营成本,它的估算与具体的筹资方案无关。经营成本本来属于时期指标,为简化计算,可假定其发生在运营期各年的年末。

经营成本有加法和减法两种估算公式:

某年经营成本=该年外购原材料燃料和动力费+该年职工薪酬+该年修理费+该年其他费用

某年经营成本=该年不包括财务费用的总成本费用-该年折旧费-该年无形资产和其他资产的摊销额

上式中,折旧额和摊销额可根据本项目的固定资产原值、无形资产和其他资产数据,以及这些项目的折旧年限和摊销年限进行测算;不包括财务费用的总成本费用可按照运营期内一个标准年份的正常产销量和预计成本消耗水平进行测算,其计算公式为

某年不包括财务费用的总成本费用=该年固定成本(含费用)+单位变动成本(含费用)×该年预计产销量

上述成本中既不包括固定性的财务费用,也不包括变动性的财务费用。

[例5-11]　B企业拟建的生产线项目,预计投产后第1年外购原材料、燃料和动力费为48万元,职工薪酬为23.14万元,其他费用为4万元,年折旧费为20万元,无形资产摊销费为5万元,开办费摊销费为3万元;第2~5年每年外购原材料、燃料和动力费为60万元,职工薪酬为30万元,其他费用为10万元,每年折旧费为20万元,无形资产摊销费为5万元;第6~20年每年不包括财务费用的总成本费用为160万元,其中,每年外购原材料、燃料和动力费为90万元,每年折旧费为20万元,无形资产摊销费为0万元。

根据上述资料,估算该项目投产后各年经营成本和不包括财务费用的总成本费用指标如下:

(1)投产后第1年的经营成本=48+23.14+4=75.14(万元)

投产后第2~5年每年的经营成本=60+30+10=100(万元)

投产后第6~20年每年的经营成本=160-20-0=140(万元)

(2)投产后第1年不包括财务费用的总成本费用=75.14+(20+5+3)=103.14(万元)

投产后第2~5年每年不包括财务费用的总成本费用=100+(20+5+0)=125(万元)

(四)运营期相关税金的估算

在进行财务可行性评价中,需要估算的运营期相关税金包括营业税金及附加和调整所得税两项因素。为简化计算,假定它们都发生在运营期各年的年末。

1. 营业税金及附加的估算

营业税金及附加的估算,需要通盘考虑项目投产后在运营期内应缴纳的营业税、消费税、土地增值税、资源税,城市维护建设税和教育费附加等因素;尽管应缴增值税不属于营业税金的范畴,但在估算城市维护建设税和教育费附加时,还要考虑应缴增值税因素。

在不考虑土地增值税和资源税的情况下,营业税金及附加的估算公式如下:

营业税金及附加 = 应缴营业税 + 应缴消费税 + 城市维护建设税 + 教育费附加

其中

城市维护建设税 = (应缴营业税 + 应缴消费税 + 应缴增值税) × 城市维护建设税税率

教育费附加 = (应缴营业税 + 应缴消费税 + 应缴增值税) × 教育费附加率

为简化计算,也可以合并计算城市维护建设税和教育费附加。

[例5-12] 仍按例5-11资料,企业拟建的生产线项目,预计投产后第1年营业收入为180万元,第2~5年每年营业收入为200万元,第6~20年每年营业收入为300万元;适用的增值税税率为17%,城建税税率为7%,教育费附加率为3%。该企业不缴纳营业税和消费税。根据上述资料,可估算出该项目各项指标如下:

投产后第1年的应缴增值税 = (营业收入 - 外购原材料燃料和动力费) × 增值税税率

= (180 - 48) × 17% = 22.44(万元)

投产后第2~5年每年的应缴增值税 = (200 - 60) × 17% = 23.8(万元)

投产后第6~20年每年的应缴增值税 = (300 - 90) × 17% = 35.7(万元)

投产后第1年的营业税金及附加 = 22.44 × (7% + 3%) = 2.244 ≈ 2.24(万元)

投产后第2~5年每年的营业税金及附加 = 23.8 × (7% + 3%) = 2.38(万元)

投产后第6~20年每年的营业税金及附加 = 35.7 × (7% + 3%) = 3.57(万元)

2. 调整所得税的估算

调整所得税是项目可行性研究中的一个专用术语,它是为简化计算而设计的虚拟企业所得税额,其计算公式为

调整所得税 = 息税前利润 × 适用的企业所得税税率

上式中,息税前利润的公式为

息税前利润 = 营业收入 - 不包括财务费用的总成本费用 - 营业税金及附加

[例5-13] 仍按例5-11和例5-12资料,B企业适用的所得税税率为25%,不享受任何减免税待遇。根据上述资料,估算出该项目的各项指标如下:

投产后第1年的息税前利润 = 180 - 103.14 - 2.24 = 74.62(万元)

投产后第2~5年每年的息税前利润 = 200 - 125 - 2.38 = 72.62(万元)

投产后第6~20年每年的息税前利润 = 300 - 160 - 3.57 = 136.43(万元)

投产后第1年的调整所得税 = 74.62 × 25% = 18.655 ≈ 18.66(万元)

投产后第2~5年每年的调整所得税 = 72.62 × 25% = 18.155 ≈ 18.16(万元)

投产后第6~20年每年的调整所得税 = 136.43 × 25% = 34.108 ≈ 34.11(万元)

3. 关于增值税的说明

增值税属于价外税,不属于投入类财务可行性要素,也不需要单独估算。但在估算城市维护建设税和教育费附加时,要考虑应交增值税指标。

三、产出类财务可行性要素的估算

产出类财务可行性要素包括以下四项内容:

(1)在运营期发生的营业收入;

(2)在运营期发生的补贴收入;

(3)通常在项目计算期末回收的固定资产余值;

(4)通常在项目计算期末回收的流动资金。

(一)营业收入的估算

营业收入应按项目在运营期内有关产品的各年预计单价(不含增值税)和额预测销售量(假定运营期每期均可以自动实现产销平衡)进行估算。营业收入也属于时期指标,为简化计算,假定营业收入发生于运营期各年的年末。在项目只生产经营一种产品的条件下,营业收入的估算公式为

年营业收入 = 该年产品不含税单价 × 该年产品的产销量

[例5-14] B企业拟建的生产线项目只生产一种产品,假定该产品的销售单价式中保持为1 000元/件的水平,预计投产后各年的产销量数据如下:第1年为1 800件,第2~5年每年为2 000件,第6~20年每年为3 000件。根据上述资料,估算该项目各项指标如下:

投产后第1年营业收入 = 1 000 × 1 800 = 180(万元)

投产后第2~5年每年营业收入 = 1 000 × 2 000 = 200(万元)

投产后第6~20年每年营业收入 = 1 000 × 3 000 = 300(万元)

(二)补贴收入的估算

不同收入是与运营期收益有关的政府补贴,可根据按政策退还的增值税、按销量或工作量分期计算的定额补贴和财政补贴等予以估算。

(三)固定资产余值的估算

在进行财务可行性评价时,假定主要固定资产的折旧年限等于运营期,则终结点回收的固定资产余值等于该主要固定资产的原值与其法定净残值率的乘积,或按事先确定的净残值确定;在运营期内,因更新改造而提前回收的固定资产净损失等于其折余价值与预计可变现净收入之差。

(四)回收流动资金的估算

当项目处于终结点时,所有垫付的流动资金都将退出周转,因此,在假定运营期内不存在因加速周转而提前回收流动资金的前提下,终结点一次回收的流动资金必然等于各年垫支的流动资金投资额的合计数。

在进行财务可行性评价时,将在终结点回收的固定资产余值和流动资金统称为回收额。

[例5-15] 仍按例5-9和例5-10计算结果,假定B企业拟建生产线项目的固定资产原值在终结点的预计净残值为40万元,全部流动资金在终结点一次回收。根据上述资料,估算该项目各项指标如下:

回收的固定资产余值为40万元;回收的流动资金为20万元

回收额 = 40 + 20 = 60(万元)

第三节　投资项目财务可行性评价指标的测算

本节在介绍财务可行性评价指标定义的基础上，分别讨论计算这些指标必须考虑的因素、项目现金流量的测算和确定相关折算率的方法，重点研究主要财务可行性评价指标的计算方法，并介绍根据这些指标进行财务可行性评价的技巧。

一、财务可行性评价指标的类型

财务可行性评价指标，是用于衡量投资项目财务效益大小和评价投入产出关系是否合理，以及评价其是否具有财务可行性所依据的一系列量化指标的统称。由于这些指标不仅可以用于评价投资方案的财务可行性，而且还可以与不同的决策方法相结合，作为多方案比较与选择决策的量化标准与尺度，因此在实践中又称为财务投资决策评价指标，简称评价指标。

财务可行性评价指标很多，本书主要介绍静态投资回收期、总投资收益率、净现值、净现值率和内部收益率五个指标。

上述评价指标可以按以下标准进行分类。

(1)按照是否考虑资金时间价值分类，可分为静态评价指标和动态评价指标。前者是在计算过程中不考虑资金时间价值因素的指标，简称为静态指标，包括总投资收益率和静态投资回收期；后者是在计算过程中充分考虑和利用资金时间价值因素的指标。

(2)按指标性质不同，可分为在一定范围内越大越好的正指标和越小越好的反指标两大类。上述指标中只有静态投资回收期属于反指标。

(3)按指标在决策中的重要性分类，可分为主要指标、次要指标和辅助指标。净现值、内部收益率等为主要指标；静态投资回收期为次要指标；总投资收益率为辅助指标。

从总体看，计算财务可行性评价指标需要考虑的因素包括财务可行性要素、项目计算期的构成、时间价值和投资的风险。其中，前两项因素是计算任何财务可行性评价指标都需要考虑的因素，可以通过测算投资项目各年的净现金流量来集中反映；时间价值则是计算动态指标应当考虑的因素，投资风险既可以通过调整项目净现金流量来反映，也可以通过修改折现率指标来反映。因此本节先介绍测算投资项目各年净现金流量的技巧，然后结合动态评价指标的计算讨论如何确定折现率。

二、投资项目净现金流量的测算

投资项目的净现金流量(又称现金净流量，记作 NCF_t)是指在项目计算期内由建设项目每年现金流入量(记作 CI_t)与每年现金流出量(记作 CO_t)之间的差额所形成的序列指标。其理论计算公式为

$$\begin{aligned}\text{某年净现金流量}&=\text{该年现金流入量}-\text{该年现金流出量}\\&=CI_t-CO_t\ (t=0,1,2,\cdots,n)\end{aligned}$$

上式中，现金流入量(又称现金流入)是指在其他条件不变时能使现金存量增加的变动量，现金流出量(又称现金流出)是指在其他条件不变时能够使现金存量减少的变动量。

建设项目现金流入量包括的主要内容有：营业收入、补贴收入、回收固定资产余值和回

收流动资金等产出类财务可行性要素。

建设项目现金流出量包括的主要内容有:建设投资、流动资金投资、经营成本、维持运营投资、营业税金及附加和企业所得税等投入类财务可行性要素。

显然,净现金流量具有以下两个特征:第一,无论是在运营期内还是在建设期内都存在净现金流量的范畴;第二,由于项目计算期不同阶段上的现金流入量和现金流出量发生的可能性不同,使得各阶段上的净现金流量在数值上表现出不同的特点,如建设期内的净现金流量一般小于或等于零,在运营期内的净现金流量则多为正值。

净现金流量又包括所得税前净现金流量和所得税后净现金流量两种形式。前者不受筹资方案和所得税政策变化的影响,是全面反映投资项目方案本身财务获利能力的基础数据。计算时,现金流出量的内容中不考虑调整所得税因素;后者则将所得税视为现金流出,可用于评价在考虑所得税因素时项目投资对企业价值所做的贡献。可以在税前净现金流量的基础上,直接扣除调整所得税求得。

(一)确定建设项目净现金流量的方法

确定一般建设项目的净现金流量,可分别采用列表法和简化法两种方法。列表法,是通过编制现金流量表来确定项目净现金流量的方法,又称一般方法,这是无论在什么情况下都可以采用的方法;简化法,是在特定条件下直接利用公式来确定项目净现金流量的方法,又称特殊方法或公式法。

1.列表法

在项目投资决策中使用的现金流量表,是用于全面反映某投资项目在其未来项目计算期内每年的现金流入量和现金流出量的具体构成内容,以及净现金流量水平的分析报表。它与财务会计使用的现金流量表在具体用途、反映对象、时间特征、表格结构和信息属性等方面都存在较大差异。

项目可行性研究中使用的现金流量表包括“项目投资现金流量表”“项目资本金现金流量表”和“投资各方现金流量表”等不同形式。本章主要介绍项目投资现金流量表的编制方法。

项目投资现金流量表要根据项目计算期内每年预计发生的具体现金流入量要素与同年现金流出量要素逐年编制。同时还要具体详细列示所得税前净现金流量、累计所得税前净现金流量、所得税后净现金流量和累计所得税后净现金流量,并要求根据所得税前后的净现金流量分别计算两套内部收益率、净现值和投资回收期等可行性评价指标。

与全部投资的现金流量表相比,项目资本金现金流量表的现金流入项目没有变化,但现金流出项目不同,其具体内容包括:项目资本金投资、借款本金偿还、借款利息支付、经营成本、营业税金及附加、所得税和维持运营投资等。此外,该表只计算所得税后净现金流量,并据此计算资本金内部收益率指标。

[例5-16] B企业拟建生产线项目的建设投资估算额及投入时间如例5-2所示,流动资金投资的估算额及投入时间如例5-10所示,各年经营成本的估算额如例5-11所示,各年调整所得税的估算额如例5-13所示,各年营业收入和营业税金及附加的估算额如例5-12所示,回收额的估算额如例5-15所示。根据上述资料,编制该项目投资现金流量表如表5-1所示。

表 5-1　生产线投资项目现金流量表(项目投资)

单位:万元

项目计算期(第 t 年)	建设期			运营期										合计
	0	1	2	3	4	5	6	7	8	9	…	21	22	
1　现金注入量				180	200	200	200	200	300	300	…	300	360	5 540
1.1　营业收入				180	200	200	200	200	300	300	…	300	300	5 480
1.2　补贴收入														
1.3　回收固定资产余值													40	40
1.4　回收流动资金													20	20
2　现金流出量	100	300	83	82.38	102.38	102.38	102.38	102.38	143.57	143.57	…	143.57	143.57	3 128.45
2.1　建设投资	100	300	68											468.00
2.2　流动资金投资			15	5.00										20.00
2.3　经营成本				75.14	100	100	100	100	140	140	…	140	140	2 575.14
2.4　营业税金及附加				2.24	2.38	2.38	2.38	2.38	3.57	3.57	…	3.57	3.57	65.31
2.5　维持运营投资														
3　所得税前净现金流量	-100	-300	-83	97.62	97.62	97.62	97.62	97.62	156.43	156.43	…	156.43	216.43	2 411.55
4　累计所得税务前净现金流量	-100	-400	-483	-385.38	-287.76	-190.14	-92.52	5.10	161.53	317.96	…	2 195.12	2 411.55	—
5　调整所得税(25%)				18.66	18.16	18.16	18.16	18.16	34.11	34.11	…	34.11	34.11	602.95
6　所得税后净现金流量	-100	-300	-83	78.96	79.46	79.46	79.46	79.46	122.32	122.32	…	122.32	182.32	1 808.60
7　累计所得税务后净现金流量	-100	-400	-483	-404.04	-324.58	-245.12	-165.66	-86.20	36.12	158.44	…	1 626.28	1 808.60	—

计算指标:净现值(所得税前)=482.45 万元(基准折现率为 10%);

净现值(所得税后)=292.04 万元(基准折现率为 10%);

内部收益率(所得税前)=20.01%;

内部收益率(所得税后)=16.55%;

包括建设期的投资回收期(所得税后)=7.70 年;

不包括建设期的投资回收期(所得税后)=5.70 年。

2. 简化法

除更新改造项目外，新建投资项目的建设期净现金流量可直接按以下简化公式计算：

建设期某年净现金流量(NCF_t) = －该年原始投资额 = $-I_t(t=0,1,2,\cdots,s,s\geqslant 0)$

上式中，I_t 为第 t 年原始投资额；s 为建设期年数。

由上式可见，当建设期 s 不为零时，建设期净现金流量的数量特征取决于其投资方式是分次投入还是一次投入。

投资项目的运营期所得税前净现金流量，可按以下简化公式计算：

运营期某年所得税前净现金流量 = 该年息税前利润 + 该年折旧 + 该年摊销 + 该年回收额 － 该年维持运营投资 － 该年流动资金投资

$$=EBIT_t+D_t+M_t+R_t-O_t-C_t(t=s+1,s+2,\cdots,n)$$

上式中，$EBIT_t$ 为第 t 年的息税前利润；D_t 为第 t 年的折旧费；M_t 为第 t 年的摊销费；R_t 为第 t 年的回收额；Q_t 为第 t 年维持运营投资；C_t 为第 t 年流动资金投资。

[例 5－17] B 企业拟建生产线项目的建设投资估算额及投入时间如例 5－2 所示，流动资金投资的估算额及投入时间如例 5－10 所示，各年折旧额和摊销额如例 5－11 所示，各年息税前利润如例 5－13 所示，回收额的估算额如例 5－15 所示。根据上述资料，按简化法估算的该项目投资各年所得税前净现金流量如下：

建设期的所得税前净现金流量

$$NCF_0=-100(\text{万元})$$

$$NCF_1=-300(\text{万元})$$

$$NCF_2=-(68+15)=-83(\text{万元})$$

运营期的所得税前净现金流量

$$NCF_3=74.62+20+(5+3)+0-0-5=97.62(\text{万元})$$

$$NCF_{4\sim7}=72.62+20+(5+0)+0-0-0=97.62(\text{万元})$$

$$NCF_{8\sim21}=136.43+20+(0+0)+0-0-0=156.43(\text{万元})$$

$$NCF_{22}=136.43+20+(0+0)+60-0-0=216.43(\text{万元})$$

通过比较本例和例 5－16 的计算结果可以发现，简化法与列表法的计算结果完全相同。

对新建项目而言，所得税因素不会影响建设期的净现金流量，只会影响运营期的净现金流量。运营期的所得税后净现金流量(NCF'_t)可按以下简化公式计算：

运营期某年所得税后净现金流量 = 该年所得税前净现金流量 －（该年息税前利润 － 利息）× 所得税税率

$$=NCF_t-(EBIT_t-1)\cdot T$$

上式中，NCF_t 为第 t 年的所得税前净现金流量，T 适用的企业所得税税率。

[例 5－18] B 企业各年所得税前净现金流量如例 5－16 所示，各年息税前利润如例 5－13 所示，适用的企业所得税税率如例 5－13 所示。根据上述资料，并假定本例中财务费用（利息）为 0，按简化法估算该项目运营期各年所得税后净现金流量如下：

$$NCF'_2=97.62-74.62\times25\%\approx78.97(\text{万元})$$

$$NCF'_{4\sim7}=97.62-72.62\times25\%\approx79.47(\text{万元})$$

$$NCF'_{8\sim21}=156.43-136.43\times25\%\approx122.33(\text{万元})$$
$$NCF'_{22}=216.43-136.43\times25\%\approx182.32(\text{万元})$$

(二)单纯固定资产投资项目净现金流量的确定方法

如果某投资项目的原始投资中,只涉及形成固定资产的费用,而不涉及形成无形资产的费用、形成其他资产的费用或流动资产投资,甚至连预备费也可以不予考虑,则该项目就属于单纯固定资产投资项目。

从这类项目所得税前现金流量的内容看,仅涉及建设期增加的固定资产投资和终结点发生的固定资产余值,在运营期发生的因使用该固定资产而增加的营业收入、增加(或节约)的经营成本、增加的营业税金及附加。这些因素集中会表现为运营期息税前利润的变动和折旧的变动。因此,估算该类项目的净现金流量可直接应用以下公式:

建设期净现金流量:

建设期某年的净现金流量 = -该年发生的固定资产投资额

运营期净现金流量:

运营期某年所得税前净现金流量 = 该年因使用该固定资产新增的息税前利润 + 该年因使用该固定资产新增的折旧 + 该年回收的固定资产净残值

运营期某年所得税后净现金流量 = 运营期某年所得税前净现金流量 -(该年因使用该固定资产新增的息税前利润 - 利息)× 所得税税率

[例5-19] 企业拟购建一项固定资产,需在建设起点一次投入全部资金1 100万元均为自有资金,建设期为一年。固定资产的预计使用寿命10年,期末有100万元净残值,按直线法折旧。预计投产后每年可使企业新增100万元息税前利润。适用的企业所得税税率为25%。根据上述资料,估算该项目各项指标如下:

项目计算期 = 1 + 10 = 11(年)

固定资产原值为1 100万元

$$\text{投产后第}1\sim10\text{每年的折旧额}=\frac{1\ 100-100}{10}=100(\text{万元})$$

建设期净现金流量:

$$NCF_0=-1\ 100\text{万元}$$
$$NCF_1=0\text{万元}$$

运营期所得税前净现金流量:

$$NCF_{2\sim10}=100+100+0=200(\text{万元})$$
$$NCF_{11}=100+100+100=300(\text{万元})$$

运营期所得税后净现金流量:

$$NCF'_{2\sim10}=200-100\times25\%=175(\text{万元})$$
$$NCF'_{22}=300-100\times25\%=275(\text{万元})$$

三、静态评价指标的计算方法及特征

(一)静态投资回收期

静态投资回收期(简称回收期),是指以投资项目经营净现金流量抵偿原始总投资所需要的全部时间。它有“包括建设期的投资回收期(记作 PP)”和“不包括建设期的投资回收期(记作 PP')”两种形式。

确定静态投资回收期指标可分别采取公式法和列表法。

1. 公式法

公式法又称为简化方法。如果某一项目运营期内前若干年(假定为 $s+1\sim s+m$ 年,共 m 年)每年净现金流量相等,且其合计大于或等于建设期发生的原始投资合计,可按以下简化公式直接求出投资回收期:

$$\text{不包括建设期的回收期}(PP') = \frac{\text{建设期发生的原始投资合计}}{\text{运营期内前若干年每年相等的净现金流量}} = \frac{\sum_{t=0}^{n} I_t}{NCF_{(s+1)-(s+m)}}$$

包括建设期的回收期(PP) = 不包括建设期的回收期 + 建设期 = $PP' + s$

上式中,I_t 为建设期第 t 年发生的原始投资。

如果全部流动资金投资均不发生在建设期内,则上式分子应调整为建设投资合计。

[例 5-20]　某投资项目的所得税前净现金流量如下:NCF_0 为 -100 万元,NCF_1 为 0 万元,$NCF_{2\sim10}$ 为 200 万元,NCF_{11} 为 300 万元。

根据上述资料,计算静态回收期如下:

建设期 $s=1$ 年,投产后 2~10 年净现金流量相等,$m=9$ 年

运营期前 9 年每年净现金流量 $NCF_{2\sim10}=200$ 万元

建设发生的原始投资合计 $\sum_{t=0}^{n} I_t = 1\,000$ 万元

因为 $m\times$运营期前 m 年每年相等的净现金流量 $=9\times200=1\,800>$ 原始投资额 $=1\,000$(万元),所以可以使用简化公式计算静态回收期

不包括建设期的投资回收期(所得税前)$PP' = \frac{1\,000}{200} = 5$(年)

包括建设期的投资回收期(所得税前)$PP = PP' + s = 5 + 1 = 6$(年)

公式法所要求的应用条件比较特殊,包括项目运营期内前若干年内每年的净现金流量必须相等,这些年内的净现金流量之和应大于或等于建设期发生的原始投资合计。如果不能满足上述条件,就无法采用这种方法,必须采用列表法。

2. 列表法

列表法,是通过列表计算“累计净现金流量”的方式,来确定包括建设期的投资回收期,进而再推算出不包括建设期的投资回收期的方法。因为不论在什么情况下,都可以通过这种方法来确定静态投资回收期,所以此法又称为一般方法。

该法的原理是:按照回收期的定义,包括建设期的投资回收期 PP 满足以下关系式,即:

$$\sum_{t=0}^{PP} NCF_t = 0$$

这表明在财务现金流量表的“累计净现金流量”一栏中,包括建设期的投资回收期 PP 恰好是累计净现金流量为零的年限。

[例 5-21] 仍按例 5-20 数据。据此按列表法编制的表格如表 5-2 所示。

表 5-2 某固定资产投资项目现金流量表(项目投资) 价值单位:万元

项目计算期(第 t 年)	建设期		经营期								合计
	0	1	2	3	4	5	6	…	10	11	
…	…	…	…	…	…	…	…	…	…	…	…
所得税前净现金流量	-1 100	0	200	200	200	200	200		200	300	1 100
累计所得税前净现金流量	-1 100	-1 000	-800	-600	-400	-200	0		+800	+1 100	—

因为 第 6 年的累计净现金流量为零

所以 $PP = 6$ 年

$$PP' = 6 - 1 = 5(\text{年})$$

本例表明,按列表法计算的结果与按公式法计算的结果相同。

如果无法在“累计净现金流量”栏上找到零,必须按下式计算包括建设期的投资回收期 PP:

包括建设期的投资回收期(PP) = 最后一项为负值的累计净现金流量对应的年数 + 最后一项为负值的累计净现金流量绝对值 ÷ 下一年度净现金流量

或包括建设期的投资回收期(PP) = 累计净现金流量第一次出现正值的年份 - 1 + $\dfrac{\text{该年初尚未回收的投资}}{\text{该年净现金流量}}$

[例 5-22] 表 5-3 是例 5-16 中表 5-1 的一部分。据此可按列表法确定该投资项目的静态投资回收期。

表 5-3 生产线项目现金流量表(项目投资) 价值单位:万元

项目计算期(第 t 年)	0	1	2	3	4	5	6	7	8	…	22	合计
所得税前净现金流量	-100	-300	-83	97.62	97.62	97.62	97.62	97.62	156.43	…	216.43	2 411.55

表 5-3(续)

项目计算期(第 t 年)	0	1	2	3	4	5	6	7	8	…	22	合计
累计所得税前净现金流量	-100	-400	-483	-385.38	-287.76	-190.14	-92.52	5.10	161.53	…	2 411.55	—
所得税后现金流量	-100	-300	-83	78.96	79.46	79.46	79.46	79.46	122.32	…	182.32	1 808.60
累计所得税后净现金流量	-100	-400	-483	-404.04	-324.58	-245.12	-165.66	-86.20	36.12	…	1 808.60	—

因为第 6 年的累计所得税前净现金流量小于零,第 7 年的累计所得税前净现金流量大于零,所以

$$包括建设期的投资回收期(所得税前)PP=6+\frac{1+92.52}{97.62}\approx 6.95(年)$$

$$不包括建设期的投资回收期(所得税前)PP'=6.95-2=4.95(年)$$

同理,可计算出所得税后的投资回收期指标分别为 7.70 年和 5.70 年。

静态投资回收期的优点是能够直观地反映原始投资的返本期限,便于理解,计算也不难,可以直接利用回收期之前的净现金流量信息。缺点是没有考虑资金时间价值因素和回收期满后继续发生的净现金流量,不能正确反映投资方式不同对项目的影响。

只有静态投资回收期指标小于或等于基准投资回收期的投资项目才具有财务可行性。

(二)总投资收益率

总投资收益率,又称投资报酬率(记作 ROI),是指达产期正常年份的年息税前利润或运营期年均息税前利润占项目总投资的百分比。

总投资收益率的计算公式为

$$总投资收益率(ROI)=\frac{年息税前利润或年均息税前利润}{项目总投资}\times 100\%$$

总投资收益率的优点是计算公式简单;缺点是没有考虑资金时间价值因素,不能正确反映建设期长短及投资方式和回收额的有无等条件对项目的影响,分子、分母的计算口径的可比性差,无法直接利用净现金流量信息。

只有总投资收益率指标大于或等于基准总投资收益率指标的投资项目才具有财务可行性。

四、动态评价指标的计算及特征

(一)折现率的确定

在财务可行性评价中,折现率(记作 i_c)是指计算动态评价指标所依据的一个重要参数,财务可行性评价中的折现率可以按以下方法确定。

第一,以拟投资项目所在行业(而不是单个投资项目)的权益资本必要收益率作为折现率,适用于资金来源单一的项目;第二,以拟投资项目所在行业(而不是单个投资项目)的加权平均资金成本作为折现率,适用于相关数据齐备的行业;第三,以社会的投资机会成本作为折现率,适用于已经持有投资所需资金的项目;第四,以国家或行业主管部门定期发布的行业基准资金收益率作为折现率,适用于投资项目的财务可行性研究和建设项目评估中的净现值和净现值率指标的计算;第五,完全人为主观确定折现率,适用于按逐次测试法计算内部收益率指标。本章中所使用的折现率,按第四种方法或第五种方法确定。

关于财务可行性评价中使用的折现率,必须在理论上明确以下问题。

第一,折现率与金融业务中处理未到期票据贴现中所使用的票据贴现率根本不是一个概念,不得将两者相混淆,最好也不要使用“贴现率”这个术语;第二,在确定折现率时,往往需要考虑投资风险因素,可人为提高折现率水平,而反映时间价值的利息率或贴现率则通常不考虑风险因素;第三,折现率不应当也不可能根据单个投资项目的资本成本计算出来。因为在财务可行性评价时,不是以筹资决策和筹资行为的实施为前提。筹资的目的是投资项目筹措资金,只有具备财务可行性的项目才有进行筹资决策的必要,所以投资决策与筹资决策在时间顺序上不能颠倒位置,更不能互为前提。除非假定投资决策时项目所需资金已经全部筹措到位,否则,对于连是否具有财务可行性都不清楚的投资项目,根本没有进行筹资决策的必要,也无法算出其资本成本。即使已经持有投资所需资金的项目,也不能用筹资形成的资本成本作为折现率,因为由筹资所形成的资本成本中只包括了资金供给者(原始投资者)所考虑的向筹资者进行投资的风险,并没有考虑资金使用者(企业)利用这些资金进行直接项目投资所面临的风险因素。

(二)净现值

净现值(记作 NPV),是指在项目计算期内,按设定折现率或基准收益率计算的各年净现金流量现值的代数和。其理论计算公式为

$$净现值(NPV) = \sum_{t=0}^{n}(第\ t\ 年的净现金流量 \times 第\ t\ 年的复利现值系数)$$

计算净现值指标可以通过一般方法、特殊方法和插入函数法三种方法来完成。

1. 净现值指标计算的一般方法

具体包括公式法和列表法两种形式。

(1)公式法,是根据净现值的定义,直接利用理论计算公式来完成该指标计算的方法。

(2)列表法,是通过在现金流量表计算净现值指标的方法。即在现金流量表上,根据已知的各年净现金流量,分别乘以各年的复利现值系数,从而计算出各年折现的净现金流量,最后求出项目计算期内折现的净现金流量的代数和,就是所求的净现值指标。

[例5-23] 某投资项目的所得税前净现金流量如下:NCF_0 为 -100 万元,NCF_1 为 0 万元,$NCF_{2\sim10}$ 为 200 万元,NCF_{11} 为 300 万元。假定该投资项目的基准折现率为 20%。

根据上述资料,按公式法计算的该项目净现值如下:

$$\begin{aligned}NPV = & -1\,100\times1-0\times0.909\,1+200\times0.826\,4+200\times0.751\,3+200\times0.683\,0+\\ & 200\times0.620\,9+200\times0.564\,5+200\times0.513\,2+200\times0.466\,5+200\times0.424\,1+\end{aligned}$$

$200\times0.3855+300\times0.3505$

≈52.23(万元)

该方案折现的净现金流量合计数即净现值为52.23万元。

2. 净现值指标计算的特殊方法

本法是指在特殊条件下,当项目投产后净现金流量表现为普通年金或递延年金时,可以利用计算年金现值或递延年金现值的技巧直接计算出项目净现值的方法,又称简化方法。

由于项目各年的净现金流量 $NCF_t(t=0,1,\cdots,n)$ 属于系列款项,所以当项目的全部原始投资均于建设期投入,运营期不再追加投资,投产后的净现金流量表现为普通年金或递延年金的形式时,就可视情况不同分别按不同的简化公式计算净现值指标。

(1)特殊方法一:当建设期为零,投产后的净现金流量表现为普通年金形式时,公式为

$$NPV=NCF_0+NCF_{1\sim n}\cdot(P/A,I_c,n)$$

[例5-24]　某投资项目的所得税前净现金流量如下:NCF_0 为 -100 万元,$NCF_{1\sim10}$ 为20万元;假定该项目的基准折现率为10%。则按照简化方法计算的该项目的净现值(所得税前)如下:

$$NPV=-100+20\times(P/A,10\%,10)=22.8914\approx22.89(\text{万元})$$

(2)特殊方法二:当建设期为零,运营期第 $1\sim n$ 每年不含回收额的净现金流量相等,但终结点第 n 年有回收额 R_n(如残值)时,可按两种方法求净现值。

① 将运营期 $1\sim(n-1)$ 年每年相等的不含回收额净现金流量视为普通年金,第 n 年净现金流量视为第 n 年终值。公式如下:

$$NPV=NCF_0+NCF_{1\sim(n-1)}\cdot(P/A,i_c,n-1)+NCF_n\cdot(P/F,i_c,n)$$

②将运营期 $1\sim n$ 年每年相等的不含回收额净现金流量按普通年金处理,第 n 年发生的回收额单独作为该年终值。公式如下:

$$NPV=NCF_0+\text{不含回收额}\ NCF_{1\sim n}\cdot(P/A,i_c,n)+R_n\cdot(P/F,i_c,n)$$

[例5-25]　某投资项目的所得税前净现金流量如下:NCF_0 为 -100 万元,$NCF_{1\sim9}$ 为19万元,NCF_{10} 为29万元;假定该项目的基准折现率为10%。则按照简化方法计算该项目的净现值(所得税前)如下:

$$NPV=-100+19\times(P/A,10\%,9)+29\times(P/F,10\%,10)$$

或

$$NPV=-100+19\times(P/A,10\%,10)+10\times(P/F,10\%,10)=20.6062\approx20.61(\text{万元})$$

(3)特殊方法三:当建设期不为零,全部投资在建设起点一次投入,运营期每年净现金流量为递延年金形式时,公式为

$$NPV=NCF_0+NCF_{(s+1)\sim n}\cdot[(P/A,i_c,n)-(P/A,i_c,s)]$$

或

$$NPV=NCF_0+NCF_{(s+1)\sim n}\cdot(P/A,i_c,n-s)\cdot(P/F,i_c,s)$$

[例5-26]　某项目的所得税前净现金流量数据如下:NCF_0 为 -100 万元,NCF_1 为0,$NCF_{2\sim11}$ 为20万元;假定该项目的基准折现率为10%。则按简化方法计算的该项目净现值(所得税前)如下:

$$NPV=-100+20\times[(P/A,10\%,11)-(P/A,10\%,1)]$$

或

$$NPV=-100+20\times(P/A,10\%,10)\times(P/F,10\%,1)=11.7194\approx11.72(万元)$$

(4)特殊方法四:当建设期不为零,全部投资在建设起点分次投入,投产后每年净现金流量为递延年金形式时,公式为

$$NPV=NCF_0+NCF_1\cdot(P/F,i_c,1)+\cdots+NCF_s\cdot(P/F,i_c,s)+NCF_{(s+1)\sim n}\cdot[(P/A,i_c,n)-(P/A,i_c,s)]$$

[例5-27] 某项目的所得税前净现金流量数据如下:$NCF_{0\sim1}$为-50万元,$NCF_{2\sim11}$为20万元;假定该项目的基准折现率为10%。总按简化方法计算的该项目净现值(所得税前)如下:

$$NPV=-50-50\times(P/F,10\%,1)+20\times[(P/A,10\%,11)-(P/A,10\%,1)]$$
$$=16.2648$$
$$\approx16.26(万元)$$

净现值指标的优点是综合考虑了资金时间价值、项目计算期内全部净现金流量信息和投资风险;缺点在于无法从动态的角度直接反映投资项目的实际收益率水平,与静态投资回收期指标相比,计算过程比较烦琐。

只有净现值指标大于或等于零的投资项目才具有财务可行性。

(三)净现值率

净现值率(记作NPVR),是投资项目的净现值占原始投资现值总和的比率,亦可将其理解为单位原始投资的现值所创造的净现值。

净现值率的计算公式为

$$净现值率(NPVR)=\frac{项目的净现值}{原始投资的现值合计}$$

[例5-28] 某项目的净现值(所得税前)为16.2648万元,原始投资现值合计为95.4545万元。则按简化方法计算的该项目净现值率(所得税前)如下:

$$NPVR=\frac{16.2648}{95.4545}\approx0.17$$

净现值率的优点是可以从动态的角度反映项目投资的资金投入与净产出之间的关系,计算过程比较简单;缺点是无法直接反映投资项目的实际收益率。

只有该指标大于或等于零的投资项目才具有财务可行性。

(四)内部收益率

内部收益率(记作IRR),是项目投资实际可望达到的收益率。实质上,它是能使项目的净现值等于零时的折现率。IRR满足下列等式:

$$\sum_{t=0}^{n}[NCF_t\cdot(P/F,IRR,t)]=0$$

计算内部收益率指标可以通过特殊方法、一般方法和插入函数法三种方法来完成。

1. 内部收益率指标计算的特殊方法

该法是指当项目投产后的净现金流量表现为普通年金的形式时，可以直接利用年仅现值系数计算内部收益率的方法，又称为简便算法。

该法所要求的充分而必要的条件是：项目的全部投资均于建设起点一次投入，建设期为零，建设起点第0期净现金流量等于全部原始投资的负值，即 $NCF_0=-I$；投产后每年净现金流量相等，第1至第 n 期每期净现金流量取得了普通年金的形式。

应用本法的条件十分苛刻，只有当项目投产后的净现金流量表现为普通年金的形式时才可以直接利用年金现值系数计算内部收益率，在此法下，内部收益率 IRR 可按下式确定：

$$(P/A,\ IRR,\ n)=\frac{I}{NCF}$$

式中，I 为在建设起点一次投入的原始投资；$(P/A,\ IRR,\ n)$ 是 n 期、设定折现率为 IRR 的年金现值系数；NCF 为投产后 $1\sim n$ 年每年相等的净现金流量（$NCF_1=NCF_2=\cdots=NCF_n=NCF$，$NCF$ 为一常数，$NCF\geqslant 0$）。

特殊方法的具体程序如下：

(1)按上式计算 $(P/A,\ IRR,\ n)$ 的值，假定该值为 C，则 C 值必然等于该方案不包括建设期的回收期；

(2)根据计算出来的年金现值系数 C，查 n 年的年金现值系数表；

(3)若在 n 年系数表上恰好能找到等于上述数值 C 的年金现值系数 $(P/A,r_m,n)$，则该系数所对应的折现率 r_m 即为所求的内部收益率 IRR；

(4)若在系数表上找不到事先计算出来的系数值 C，则需要找到系数表上同期略大及略小于该数值的两个临界值 C_m 和 C_{m+1} 及相对应的两个折现率 r_m 和 r_{m+1}，然后应用内插法计算近似的内部收益率。

即如果以下关系成立：

$$(P/A,r_m,\ n)=C_m>C$$

$$(P/A,r_{m+1},\ n)=C_{m+1}<C$$

就可按下列具体公式计算内部收益率 IRR：

$$IRR=r_m+\frac{C_m-C}{C_m-C_{m+1}}\cdot(r_{m+1}-r_m)$$

为缩小误差，按照有关规定，r_{m+1} 与 r_m 之间的差不得大于5%。

[例5-29]　某投资项目在建设起点一次性投资254 580元，当年完工并投产，投产后每年可获净现金流量50 000元，运营期为15年。

根据上述资料，判断其用特殊方法计算该项目的内部收益率如下：

(1)因为 $NCF_0=-254\ 580$　$NCF_{1\sim15}=50\ 000$，所以此题可采用特殊方法。

(2) $(P/A,\ IRR,\ 15)=\dfrac{254\ 580}{50\ 000}=5.091\ 6$

查15年的年金现值系数表：

因为　　$(P/A,\ 18\%,\ 15)=5.091\ 6$

所以　　$IRR=18\%$

[例 5-30] 某投资项目的所得税前净现金流量如下:NCF_0 为 -100 万元,$NCF_{1\sim10}$ 为 20 万元。根据上述资料,可用特殊方法计算内部收益率如下:

$$(P/A,\ IRR,\ 10)=\frac{100}{20}=5.000\ 0$$

查 10 年的年金现值系数表:

因为 $(P/A,\ 14\%,\ 10)=5.216\ 1>5.000\ 0$

$(P/A,\ 16\%,\ 10)=4.833\ 2<5.000\ 0$

所以 $14\%<IRR<16\%$,应用内插法

$$IRR=14\%+\frac{5.216\ 1-5.000\ 0}{5.216\ 1-4.833\ 2}\times(16\%-14\%)\approx 15.13\%$$

2. 内部收益率指标计算的一般方法

该法是指通过计算项目不同设定折现率的净现值,然后根据内部收益率的定义所揭示的净现值与设定折现率的关系,采用一定技巧,最终设法找到能使净现值等于零的折现率——内部收益率 IRR 的方法,又称为逐次测试逼近法(简称逐次测试法)。如项目不符合直接应用简便算法的条件,必须按此法计算内部收益率。

一般方法的具体应用步骤如下:

(1)先自行设定一个折现率 r_1,代入计算净现值的公式,求出按 r_1 为折现率的净现值 NPV_1,并进行下面的判断。

(2)净现值 $NPV_1=0$,则内部收益率 $IRR=r_1$,计算结束;若净现值 $NPV_1>0$,则内部收益率 $IRR>r_1$,应重新设定 $r_2>r_1$,再将 r_2 代入有关计算净现值的公式,求出 r_2 为折现率的净现值 NPV_2,继续进行下一轮的判断;若净现值 $NPV_1<0$,则内部收益率 $IRR<r_1$,应重新设定 $r_2<r_1$,再将 r_2 代入有关计算净现值的公式,求出 r_2 为折现率的净现值 NPV_2,继续进行下一轮的判断。

(3)经过逐次测试判断,有可能找到内部收益率 IRR,每一轮判断的原则相同。若设 r_j 为第 j 次测试的折现率,NPV_j 为按 r_j 计算的净现值,则有

当 $NPV_j>0$ 时,$IRR>r_j$,继续测试;

当 $NPV_j<0$ 时,$IRR<r_j$,继续测试;

当 $NPV_j=0$ 时,$IRR=r_j$,测试完成。

(4)若经过有限次测试,已无法继续利用有关货币时间价值系数表,仍未求得内部收益率 IRR,则可利用最为接近零的两个净现值正负临界值 NPV_m、NPV_{m+1} 及其相应的折现率 r_m、r_{m+1} 四个数据,应用内插法计算近似的内部收益率。

即如果以下关系成立:

$$NPV_m>0$$

$$NPV_{m+1}<0$$

$$r_m<r_{m+1}$$

$$r_{m+1}-r_m\leqslant d(2\%\leqslant d<5\%)$$

就可以按下列具体公式计算内部收益率 IRR:

$$IRR=r_m+\frac{NPV_{m-0}}{NPV_m-NPV_{m+1}}\cdot(r_{m+1}-r_m)$$

[例 5-31]　某投资项目只能用一般方法计算内部收益率。按照逐次测试逼近法的要求,自行设定折现率并计算净现值,据此判断调整折现率。经过 5 次测试,得到表 5-6 所示的数据(计算过程略)。

表 5-6　逐次测试逼近法数据资料　　单位:万元

测试次数 j	设定折现率 r_j	净现值 NPV_j(按 r_j 计算)
1	10%	+918.383 9
2	30%	-192.799 1
3	20%	+217.312 8
4	24%	-39.317 7
5	26%	-30.190 7

计算该项目的内部收益率 IRR 的步骤如下:

因为
$$NPV_m = +39.3177 > NPV_{m+1} = -30.1907$$
$$r_m = 24\% < r_{m+1} = 26\%$$
$$26\% - 24\% = 2\% < 5\%$$

所以　　$24\% < IRR < 26\%$,应用内插法:

$$IRR = 24\% + \frac{39.3177 - 0}{39.3177 - (-30.1907)} \times (26\% - 24\%) \approx 25.13\%$$

上面介绍的计算内部收益率的两种方法中,都涉及内插法的应用技巧,尽管具体应用条件不同,公式也存在差别,但该法的基本原理是一致的,即假定自变量在较小变动区间内,它与因变量之间的关系可以用线性模型来表示,因而可以采取近似计算的方法进行处理。

内部收益率的优点是既可以从动态的角度直接反映投资项目的实际收益率水平,又不受基准收益率高低的影响,比较客观。缺点是计算过程复杂,尤其当运营期内大量追加投资时,有可能导致多个内部收益率出现,或偏高或偏低,缺乏实际意义。

只有当该指标大于或等于基准折现率的投资项目才具有财务可行性。

(五)动态指标之间的关系

净现值 NPV、净现值率 $NPVR$ 和内部收益率 IRR 指标之间存在以下数量关系,即

当 $NPV>0$ 时,$NPVR>0$,$IRR>i_c$;

当 $NPV=0$ 时,$NPVR=0$,$IRR=i_c$;

当 $NPV<0$ 时,$NPVR<0$,$IRR<i_c$。

此外,净现值率 $NPVR$ 的计算需要在已知净现值 NPV 的基础上进行,内部收益率 IRR 在计算时也需要利用净现值 NPV 的计算技巧。这些指标都会受到建设期的长短、投资方式,以及各年净现金流量的数量特征的影响。所不同的是 NPV 为绝对量指标,其余为相对数指标,计算净现值 NPV 和净现值率 $NPVR$ 所依据的折现率都是事先已知的 i_c,而内部收益

率 IRR 的计算本身与 i_c 的高低无关。

五、运用相关指标评价投资项目的财务可行性

财务可行性评价指标的首要功能,就是用于评价某个具体的投资项目是否具有财务可行性。在投资决策的实践中,必须对所有已经具备技术可行性的投资备选方案进行财务可行性评价。不能全面掌握某一具体方案的各项评价指标,或者所掌握的评价指标的质量失真,都无法完成投资决策的任务。

(一)判断方案完全具备财务可行性的条件

如果某一投资方案的所有评价指标均处于可行区间,即同时满足以下条件时,则可以断定该投资方案无论从哪个方面看都具备财务可行性,或完全具备可行性。这些条件是:

(1)净现值 $NPV \geqslant 0$;

(2)净现值率 $NPVR \geqslant 0$;

(3)内部收益率 $IRR \geqslant$ 基准折现率 i_c;

(4)包括建设期的静态投资回收期 $PP \leqslant \frac{n}{2}$(即项目计算期的一半);

(5)不包括建设期的静态投资回收期 $PP' \leqslant \frac{p}{2}$(即运营期的一半);

(6)总投资收益率 $ROI \geqslant$ 基准总投资收益率 i(实现给定)。

(二)判断方案是否完全不具备财务可行性的条件

如果某一投资项目的评价指标均处于不可行区间,即同时满足以下条件时,则可以断定该投资项目无论从哪个方面看都不具备财务可行性,或完全不具备可行性,应当彻底放弃该投资方案。这些条件是:

(1)$NPV < 0$;

(2)$NPVR < 0$;

(3)$IRR < i_c$;

(4)$PP > \frac{n}{2}$;

(5)$PP' > \frac{p}{2}$;

(6)$ROI < i$。

(三)判断方案是否基本具备财务可行性的条件

如果在评价过程中发现某项目的主要指标处于可行区间(如 $NPV \geqslant 0$,$NPVR \geqslant 0$,$IRR \geqslant i_c$),但次要或辅助指标处于不可行区间(如 $PP > \frac{n}{2}$,$PP' = \frac{p}{2}$ 或 $ROI < i$),则可以断定该项目基本上具有财务可行性。

（四）判断方案是否基本不具备财务可行性的条件

如果在评价过程中发现某项目出现 $NPV<0$、$NPVR<0$、$IRR<i_c$ 的情况，即使有 $PP\leqslant\frac{n}{2}$，$PP'\leqslant\frac{p}{2}$ 或 $ROI\geqslant i$ 发生，也可断定该项目基本上不具有财务可行性。

（五）其他应当注意的问题

在对投资方案进行财务可行性评价过程中，除了要熟练掌握和运用上述判定条件外，还必须明确以下两点：

第一，主要评价指标在评价财务可行性的过程中起主导作用。

在对独立项目进行财务可行性评价和投资决策的过程中，当静态投资回收期（次要指标）或总投资收益率（辅助指标）的评价结论与净现值等主要指标的评价结论发生矛盾时，应当以主要指标的结论为准。

第二，利用动态指标对同一个投资项目进行评价和决策，会得出完全相同的结论。

在对同一个投资项目进行财务可行性评价时，净现值、净现值率和内部收益率指标的评价结论是一致的。

[例 5 − 32]　某投资项目只有一个备选方案，计算出来的财务可行性评价指标如下：ROI 为 10%，PP 为 6 年，PP' 为 5 年，NPV 为 162.65 万元，$NPVR$ 为 0.170 4，PI 为 1.170 4，IRR 为 12.73%。项目计算期为 11 年（其中生产运营期为 10 年），基准总投资利润率为 9.5%，基准折现率为 10%。根据上述资料，评价该项目财务可行性的程序如下：

因为 $ROI=10\%>i=9.5\%$，$PP'=5$ 年 $=\frac{p}{2}$，$NPV=162.65$ 万元 >0

$$NPVR=17.04\%>0,\ IRR=12.73\%>i_c=10\%$$

所以，该方案基本上具有财务可行性（尽管 $PP=6$ 年 $>\frac{n}{2}=5.5$ 年，超过基准回收期）。

评价结论：因为该方案各项主要评价指标均达到或超过相应标准，所以基本上具有财务可行性，只是包括建设期的投资回收期较长，有一定风险。如果条件允许，可实施投资。

第四节　项目投资决策方法及应用

一、投资方案及其类型

前已述及，投资项目是投资的客体，即资金投入的具体对象。譬如建设一条汽车生产线或购置一辆生产用汽车，就属于不同的投资项目，前者属于新建项目，后者属于单纯固定资产投资项目。

同一个投资项目完全可以采取不同的技术路线和运作手段来实现。如新建一个投资项目，其投资规模可大可小，建设期有长有短，建设方式可分别采取自营方式和出包方式。这些具体的选择最终要通过规划不同的投资方案来体现。投资方案就是基于投资项目要达到的目标而形成的有关具体投资的设想与时间安排,或者说是未来投资行动的预案。一个投资项目可以只安排一个投资方案,也可以设计多个可供选择的方案。

根据投资项目中投资方案的数量,可将投资方案分为单一方案和多个方案;根据方案之间的关系,可以分为独立方案、互斥方案和组合或排队方案。

所谓独立方案是指在决策过程,一组互相分离、互不排斥的方案或单一的方案。

在独立方案中,选择某一方案并不排斥选择另一方案。就一组完全独立的方案而言,其存在的前提条件是:①投资资金来源无限制;②投资资金无优先使用的排列;③各投资方案所需的人力、物力均能得到满足;④不考虑地区、行业之间的相互关系及其影响;⑤每一投资方案是否可行,仅取决于本方案的经济效益,与其他方案无关。符合上述前提条件的方案即为独立方案。例如,某企业拟进行几项投资活动,这一组投资方案有:扩建某生产车间、购置一辆运输汽车、新建办公楼等。这一组投资方案中各个方案之间没有什么关联,互相独立,并不存在相互比较和选择的问题。企业既可以全部不接受,也可以接受其中一个,接受多个或全部接受。

互斥方案是指互相关联、互相排斥的方案,即一组方案中的各个方案彼此可以相互代替,采纳方案组中的某一方案,就会自动排斥这组方案中的其他方案。因此,互斥方案具有排他性。例如,某企业拟投资增加一条生产线(购置设备),既可以自行生产制造,也可以向国内其他厂家订购,还可以向某外商订货,这一组设备购置方案即为互斥方案,因为在这三个方案中,只能选择其中一个方案。

二、财务可行性评价与项目投资决策的关系

开展财务可行性评价,就是围绕某一个投资方案而开展的评价工作,其结果是做出该方案是否具备(完全具备、基本具备、完全不具备或基本不具备)财务可行性的结论。而投资决策就是通过比较,从可供选择的备选方案中选择一个或一组最优方案的过程,其结果是从多个方案中做出了最终的选择。因此,在时间顺序上,可行性评价在先,比较选择决策在后。这种关系在不同类型的方案之间表现不完全一致。

(一)评价每个方案的财务可行性是开展互斥方案投资决策的前提

对互斥方案而言,评价每一方案的财务可行性,不等于最终的投资决策,但它是进一步开展各方案之间比较决策的重要前提,因为只有完全具备或基本具备财务可行性的方案,才有资格进入最终决策;完全不具备或基本不具备财务可行性的方案,不能进入下一轮比较选择。已经具备财务可行性,并进入最终决策程序的互斥方案也不能保证在多方案比较决策中被最终选定,因为还要进行下一轮淘汰筛选。

(二)独立方案的可行性评价与其投资决策是完全一致的行为

相对于独立方案而言,评价其财务可行性也就是对其做出最终决策的过程。从而造成了人们将财务可行性评价完全等同于投资决策的误解。

其实独立方案也存在“先评价可行性,后比较选择决策”的问题。因为每个单一的独立方案,也存在着“接受”或“拒绝”的选择。只有完全具备或基本具备财务可行性的方案,才

可以被接受;完全不具备或基本不具备财务可行性的方案,只能选择“拒绝”,从而“拒绝”本身也是一种方案,一般称之为零方案。因此,任何一个独立方案都要与零方案进行比较决策。

三、项目投资决策的主要方法

投资决策方法,是指利用特定财务可行性指标作为决策标准或依据,对多个互斥方案做出最终决策的方法。

许多人将财务可行性评价指标的计算方法等同于投资决策的方法,这是完全错误的。事实上,在投资决策方法中,从来就不存在所谓的投资回收期法和内部收益率法。

投资决策的主要方法包括净现值法、净现值率法、差额投资内部收益率法、年等额净回收额法和计算期统一法等具体方法。

(一)净现值法

所谓净现值法,是指通过比较所有已具备财务可行性投资方案的净现值指标的大小来选择最优方案的方法。该法适用于原始投资相同且项目计算期相等的多方案比较决策。

在此法下,净现值最大的方案为优。

[例5-33] 某投资项目需要原始投资1 000万元,有A和B两个互相排斥,但项目计算期相同的备选方案可供选择,各方案的净现值指标分别为228.91万元和206.02万元。根据上述资料,按净现值法做出决策的程序如下。

(1)评价各备选方案的财务可行性

因为　　A、B两个备选方案的*NPV*均大于零

所以　　这两个方案均具有财务可行性

(2)按净现值法进行比较决策

因为　　$228.91 > 206.02$

所以　　A方案优于B方案

(二)净现值率法

所谓净现值率法,是指通过比较所有已具备财务可行性投资方案的净现值率指标的大小来选择最优方案的方法。该法适用于项目计算期相等且原始投资相同的多个互斥方案的比较决策。

在此法下,净现值率最大的方案为优。

在投资额相同的互斥方案比较决策中,采用净现值率法会与净现值法得到完全相同的结论;但投资额不相同时,情况就可能不同。

[例5-34] A项目与B项目为互斥方案,它们的项目计算期相同。A项目原始投资的现值为150万元,净现值为29.97万元;B项目原始投资的现值为100万元,净现值为24万元。

根据上述资料,计算两个项目净现值率并按净现值和净现值率比较决策如下。

(1)计算净现值率

A 项目的净现值率 $=\frac{29.97}{150}\approx 0.20$

B 项目的净现值率 $=\frac{24}{100}=0.24$

(2)在净现值法下

因为　　　　　　　　　　　　29.97 > 24

所以　　　　　　　　　　A 项目优于 B 项目

在净现值率法下

因为　　　　　　　　　　　　0.24 > 0.20

所以　　　　　　　　　　B 项目优于 A 项目

由于两个项目的原始投资额不相同,导致两种方法的决策结论相互矛盾。

(三)差额投资内部收益率法

所谓差额投资内部收益率法,是指在两个原始投资额不同方案的差量净现金流量(记作 ΔNCF)的基础上,计算出差额内部收益率(记作 ΔIRR),并与基准折现率进行比较,进而判断方案孰优孰劣的方法。该法适用于两个原始投资不相同,但项目计算期相同的多方案比较决策。

当差额内部收益率指标大于或等于基准收益率或设定折现率时,原始投资额大的方案较优;反之,则投资少的方案为优。

差额投资内部收益率法的原理如下:

假定有 A 和 B 两个项目计算期相同的投资方案,A 方案的投资额大,B 方案的投资额小。我们可以把 A 方案看成两个方案之和。第一个方案是 B 方案,即把 A 方案的投资用于 B 方案;第二个方案是 C 方案,用于 C 方案投资的是 A 方案投资额与 B 方案投资额之差。因为把 A 方案的投资用于 B 方案会因此节约一定的投资,可以作为 C 方案的投资资金来源。

C 方案的净现金流量等于 A 方案的净现金流量减去 B 方案的净现金流量而形成的差量净现金流量 ΔNCF。根据 ΔNCF 计算出来的差额内部收益率 ΔIRR,其实质就是 C 方案的内部收益率。

在这种情况下,A 方案等于 B 方案与 C 方案之和;A 方案与 B 方案的比较,相当于 B 与 C 两方案之和与 B 方案的比较,如果差额内部收益率 ΔIRR 小于基准折现率,则 C 方案不具有财务可行性,这就意味着 B 方案优于 A 方案。

差额投资内部收益率 ΔIRR 的计算过程和计算技巧同内部收益率 IRR 完全一样,只是所依据的是 ΔNCF。

[例 5 - 35] 仍按例 5 - 34 资料,A 项目原始投资的现值为 150 万元,项目计算期第 1 ~ 10年的净现金流量为 29.29 万元;B 项目的原始投资额为 100 万元,项目计算期第 1 ~ 10 年的净现金流量为 20.18 万元。假定基准折现率为 10%。根据上述资料,按差额投资内部收益率法进行投资决策的程序如下。

(1)计算差量净现金流量:

$$\Delta NCF_0 = -150-(-100) = -50(\text{万元})$$

$$\Delta NCF_{1\sim10} = 29.29-20.18 = 9.11(\text{万元})$$

(2)计算差额内部收益率 ΔIRR

$$(\Delta P_A/A/\mathrm{A}, \Delta IRR, 10) = 5.488\,5$$

因为 $(P_A/A,\ 12\%,\ 10) = 5.650\,2 > 5.488\,5$

$(P_A/A,\ 14\%,\ 10) = 5.216\,1 < 5.488\,5$

$12\% < \Delta IRR < 14\%$,应用内插法:

所以 $\Delta IRR = 12\% + \dfrac{5.650\,2-5.488\,5}{5.650\,2-5.216\,1} \times (14\% - 12\%) \approx 12.75\%$

(3)做出决策

因为 $\Delta IRR = 12.75\% > i_c = 10\%$

所以 应当投资 A 项目

(四)年等额净回收额法

所谓年等额净回收额法,是指通过比较所有投资方案的年等额净回收额(记作 NA)指标的大小来选择最优方案的决策方法。该法适用于原始投资不相同特别是项目计算期不同的多方案比较决策。在此法下,年等额净回收额最大的方案为优。

某方案的年等额净回收额等于该方案净现值与相关回收系数(或年金现值系数倒数)的乘积。计算公式为

$$\text{某方案年等额净回收额} = \text{该方案净现值} \times \text{回收系数}$$

$$\text{或} = \text{该方案净现值} \times \frac{1}{\text{年金现值系数}}$$

[例 5-36] 某企业拟投资建设一条新生产线。现有三个方案可供选择:A 方案的原始投资为 1 250 万元,项目计算期为 11 年,净现值为 958.7 万元;B 方案的原始投资为 1 100 万元,项目计算期为 10 年,净现值为 920 万元;C 方案的净现值为 -12.5 万元。行业基准折现率为 10%。根据上述资料,按年等额净回收额法做出最终投资决策的程序如下:

(1)判断各方案的财务可行性

因为 A 方案和 B 方案的净现值大于零

所以 这两个方案具有财务可行性

因为 C 方案的净现值小于零

所以 该方案不具有财务可行性

(2)计算各个具有财务可行性方案的年等额净回收额

$$\text{A 方案的年等额净回收额} = \text{A 方案的净现值} \times \frac{1}{(P/A, 10\%, 11)} = 958.7 \times \frac{1}{6.495\,1} \approx 147.60(\text{万元})$$

$$\text{B 方案的年等额净回收额} = \text{B 方案的净现值} \times \frac{1}{(P/A, 10\%, 11)} = 920 \times \frac{1}{6.144\,6} \approx 149.72(\text{万元})$$

(3)比较各方案的年等额净回收额,做出决策

因为 149.72 > 147.60

所以 B 方案优于 A 方案

(五)计算期统一法

计算期统一法是指通过对计算期不相等的多个互斥方案选定一个共同的计算分析期,以满足时间可比性的要求,进而根据调整后的评价指标来选择最优方案的方法。

该法包括方案重复法和最短计算期法两种具体处理方法。

1. 方案重复法

方案重复法也称计算期最小公倍数法,是将各方案计算期的最小公倍数作为比较方案的计算期,进而调整有关指标,并据此进行多方案比较决策的一种方法。应用此法,可采取两种方式:

第一种方式,将各方案计算期的各年净现金流量或费用流量进行重复计算,直到与最小公倍数计算期相等;然后,再计算净现值、净现值率、差额内部收益率或费用现值等评价指标;最后根据调整后的评价指标进行方案的比较决策。

第二种方式,直接计算每个方案项目原计算期内的评价指标(主要指净现值),再按照最小公倍数原理分别对其折现,并求代数和;最后,根据调整后的净现值指标进行方案的比较决策。

本书主要介绍第二种方式。

[例5-37] A和B两个方案均在建设期年末投资,它们的计算期分别是10年和15年,有关资料如表4-7所示,假定基准折现率为12%。

表4-7 净现金流量资料 价值单位:万元

项目 \ 年份	1	2	3	4~9	10	11~14	15	净现值
A	-700	-700	480	480	600			756.48
B	-1 500	-1 700	-800	900	900	900	1 400	795.54

根据上述资料,按计算期统一法中的方案重复法(第二种方式)做出最终投资决策的程序如下:

确定A和B两个方案项目计算期的最小公倍数:计算结果为30年。

计算在30年内各个方案重复的次数:A方案重复两次(30÷10-1),而B方案只重复一次(30÷15-1)。

分别计算各方案调整后的净现值指标:

$$NPV'_A = 756.48 + 756.48 \times (P/F,\ 12\%,\ 10) + 756.48 \times (P/F,\ 12,\ 20)$$

$$\approx 1\ 078.47(\text{万元})$$

$$NPV'_B = 795.54 + 795.54 \times (P/F,\ 12\%,\ 15) \approx 940.88(\text{万元})$$

因为 $NPV'_A = 1\ 078.47$ 万元 $> NPV'_B = 940.88$ 万元

所以　　　　　　　　　　　　A 方案优于 B 方案

由于有些方案的计算期相差很大，按最小公倍数所确定的计算期往往很长。假定有四个互斥方案的计算期分别为 15 年、25 年、30 年和 50 年，那么它们的最小公倍数就是 150 年，显然考虑这么长时间内的重复计算既复杂又无必要。为了克服方案重复法的缺点，人们设计了最短计算期法。

2. 最短计算期法

最短计算期法又称最短寿命期法，是在将所有方案的净现值均还原为等额年回收额的基础上，再按照最短的计算期来计算出相应净现值，进而根据调整后的净现值指标进行多方案比较决策的一种方法。

[例 5－38]　仍按例 5－38 的资料，则按最小计算期法做出最终投资决策的程序如下：

确定 A 和 B 两方案中最短的计算期为 A 方案的 10 年

计算调整后的净现值指标：

$$NPV'_{A}=NPV_{A}=756.48(万元)$$

$$NPV'_{B}=NPV_{B}\times\frac{1}{(P/A,12\%,15)}\times(P/A,12\%,10)$$

$$=795.54\times\frac{(P/A,12\%,10)}{(P/A,12\%,15)}\approx 660.30(万元)$$

因为　　　　　　$NPV'_{A}=756.48$ 万元 $>NPV'_{B}\approx 660.30$ 万元

所以　　　　　　　　　　　　A 方案优于 B 方案

四、两种特殊的固定资产投资决策

（一）固定资产更新决策

与新建项目相比，固定资产更新决策最大的难点在于不容易估算项目的净现金流量。

在估算固定资产更新项目的净现金流量时，要注意以下几点：

第一，项目计算期不取决于新设备的使用年限，而是由旧设备可继续使用的年限决定；第二，需要考虑在建设起点旧设备可能发生的变价净收入，并以此作为继续使用旧设备至期满时净残值的依据；第三，由于以旧换新决策相当于在使用新设备投资和继续使用旧设备两个原始投资不同的备选方案中做出比较与选择，因此，所估算出来的是增量净现金流量（ΔNCF）；第四，在此类项目中，所得税后净现金流量比所得税前净现金流量更有意义。

固定资产更新决策利用差额投资内部收益率法，当更新改造项目的差额内部收益率指标大于或等于基准折现率（或设定折现率）时，应当进行更新；反之，就不应当进行更新。

[例 5－39]　某企业打算变卖一套尚可使用 5 年的旧设备，另购置一套新设备来替换它。取得新设备的投资额为 180 000 元；旧设备的折余价值为 95 000 元，其变价净收入为 80 000 元；则第 5 年末新设备与继续使用旧设备的预计净残值相等。新旧设备的替换将在年内完成（即更新设备的建设期为零）。使用新设备可使企业在第 1 年增加营业收入50 000元，增加经营成本 25 000 元；第 2～5 年内每年增加营业收入 60 000 元，增加经营成本 30 000元。设备采用直线法计提折旧。适用的企业所得税税率为 25%。行业基准折现率 i_c

分别为 8% 和 12%。

根据上述资料,计算该项目差量净现金流量和差额内部收益率,并分别据以做出更新决策如下:

(1)依题意计算以下指标:

更新设备比继续使用旧设备增加的投资额 = 新设备的投资 - 旧设备的变价净收入

= 180 000 - 80 000 = 100 000(元)

$$\text{运营期第 1 \sim 5 每年因更新改造而增加的折旧} = \frac{100\ 000}{5} = 20\ 000(\text{元})$$

运营期第 1 年不包括财务费用的总成本费用的变动额 = 该年增加的经营成本 + 该年增加的折旧

= 25 000 + 20 000 = 45 000(元)

运营期第 2 ~ 5 年每年不包括财务费用的总成本费用的变动额 = 30 000 + 20 000

= 50 000(元)

因旧设备提前报废发生的处理固定资产净损失为

旧固定资产折余价值 - 变价净收入 = 95 000 - 80 000 = 15 000(元)

因旧固定资产提前报废发生净损失而抵减的所得税额 = 旧固定资产清理净损失 × 适用的企业所得税税率

= 15 000 × 25% = 3 750(元)

运营期第 1 年息税前利润的变动额 = 50 000 - 45 000 = 5 000(元)

运营期第 2 ~ 5 年每年息税前利润的变动额 = 60 000 - 50 000 = 10 000(元)

建设期差量净现金流量为

ΔNCF_0 = -(该年发生的新固定资产投资 - 旧固定资产变价净收入)

= -(180 000 - 80 000) = -100 000(元)

运营期差量所得税后净现金流量为

ΔNCF_1 = 该年因更新改造而增加的息税前利润 ×(1 - 所得税税率) + 该年因更新改造而增加的折旧 + 因旧固定资产提前报废发生净损失而抵减的所得税额

= 5 000 ×(1 - 25%) + 20 000 + 3 750 = 27 500(元)

$\Delta NCF_{2\sim5}$ = 该年因更新改造而增加的息税前利润 ×(1 - 所得税税率) + 该年因更新改造而增加的折旧 + 该年回收新固定资产净残值超过假定继续使用的旧固定资产净残值之差额

= 10 000 ×(1 - 25%) + 20 000 = 27 500(元)

(2)根据 ΔNCF 计算 ΔIRR:

$$(P/A, \Delta IRR, 5) = \frac{100\ 000}{27\ 500} = 3.636\ 4$$

因为 $(P/A, 10\%, 5) = 3.790\ 8 > 3.636\ 4$

$(P/A, 12\%, 5) = 3.604\ 8 < 3.636\ 4$

所以 $10\% < \Delta IRR < 12\%$

应用内插法:

$$\Delta IRR = 10\% + \frac{3.7908 - 3.6364}{3.7908 - 3.6048} \times (12\% - 10\%) \approx 11.66\%$$

(3)比较决策

当行业基准折现率 i_c 为8%时:

因为 $\Delta IRR = 11.66\% > i_c = 8\%$

所以 应当更新设备

当行业基准折现率 i_c 为12%时:

因为 $\Delta IRR = 11.66\% < i_c = 12\%$

所以 不应当更新设备

注意:在计算运营期第一年所得税后净现金流量的公式中,该年"因更新改造而增加的息税前利润"不应当包括"因旧固定资产提前报废发生的净损失"。之所以要单独计算"因旧固定资产提前报废发生净损失而抵减的所得税额",是因为更新改造不仅会影响到本项目自身,还会影响到企业的总体所得税水平,从而形成了"税盾效应(tax shield)"。如果将"因旧固定资产提前报废发生的净损失"计入"因更新改造而增加的息税前利润",就会歪曲这种效应的计量结果。

(二)购买或经营租赁固定资产的决策

如果企业所需用的固定资产既可以购买,也可以采用经营租赁的方式取得,就需要按照一定方法对这两种取得方式进行决策。有两种决策方法可以考虑,第一种方法是分别计算两个方案的差量净现金流量,然后按差额投资内部收益率法进行决策;第二种方法是直接比较两个方案的折现总费用的大小,然后选择折现总费用低的方案。

[例5-40] 某企业急需一台不需要安装的设备,设备投入使用后,每年可增加的营业收入与营业税金及附加的差额为50 000元,增加经营成本34 000元。市场上该设备的购买价(不含税)为77 000元,折旧年限为10年,预计净残值为7 000元。若从租赁公司按经营租赁的方式租入同样的设备,只需每年年末支付9 764元租金,可连续租用10年。假定基准折现率为10%,适用的企业所得税税率为25%。

根据上述资料,分析计算如下:

(1)差额投资内部收益率法

购买设备的相关指标计算:

购买设备的投资 = 77 000元

$$\text{购买设备每年增加的折旧额} = \frac{77\,000 - 7\,000}{10} = 7\,000(\text{元})$$

购买设备每年增加的营业利润 = (每年增加的营业收入 - 每年增加的营业税金及附加) - (每年增加经营成本 + 购买设备每年增加的折旧额)

= 50 000 - (34 000 + 7 000) = 9 000(元)

购买设备每年增加的净利润 = 购买设备每年增加的营业利润 × (1 - 所得税税率)

= 9 000 × (1 - 25%) = 6 750(元)

购买设备方案的所得税后的净现金流量为

$$NCF_0 = -购买固定资产的投资 = -77\ 000(元)$$

$$NCF_{1\sim9} = 购买设备每年增加的净利润 + 购买设备每年增加的折旧额$$
$$=6\ 750 + 7\ 000 = 13\ 750(元)$$

NCF_{10} = 购买设备该年增加的净利润 + 购买设备该年增加的折旧额 + 购买设备该年回收的固定资产余值

$$=6\ 750 + 7\ 000 + 7\ 000 = 20\ 750(元)$$

租入设备的相关指标计算：

$$租入固定资产的投资 = 0$$

$$租入设备每年增加的折旧 = 0$$

租入设备每年增加的营业利润 = 每年增加营业收入 −（每年增加经营成本 + 租入设备每年增加的租金）

$$=50\ 000 - (34\ 000 + 9\ 764) = 6\ 236(元)$$

租入设备每年增加的净利润 = 租入设备每年增加的营业利润 ×（1 − 所得税税率）

$$=6\ 236 \times (1 - 25\%) = 4\ 677(元)$$

租入设备方案的所得税后的净现金流量为

$$NCF_0 = -租入固定资产的投资 = 0$$

$$NCF_{1\sim10} = 租入设备每年增加的净利润 + 租入设备每年增加的折旧额$$
$$=4\ 677 + 0 = 4\ 677(元)$$

购买和租入设备差额净现金流量为

$$\Delta NCF_0 = -(77\ 000 - 0) = -77\ 000(元)$$

$$\Delta NCF_{1\sim9} = 13\ 750 - 4\ 677 = 9\ 073(元)$$

$$\Delta NCF_{10} = 20\ 750 - 4\ 677 = 16\ 073(元)$$

按插入函数法计算得 $\Delta IRR = 4.32\%$

做出决策：

因为 $\Delta IRR = 4.32\% < i_c = 10\%$

所以 不应当购买设备，而应租入设备

（2）折现总费用比较法。无论是购买设备还是租赁设备，每年增加营业收入、增加营业税金及附加和增加经营成本都不变，可以不予考虑。

计算购买设备的折现总费用：

$$购买设备的投资现值 = 77\ 000(元)$$

购买设备每年增加折旧额而抵减所得税额的现值合计 $= 7\ 000 \times 25\% \times (P/A,\ 10\%,\ 10)$
$= 1\ 750 \times 6.144\ 6$
$= 10\ 735.05(元)$

购买设备回收固定资产余值的现值 $= 7\ 000 \times (P/F,\ 10\%,\ 10)$
$= 7\ 000 \times 0.385\ 5 = 2\ 698.5(元)$

购买设备的折现总费用合计 $= 77\ 000 - 10\ 753.05 - 2\ 698.5 = 63\ 548.45(元)$

计算租入设备的折现总费用：

租入设备每年增加租金的现值合计 =9 764 ×(P/A, 10%, 10) =9 764 ×6.1446

≈59 995.87(元)

租入设备每年增加租金而抵减所得税额的现值合计 =9 764 ×25% ×(P/A, 10%, 10)

=2 441 ×6.1446≈14 998.97(元)

租入设备的折现总费用合计 =59 995.87 -14 998.97 =44 999.90(元)

做出决策:

因为 购买设备的折现总费用合计 =63 548.45 元 > 租入设备的折现总费用合计

=44 999.90 元

所以 不应当购买设备,而应租入设备

复习思考题

一、简述固定资产项目投资决策现金流量的含义及构成内容。

二、简述企业固定资产管理的基本要求。

三、简述企业财务人员如何实施对固定资产的现场管理。

四、简述无形资产包括的内容与特点。

五、某公司准备投资一项目,该项目仅需期初一次设备投资 50 万元,设备使用寿命 5 年,到期无残值,按年限平均法计提折旧。预计 5 年中每年可获净利 15 万元。

要求:(1)计算该设备年折旧额;

(2)计算该项目年营业现金净流量;

(3)计算该项目投资回收期。

六、某企业设备原值 40 万元,预计寿命期内可使用 10 000 小时,预计残值 2 万元。该设备在 1 月份共运行 300 小时。

要求:(1)计算该设备单位工作量应计折旧额;

(2)计算该设备 1 月份应计折旧额。

七、某企业拟购建一套生产装置,所需原始投资 200 万元于建设起点(第 0 年末)一次投入,建设期一年,预计第 1 年末可建成投产。该套装置预计使用寿命 5 年,采用年限平均法计提折旧,使用期满报废清理时无残值。5 年中预计每年可增加税前利润 100 万元,所得税率 25%,资本成本率 10%。

要求:(1)计算该套生产装置年折旧额;

(2)计算该项目各年的净现金流量;

(3)计算该项目投资回收期;

(4)计算该项目净现值(根据系数表计算);

(5)评价该项目的财务可行性。

八、某企业计划进行某项投资活动,相关资料如下:方案原始投资额 1 000 万元,其中固定资产投资 800 万元,流动资金投资 200 万元,均于建设起点一次投入。使用寿命 5 年,固定资产残值收入 50 万元。投产后,每年营业现金收入 650 万元,每年付现成本 250 万元。固定资产按年数总和法计提折旧,全部流动资金于终结点收回。该企业适用的所得税率为25%。

要求:(1)计算该固定资产每年应计提的折旧;

(2)计算投产后各年的净利润;

(3)计算方案各年的净现金流量;

(4)若该企业资本成本为10%,计算方案的净现值,并评价投资方案的可行性。

九、某企业计划年度应计折旧固定资产的增加情况预计如下:1月15日增加320万元,4月15日增加160万元。该企业计划年度应计折旧固定资产的减少情况预计如下:1月25日减少192万元,9月20日减少256万元。假设企业计划年度年初固定资产总值为3 520万元,其中应计折旧固定资产总值为3 200万元。

要求:(1)计算计划年度增加应计折旧固定资产平均总值;

(2)计算计划年度减少应计折旧固定资产平均总值;

(3)计算计划年度末固定资产总值;

(4)计算计划年度末应计折旧固定资产总值;

(5)计算计划年度期内应计折旧固定资产平均总值。

十、某企业要进行一项投资,投资期为3年,每年年初均投入200万元资金,该项目第三年年末竣工,第四年初开始投产,项目寿命期为5年,5年中每年使企业增加现金流入175万元。假设年利率为6%的情况下,

要求:(1)计算原始投资额在第三年年末的终值;

(2)计算项目投产后的现金流量在第四年初的现值;

(3)分析该项目投资是否可行。

第六章　成本费用管理

内容要点

成本费用计划的内容；成本费用控制的标准和手段；成本费用的考核；成本预测的内容；成本费用的分类、成本费用管理的意义和原则。

第一节　成本费用概述

一、成本费用的概念和作用

（一）成本费用概念

成本费用是商品经济的一个价值范畴，与商品的价值运动紧密联系。商品经济中，商品价值（w）的构成包括三部分：①已耗费生产资料转移的价值（c），包括已消耗的原材料、辅助材料等劳动对象转移的价值和房屋建筑物、机器设备、生产工具等劳动资料因损耗而转移的价值；②劳动者必要劳动创造的价值（v），即补偿活劳动耗费以工资形式支付给劳动者的部分；③劳动者的剩余劳动创造的新增价值（m），这是利润的来源。商品价值的组成用公式表示为 $w=c+v+m$，其中，$c+v$ 构成企业的成本费用，是企业维持简单再生产的补偿尺度，从商品实现的价值中获得补偿。可见，成本费用的经济实质是劳动耗费所形成的生产资料转移的价值和必要劳动创造的价值，并需从商品销售中获得补偿的部分。

实际工作中，成本和费用是两个不同的概念。

费用是一定期间内企业为获取经济利益而发生的经济资源的耗费；

成本则通常被定义为对象化的费用，即为达到特定目的所失去或放弃的资源。

二者的联系表现在费用的发生是成本形成的基础，没有费用的发生，也谈不上任何对象的成本问题，二者从本质上讲都是企业资源的一种耗费或减少。

二者的区别是：①计算范围不同，从企业经济活动过程看，费用发生在先，成本计算在后，费用是按整个企业计算的，按照费用的性质和发生情况，可以分别核算生产费用、管理费用、营业费用等；而成本是企业为特定种类、数量的产品所发生的耗费，是对象化的费用。②计算期间不同。费用是按会计期间划分的，是一定时期内在生产经营活动中发生的耗费；成本是按一定对象的生产经营过程是否完成划分的，当期的生产费用与当期完工产品的成本并不完全一致。

（二）成本费用的作用

（1）成本费用是反映和监督劳动耗费的工具；

(2)成本费用是补偿生产耗费的尺度；
(3)成本费用是制订产品价格的基础；
(4)成本费用是综合反映企业工作质量，提高企业经营管理水平的重要手段；
(5)成本费用是综合性的价值指标，在很大程度上反映着企业各方面的成效。

二、成本费用的内容和分类

生产经营费用按照经济内容进行归类，称为费用要素，具体可分为以下几项：
(1)外购材料；
(2)外购燃料；
(3)外购动力；
(4)工资和福利费；
(5)固定资产折旧；
(6)利息支出；
(7)相关税费；
(8)其他支出。
生产经营费用按照费用的经济用途，可分为：
(1)生产费用如直接材料、直接工资和制造费用构成产品的生产成本；
(2)经营费用如管理费用、财务费用和销售费用构成企业的期间费用。

企业按经济内容对费用进行归类，便于区分生产经营费用中物化劳动和活劳动的消耗，可以为企业合理确定流动资金需要量、计算工业净产值和国民收入提供资料。

企业按经济用途对费用进行分类，便于计算产品的生产成本和期间费用，分析成本费用差异，从而达到成本控制、费用节约的管理目标。

其他的分类方法：
(1)按照费用计入产品的方法，分为直接费用和间接费用。
(2)按照成本费用与数量之间的依存关系即成本性态，可分为变动性成本费用、固定性成本费用和混合性成本费用。
(3)按照成本费用能否为某一特定责任中心所控制，分为可控性成本费用和不可控性成本费用。

三、成本费用管理的意义和要求

(一)成本费用管理的意义

成本费用管理，习惯上统称成本管理，是对企业生产经营过程中各项费用的发生和产品成本的形成进行的预测、计划、反映、分析、控制等一系列的管理工作。

成本管理的目的，就是在成本管理的整个过程和循环中，明确成本目标，分解成本项目，核算成本耗费，分析成本差异，进行成本控制，不断降低生产耗费和产品成本。

加强成本管理具有重要意义：

从微观上讲，加强成本管理，降低生产和经耗费，既是企业扩大生产经营的条件，也有利于促进企业改善经营提高经济效益；

从宏观上讲，企业成本管理绩效最终体现为企业盈利，企业盈利是社会资本积累的来源，加强成本管理，降低生产经营耗费，能为国家积累资金奠定坚实的基础。

（二）成本费用管理的要求

（1）严格遵守成本与费用开支范围和开支标准；

（2）讲求全面经济效益；

（3）实行全面成本费用管理。

第二节 成本费用预测

一、成本费用预测概述

（一）成本费用预测的意义

成本费用预测是根据企业生产经营目标，结合成本费用的构成和特性，利用各种数据和资料，对一定时期、一定产品或某个项目、方案的成本费用水平进行预计和测算。

其意义在于：

（1）成本费用预测是全面加强企业成本管理的首要环节；

（2）成本费用预测为企业加强成本费用控制，提高经济效益指明了方向；

（3）成本费用预测是企业正确进行生产经营决策的依据。

（二）成本费用预测的内容

1. 中长期的经营规划成本预测

一个持续经营的企业必须对其未来做出长远规划，以便为确定企业的经营方向和经营策略提供依据。成本预测中，与企业经营规划对应的成本预测主要包括以下两个方面：

（1）企业投资项目的成本预测。企业的投资项目，主要是企业的新建、扩建、改建和其他重大投资项目。这类项目投资额大、回收期长、不确定性强，风险性大。

（2）产品设计与改造的成本预测。新产品的开发与老产品的改造，其目的在于通过优化品种结构、改善产品质量和性能，提高市场竞争能力，进而提高企业的经济效益。

2. 近短期经营活动的成本预测

短期成本预测主要解决在日常生产经营过程中如何有效的控制劳动耗费问题。因此，近短期成本及费用预测的内容比较单一，主要是测定成本水平高低，以便于为事中成本控制提供可靠的数据。

具体而言，成本费用预测的内容主要有：

（1）新建和扩建企业的成本预测，即预测完工投产后的成本费用水平；

（2）确定技术措施方案的成本预测，即企业在组织生产经营活动中可以采用多个备选方案，为选择最佳方案而进行的成本费用预测；

(3)新产品的成本预测,即预测企业新产品及试制投产后应该达到和可能达到的成本费用水平;

(4)在新的环境条件下对既有产品的成本预测,即根据计划年度的产销情况和计划采用的增产节约措施,预测原有产品成本比历史可能降低的程度和应达到的水平。

(三)成本费用预测的种类

成本费用预测可按不同的标准划分为不同的种类:

(1)按预测时间的长短划分为长期预测和短期预测;

(2)按产品的可比性划分为可比产品成本预测和不可比产品成本预测;

(3)按成本费用的内容可分为制造成本预测和期间费用预测。

(四)成本费用预测的程序

(1)确定预测目标。确定预测目标这一步骤,首先要确定预测对象,即要对什么事物进行预测。

(2)收集处理信息资料。要得到比较准确的预测结果,必须要有能揭示本质的足够的资料信息。

(3)建立预测模型。

(4)利用模型预测。

(5)分析预测结果。

二、影响成本费用的因素

(一)产品产量对成本费用的影响

(1)产品产量的增减直接影响企业的制造成本总额的高低;

(2)产品产量在一定范围内的增减虽不直接影响企业的期间费用总额,但会影响企业单位产品期间费用的高低,当产量增大时,单位产品期间费用就会减少,当产量减少时,单位产品期间费用就会增大。

(二)管理水平对成本与费用的影响

企业管理水平的高低,对成本费用水平有着重要的影响,直接影响着企业的制造费用和全部期间费用。当企业管理水平提高时,会降低制造费用支出以及期间费用支出;反之,则会增加相应费用支出。研究管理水平对成本的影响,有利于促进企业改善和加强经营管理,提高管理的现代化水平。

(三)工艺技术对成本费用的影响

工艺技术是企业再生产过程中,对产品加工制造的工艺与技术水平。工艺技术水平直接影响企业的制造成本水平,特别是制造成本中直接材料的消耗水平。提高工艺技术水平就会相应地提高企业材料的有效利用水平,从而降低单位产品中直接材料的消耗量。研究工艺技术对成本的影响,有利于促进企业提高产品的生产工艺水平,提高材料的有效利用率,降低直接材料的消耗,有效地节约社会资源。

(四)市场价格对成本费用的影响

对一个企业而言,市场价格有两层含义,即本企业产品的市场销售价格和本企业所需材料等物资的市场购买价格。市场价格对企业成本的影响,是指市场价格对企业材料等物资采购成本的影响。市场生产资料价格上扬,会导致企业物资的采购成本上升,从而使企业总成本水平上升;反之,市场生产资料价格下跌,会导致企业材料物资的采购成本下降。通过研究市场价格对企业材料物资采购成本的影响,有利于促进企业加强供应过程的管理,降低企业的制造成本。

(五)市场利率和汇率对期间费用的影响

市场利率的变动和市场汇率的变动,对企业的财务费用水平有直接的影响。市场利率上升,会增加企业的借款利息支出,从而增大企业的财务费用;反之,就会减少企业的借款利息支出,降低财务费用。外汇汇率的上升和下降,会影响企业当期汇兑净损失的程度。研究市场利率和汇率对成本的影响,有利于增强企业的金融观念,促进企业密切注意市场利率和市场汇率的走向,充分利用国家利率政策和汇率政策,改善企业的财务状况。

(六)折旧方法对成本费用的影响

固定资产折旧是企业生产费用的一个重要构成要素,是主要劳动资料消耗的转移价值。折旧额的大小影响成本和费用中折旧的含量,一定时期折旧额增大,成本费用总额也会上升;折旧额减少,成本费用总额就会相对下降。而影响折旧额大小的主要因素有四个,即固定资产总价值水平、固定资产的利用程度、固定资产的使用年限及折旧计提率。这四个因素的综合运用,形成不同的折旧方法。折旧方法分为平均折旧法和加速折旧法两种。在平均折旧法下,固定资产在其使用年限内的年折旧额变动幅度不明显,不同时期转移到成本费用中的量基本相等,对成本费用变动的影响力也较弱;相反,在加速折旧法下,固定资产在使用年限内的年折旧额变动幅度很明显,不同时期转移到成本和费用中的量变动较大,一般说来,在固定资产投入使用的初期,其价值转移量大,随后逐步递减,呈下降趋势,对成本费用变动的影响力较强。

(七)劳动生产率对成本费用的影响

企业员工在单位时间内生产某种产品的数量或生产一个单位的产品所耗用的劳动时间,就是企业的劳动生产率。劳动生产率的高低,对企业的成本费用水平也有着重要的影响。当劳动生产率提高时,单位时间内生产的产品数量就会增大,反映出单位产品劳动时间消耗的降低,这不仅会降低单位产品成本中的工资含量,同时由于产量的增大也会降低单位制造费用和企业的期间费用,从而实现企业成本费用的降低;反之,劳动生产率下降,会相应地促使企业成本费用上升,研究劳动生产率对企业成本费用的影响,有利于促使企业改善生产经营条件,进一步地解放生产力,发展生产力。

(八)财经政策和制度对成本费用的影响

国家的财经政策和制度的颁布,是适应一定时期国家国民经济管理的要求的。基于理论成本费用与现实成本费用的不一致性,为了适应国家对经济管理的需要,在实际成本费用构成项目以及不应列入企业成本和费用的某些费用项目等方面,经常做出一些必要的调整和限定,从某种意义上讲,这也会对企业成本费用的变动产生一定的影响力。研究财经政策和制度对成本费用的影响,有利于促进企业遵纪守法,严格执行国家的各项经济政策,采用合理、合法的手段来降低成本费用,提高企业的经济效益。

三、成本费用预测的方法

(一)比例法

比例法,是根据成本费用占相关指标的比例来测算未来某相关指标达到一定程度时的成本费用水平的方法。成本费用与企业产值和销售收入有着同向变动趋势,可以根据企业过去产值(或销售收入)成本(费用)率的要求,结合预测期对成本(费用)降低的要求来测算未来的成本(费用)水平。其预测模型如下:

$$\text{成本(费用)率预测值} = \text{基期实际产值或销售收入成本(费用)率} \times (1 - \text{成本或费用预计降低率})$$

此式计算简便,对数据要求不高,适用于测算各项成本(费用),但预测值的偏差较大。

(二)技术测定法

技术测定法,是在技术人员的配合下,根据产品的设计和生产工艺方法,对构成产品实体材料进行分项测算,并结合人工消耗、动力消耗、折旧转移以及其他消耗进行测算,从而确定产品成本的一种方法。其特点是工作量大,对物资消耗定额、人工消耗定额数据要求较高,适用于对新产品或部分老产品的成本预测,但对制造费用、期间费用等的预测作用不大。

(三)余额测定法

余额测定法,是以价格理论为基础,根据适用流转税率和期望目标利润,以及市场预测的产品销售价格来确定单位产品成本的方法。所以,目标成本实际上是在价格、利润既定的情况下倒挤出来的。其预测模型为

$$\text{产品单位制造成本} = \text{产品单位销售价格} - \text{产品单位销售税金} - \text{产品单位目标销售利润} - \text{产品单位销售费用}$$

$$\text{制造成本总额} = \sum(\text{某种产品单位制造成本} \times \text{该种产品计划产量})$$

此方法需要有广泛而准确的市场价格预测,以及合理的利润期望值。可作为确定企业目标成本和费用的预测法。如果所确定的目标成本水平和目标费用水平在实际工作中通过有效的控制而得以实现,则企业可以获得预期的目标利润。

（四）因素分析法

因素分析法，是根据影响成本费用升降的主要因素，结合在基础工作中通过成本费用对比分析所拟定的增产节约措施计划，以及各成本费用要素的比重，逐项分析各因素对企业成本费用水平的影响程度的方法。因素分析法适用于可比产品成本降低率和降低额的测算，计算的基本公式如下：

$$成本降低率 = 某项费用变动率 \times 某项费用占成本的比重$$

各项费用变动对成本变动影响的基本预测程度和模型如下：

1. 直接材料消耗对成本的影响程度

直接材料费用的大小，主要受消耗定额和材料价格等因素的影响。消耗定额的升降，直接影响单位材料费用的升降。测算其影响程度可用下式：

$$直接材料消耗定额降低对成本的影响 = 直接材料占成本的比重 \times 消耗定额降低\%$$

$$材料价格变动对成本的影响 = 价格变动材料占成本的比重 \times (1 - 消耗定额降低\%) \times 材料价格升降\%$$

企业提高原材料的利用率也会对成本变动产生影响，相应地节约原材料的消耗。

$$原材料利用率提高对成本的影响 = \left(1 - \frac{当前原材料利用率}{未来原材料利用率}\right) \times 原材料占成本\%$$

2. 直接人工费用消耗对成本的影响

成本降低从措施上来讲不能直接减少劳动者的劳动收入，相反为了实现社会主义生产目的，还应逐步提高劳动者的收入水平。但是劳动者的平均工资增长幅度，必须小于劳动生产率的增长幅度，这就会形成直接人工费用的相对下降，最终对成本产生影响：

$$直接人工费用变动对成本的影响 = 直接人工费用占成本的比重 \times \left(1 - \frac{1 + 平均工资增长\%}{1 + 劳动生产率增长\%}\right)$$

3. 制造费用和期间费用的变动对成本的影响

制造费用和期间费用的变动，在幅度上是不相同的。一般情况下，期间费用变动幅度不大，而制造费用的变动幅度相对较大。但由于都是为组织产品生产经营而发生的费用，其变动与产量的增减有着相关联系，必须结合生产增减变动情况分析。

$$制造费用变动对成本的影响 = 制造费用占成本的费用 \times \left(1 - \frac{1 + 制造费用增长\%}{1 + 生产增长\%}\right)$$

$$某项费用变动对期间费用的影响 = 某项费用占期间费用的比重 \times \left(1 - \frac{1 + 某项费用增长\%}{1 + 生产增长\%}\right)$$

这种方法计算较复杂，对成本预测基础工作的质量要求较高，适合于单项确定主要因素对成本或费用的影响程度（即降低率）。

（五）回归预测法

回归预测法，是根据两组以上的因素变量与成本总量之间的内在联系进行近期成本预测的一种方法。此方法预测成本未来值时,考虑的因素越多,预测值就越准确。其基本模型为(y_c 表示成本预测值,x_n 表示 n 个影响因素的量,a、b_n 为回归系数):

$$y_c = a + b_1x_1 + b_2x_2 + \cdots + b_nx_n$$

将各影响的变量代入上式即可得一联立方程组[假定有三个因素变量(x_1、x_2、x_3)]:

$$\begin{cases} b_1\sum (x'_1)^2 + b_2\sum x'_1x'_3 + b_3\sum x'_1x'_3 = \sum x'_1y' \\ b_1\sum x'_1x'_2 + b_2\sum (x'_2)^2 + b_3\sum x'_2x'_3 = \sum x'_2y' \\ b_1\sum x'_1x'_3 + b_2\sum x'_2x'_3 + b_3\sum (x'_3)^2 = \sum x'_3y' \\ a + b_1\bar{x}_1 + b_2\bar{x}_2 + b_3\bar{x}_3 = \bar{y} \end{cases}$$

其中,$\bar{x}$ 为 x 的平均值,$x' = x - \bar{x}$;$\bar{y}$,y' 的含义同。

此种预测方法的预算结果,首先是确定 a 和 b_n 的值,然后代入基本模型中得到——实用预测模型,最后根据因素的变动情况代入预计的因变量从而得出成本的预测值。其特点是资料来源容易,预测值较接近实际但对基础数据的真实性和准确性要求较高,计算复杂,在计算机用于财务管理时此种预测法运用的较普遍。

在方法的选择时,应根据资料准备情况、节约措施计划拟定的情况和成本费用的特性,结合成本和费用预测目标的要求,有针对性的选用。在实际的预测工作中,为了完成对未来成本和费用水平的总体测算,通常是几种方法并用或交替使用,才能达到预测的目的。

第三节　成本费用决策和计划

一、成本费用决策及其作用

(一)成本费用决策及其作用

(1)最优成本费用决策是目标利润实现的保证;

(2)最优成本费用决策是成本和费用计划工作的前提条件;

(3)最优成本费用决策是其他经营决策的重要依据;

(4)最优成本费用决策是企业提高其管理水平的一个促进手段。

(二)成本费用决策的种类

(1)成本费用决策按其采用方法的不同性质可分为硬性技术决策和软性技术决策。

(2)成本费用决策按其决策的内容和范围,可分为单项成本或费用决策和组合成本费用决策。

(3)成本费用决策按其实现目标不同,可分为保本决策和实现最大利润的成本费用决策。

(三)成本费用决策的方法

1. 保本点法

运用保本点法进行成本和费用决策的基本原理是:在盈亏相等(即损益为零)的销售量上,假定销售收入与生产经营总费用相等的成本和费用水平。如前所述,企业成本费用包括制造成本和期间费用两部分。基本模型如下:

$$\text{成本费用总额} = \sum[\text{某产品销售量} \times \text{售价} \times (1 - \text{单位销售税金})]$$

如果企业上缴增值税,在价外税法下应用下列模型:

$$\text{成本费用总额} = \sum[\text{某产品销量} \times \text{售价}]$$

2. 差量分析法

差量是反映不同预测方案之间损益或成本费用的差异值。差量分析法,是指在充分分析不同预测方案的差异成本(费用)和差异损益的基础上,从中选择最优方案的一种决策方法。

3. 成本费用利润率分析法

在企业成本费用决策中,什么样的成本和费用水平可使利润最大化,是最大利润成本费用决策的核心问题,解决这一问题就必须从成本费用与利润水平的关系着手,成本费用最小、利润最大的数量判定,可用下式:

$$\text{成本费用利润率} = \frac{\text{营业利润额}}{\text{成本费用额}} \times 100\%$$

或

$$\text{制造成本利润率} = \frac{\text{营业利润总额}}{\text{制造成本总额}} \times 100\%$$

$$\text{期间费用利润率} = \frac{\text{营业利润总额}}{\text{期间费用总额}} \times 100\%$$

上式中,当分子最大,分母最小时,其值最大,方案也就最可取。这就是最大利润的成本费用决策模型。

4. 非确实型决策法

影响企业成本和费用变动的因素十分复杂,有的因素影响程度可以定量测算,从而进行定量决策。而有的因素变动对成本和费用的影响无法定量测算,只有凭决策者的主观经验和分析能力来进行估计、评价和优选。这种决策者的主观分析和判断所进行的决策称为非确定型决策。非确定型决策的优劣,取决于很多因素,其中最主要的有:对影响成本(费用)变动的潜在因素的估计程度,非确定性因素未来变化趋势,决策者的分析能力、判断能力和风险意识力等。总之,非确定型决策质量的优劣与企业决策者的素质有关系。

二、成本费用计划

(一)成本费用计划及其意义

(1)成本与费用计划是企业实现目标成本费用的基础工作;

(2)成本与费用计划是企业进行成本费用控制的依据;

(3)成本费用计划是编制企业其他生产经营计划的依据。

(二)成本费用计划的内容

成本与费用计划是企业一定时期内生产费用耗费的一个规划体系，一般包括以下几个计划。

1. 主要产品单位制造成本计划

单位制造成本计划是对企业的主要产品编制的一个成本计划，其目的在于促进对主要产品成本的管理，加强单位产品成本的控制。

2. 商品产品制造成本计划

主要反映的是企业在一定时期内，为了完成一定的产销任务而预计发生的全部制造成本水平。

3. 期间费用计划

期间费用计划包括：①管理费用部分；②销售费用部分；③财务费用部分。

4. 生产费用预算

生产费用预算是对企业在一定时期内，发生在生产过程中各项费用的测算和计划，它是企业成本与费用计划的重要组成部分。生产费用预算的编制，一般是按生产费用要素来编制的。

(三)成本费用计划的编制程序和要求

(1)收集整理资料；

(2)确定目标成本和费用控制限额；

(3)各部门分编成本计划及费用预算；

(4)厂部综合平衡，正式确定计划。

在成本与费用计划的编制时，一般应贯彻以下要求：

(1)以先进的技术经济定额为成本与费用计划编制的数据基础；

(2)成本与费用计划指标与其他计划指标应紧密衔接；

(3)成本与费用计划的编制要有利于对成本和费用实行归口分级管理。

(四)成本费用计划的编制方法

1. 制造费用预算的编制方法

制造费用是综合性间接费用，其预算的编制应考虑费用的性态，对于如消耗性间接材料、动力水电费等与产销量有一定依存关系的费用，应采用弹性预算法编制，而对于折旧费等与产销量无直接依存关系的费用，可采用固定预算法编制。此外，可供选择的费用预算编制方法还有概率预算法、滚动预算法等。

2. 产品成本计划的编制方法

编制产品成本计划是成本计划的主要工作内容和最终结果，具体方法较多，主要有：

(1)预测决策基础法；

(2)试算平衡基础法；

(3)直接计算法。

3. 期间费用预算的编制方法

期间费用预算的编制方法与制造费用编制方法基本相同，即按费用性态分别编制。一般而言，购销环节的营业费用，大多属于变动费用，其预算须结合购销业务量计划，采用弹性预算法编制；管理费用则大多属于固定费用，其预算可采用固定预算法编制。

第四节　成本费用分析与控制

一、成本费用分析

成本费用分析是指一定期间结束后，将成本费用的本期实际数与计划数（预算数）、上期数及行业水平比较，揭示成本、费用的计划（预算）完成情况、变动趋势和行业差异，并结合因素分析进一步揭示差异的形成因素以及各因素对差异的影响程度，以期为本期效绩评价和下一期间的成本费用计划提供依据的管理行为。

重点要把握好以下三点。

（一）成本费用分析的内容

（1）销售成本分析包括总成本分析和单位产品成本分析。

①总成本分析具体包括商品产品总成本计划完成情况分析、影响商品产品总成本升降因素的分析以及可比产品成本分析等。

②单位产品成本分析具体包括单位成本计划完成情况分析，产品单位成本项目分析以及技术经济指标对单位成本影响分析等。

（2）营业费用分析则可分为购销费用分析和管理费用分析两个方面，其中每一个方面又可具体按费用项目或费用要素进行分析。

（二）成本、费用分析的程序

成本、费用分析的程序是：

（1）确定目标，明确要求；

（2）搜集信息，掌握情况；

（3）揭露矛盾，分析原因；

（4）综合评价，解决矛盾。

（三）成本费用分析的方法

比较分析法，是将成本、费用的本期实际数与计划数（预算数）、上期数（历史最高水平）及其他企业数比较，据以揭露差异，鉴别优劣的分析方法。

比率分析法，是利用两个经济指标的相关性，通过计算比率，据以考察和评价企业成本、费用管理绩效的分析方法，其具体又可分为相关比率分析法、结构比率分析法和趋势比率分析法等。

因素分析法，是比较分析法的深化，它是在指标比较确定差异的基础上，找出致使差异产生的具体因素,并计算各因素变动对差异影响程度的一种分析方法,其具体方法又有连环替代法、差额分析法等。

二、成本费用控制

成本费用控制就是运用科学的方法对企业生产经营过程中实际所发生的各种费用进行严格的审查和限制,以降低企业成本费用的一项管理工作。

(一)成本与费用控制的前提条件

(1)必须要有成本与费用计划资料;
(2)必须要在计划执行过程中进行;
(3)必须要以成本与费用分析为基础。

(二)成本费用控制的内容

企业成本费用控制可按不同标准予以划分,如按成本费用的形成过程划分,营业成本控制包括设计成本控制、采购成本控制、生产成本控制、销售成本控制和售后服务成本控制等;按营业成本的组成要素划分,营业成本控制包括材料成本控制、工资成本控制、制造费用控制以及废品损失控制等。营业费用控制则包括购销费用控制和管理费用控制两个方面。

(三)成本费用的控制程序

成本、费用控制的基本程序也包括制定标准、执行标准和检查考评等三个步骤。

以上三个步骤相互联系,循环往复,构成成本控制循环。每一次循环,成本控制标准都应有所改变,成本控制手段也更加科学。

(四)成本费用的控制方法

成本、费用控制的方法多种多样,并可按不同标准予以分类。从成本控制依据的标准看,有目标成本控制法、标准成本控制法、定额成本控制法、责任成本控制法等。目标成本控制法是以目标成本作为成本控制的依据,定额成本控制法是以定额成本作为控制成本的依据,责任成本控制法是以责任成本作为控制成本的依据。

从成本、费用控制的技术方法来看,有对比法、差异因素分析控制法、量本利分析控制法、回归分析控制法、ABC 分析控制法、功能成本分析控制法等。

成本、费用控制方法主要根据成本控制的不同对象、不同要求和不同目的来选择,因此,除上述方法外,还可采用预算(固定预算、弹性预算)控制法、绝对成本控制法、相对成本控制法、限额领料控制法,以及采用预算、流通券、内部支票、本票等形式控制费用和实行成本归口分级管理等方法。为了保证成本、费用控制的有效性,还应把定量分析和定性分析结合起来,并注意各种方法的选择运用和结合运用。

三、成本费用的考核

成本费用的考核是指企业内部对成本费用管理工作和成本水平的鉴定和评价。正确进行成本和费用的考核,有利于总结成本费用管理工作的成绩与不足,促使企业加强成本费用核算,寻求降低成本费用的途径,为后期经营中加强成本费用管理工作提供依据。

企业内部成本费用考核的指标体系是由主要商品产品单位成本降低率、全部商品产品成本降低额、期间费用降低率和商品产品综合成本费用率等主要指标构成。

1. 主要商品产品单位成本降低率

主要商品产品单位成本降低率是企业成本考核的重要指标。它通过企业主要商品产品计划成本与实际成本之间的对比分析,以确立企业当期成本计划工作的完成情况,使企业之间的成本在考核中能突出重点,为后期成本计划的编制提供依据。其计算公式如下:

$$\text{主要商品产品单位成本降低率} = 1 - \frac{\text{实际单位商品产品制造成本}}{\text{计划单位商品产品制造成本}} \times 100\%$$

2. 全部商品产品成本降低额

在突出重点的基础上,企业还应对总体资金耗费水平进行考核,以综合反映企业全部商品产品成本计划的执行完成情况。其计算公式如下:

全部商品产品成本降低额 =(本期各种产品的实际产量 × 本期各种产品的计划单位制造成本)- 本期全部产品的实际制造成本总额

3. 期间费用降低率

对费用考核主要是考核期间费用降低率,以评价企业管理部门在经营管理过程中费用控制和计划执行情况。其计算公式如下:

$$\text{期间费用降低率} = 1 - \frac{\text{实际期间费用总额}}{\text{计划期间费用总额}} \times 100\%$$

4. 商品产品综合成本费用率

通过对商品产品综合成本费用率的考核,可以反映企业在一定期间内因取得一定的销售收入所发生的成本费用水平,以及企业一定期间的投入产出水平。其计算公式如下:

$$\text{商品产品综合成本费用率} = \frac{\text{实际成本费用总额}}{\text{实际销售收入总额}} \times 100\%$$

成本费用总额包括了当期的已销产品制造成本和当期的管理费用、销售费用及财务费用。

复习思考题

一、成本费用管理的含义及各部分之间的联系。

二、简述成本预测的主要内容。

三、简述成本控制的基本程序。

四、成本费用管理的意义表现在哪几个方面?

五、简述成本费用管理的原则。

六、简述成本控制的含义及主要控制手段。

七、某企业2018年生产A产品,2019年继续生产该产品。已知企业按上年预计平均单位成本、计划年度产量计算的产品总成本为332万元,产品成本中各项目的比重为:原材料60%,燃料、动力12%,生产工人工资8.5%,制造费用19.5%。经预测,2014年有关技术经济指标将发生如下变化:产量增加20%,材料消耗定额降低2%,燃料、动力消耗定额降低10%,劳动生产率提高15%,职工平均工资增长5%,制造费用预算增长10%。

要求:根据上述资料,按成本项目分项测算计划年度可比产品成本降低率和降低额。

八、假定企业生产甲产品,每批生产量为80件,所耗费的原材料资料如下表所示:

项目	单位	改进前	改进后
原材料消耗总量	千克	22 500	21 800
原材料平均单价	元/千克	20	20
加工后产品净重	千克	21 300	20 850

要求:根据表中资料计算下列指标:

(1)改进前生产每批产品所耗费的原材料总成本;

(2)改进前生产单件产品所耗费的原材料成本;

(3)改进前原材料利用率;

(4)改进后原材料利用率;

(5)计算原材料利用率变动对产品单位成本的影响额。

第七章　销售收入和利润管理

内容要点

利润预测；利润的构成、利润分配的基本程序；税金的分类；销售税金的计算；企业制定产品价格的方法；销售收入的确认。

第一节　销售收入管理

一、销售收入的概念及其分类

（一）销售收入的概念

销售收入，是企业在销售商品、提供劳务及让渡资产使用权等日常活动中所形成的经济利益流入。日常活动，是企业为完成其经营目标而从事的所有活动，以及与之相关的其他活动。因此，收入属于企业主要的、经常性的业务收入。收入具有以下特点：

（1）收入从企业的日常活动中产生，而不是从偶发的交易或事项中产生。有些交易或事项也能为企业带来经济利益，但不属于企业的日常活动，其流入的经济利益是利得，而不是收入。如出售固定资产，因为固定资产是为使用而不是为出售而购入的，将固定资产出售并不是企业的经营目标，也不属于企业的日常活动，出售固定资产取得的收益不能作为收入核算。

（2）收入可能表现为企业资产的增加，如增加现金、应收账款等；也可能表现为企业负债的减少，如以商品或劳务抵偿债务；或者二者兼而有之，如商品销售的货款中部分抵偿债务，部分收取货币资金。

（3）收入能导致企业所有者权益的增加。如上所述，收入能增加资产或减少负债或二者兼而有之。因此根据资产＝负债＝所有者权益的公式，企业取得收入一定能增加所有者权益。这里仅指收入本身导致的所有者权益的增加。

（4）收入包括本企业经济利益的流入，不包括为第三方或客户代收的款项，如增值税销项税额、代收利息等。代收的款项，一方面增加企业的资产，一方面增加企业的负债，因此不增加企业的所有者权益，也不属于本企业的经济利益，不能作为本企业的收入。

（二）销售收入的确认

企业销售商品时，能否确认收入，关键要看该销售是否能同时符合或满足以下5个条件：

（1）企业已将商品所有权上的主要风险和报酬全部转移给购买方。风险主要是指商品由于贬值、损坏、报废等造成的损失；报酬是商品中包含的未来经济利益，包括商品因增值以及直接使用该商品所带来的经济利益。如果一项商品发生的任何损失均不需要本企业承担,带来的经济利益也不归本企业所有,则意味着该商品所有权上的风险和报酬已转移给购买方。

(2)企业既没有保留通常与所有权相联系的继续管理权,也没有对已售出商品实施控制。

(3)收入的金额能够可靠地计量。收入能否可靠地计量是确认收入的基本前提。企业在销售商品时,售价通常已经确定,但销售过程中由于某些不确定因素,也有可能出现售价变动的情况,则在新的售价未确定之前,即使款项已经收到,也不应确认收入,而应将其实际收到的款项作为预收账款处理。等新的售价确定后,再按预收款销售产品的有关规定,进行确认收入、补收或退回多收款项的账务处理。

(4)相关的经济利益很可能流入企业。经济利益是直接或间接流入企业的现金或现金等价物。在销售商品的交易中,与交易相关的经济利益即为销售商品的价款。很可能是指经济利益流入企业的可能性超过50%,销售商品的价款能否有把握收回,是收入确认的一个重要条件。企业在销售商品时,如估计价款收回的可能性不大,即使收入确认的其他条件均已满足,也不应当确认收入。

(5)相关已发生或将发生成本能够可靠的计量。根据收入和费用相配比的原则,与同一项销售有关的收入和成本应在同一会计期间予以确认。因此,如果成本不能可靠地计量,即使其他条件均已满足,相关的收入也不能确认,如已收到价款,收到的价款应确认为一项负债。

(三)销售收入分类

企业的收入按经济内容分,可以分为业务收入、劳务收入、利息收入、使用费收入、股利收入等。按其在企业中的重要性,可以分为主营业务收入和其他业务收入。

(1)主营业务收入,是企业在其主要的业务活动中所取得的收入,也称基本业务收入。主营业务收入在企业的营业收入中占有较大的比重,直接影响着企业的经济利益,是企业组织收入的重点。主营业务收入的范围随着企业性质的不同而不同,如工业企业的产品销售收入、商品流通企业的商品销售收入、施工企业的承包工程价款结算收入等,均属于主营业务收入。

(2)其他业务收入,是企业在其次要或者附带的业务活动中所取得的收入,亦称附营业务收入,与企业的基本业务收入相比,在企业中相对处于次要地位。如一般企业固定资产的出租、无形资产的转让、包装物的出租和出售等,均属于其他业务收入范畴。

把营业收入划分为主营业务收入和其他业务收入,目的是指明企业财务管理的重点,使企业能够按主次顺序有重点地实施管理工作。

(四)销售收入管理的要求

销售收入是企业生产经营成果的综合体现,加强收入的管理也就是要加强企业生产经营各部门、各环节的管理,做到以市场为导向,高效、协调、有序、高质量地组织好各项生产经营活动,达到企业人、财、物的最佳配合,才能使企业以准确的市场定位、高水准的运行效率及顾客满意的产品和服务来扩大销售数量和市场份额，巩固自身的市场地位。销售收入管理具有如下要求。

(1)识别市场机会。识别市场、抓住机会，投放市场适销对路的产品，增加销售收入，扩大市场占有份额，这是营业收入管理的目标和重要要求，同时还要提高服务意识，巩固市场地位，通过开发新的产品，不断满足顾客需求，不断扩大销售量和增加销售收入。这是企业生存发展的方向与条件。

(2)准确的市场定位。由于企业在市场竞争中所处的条件和地位各不相同，这就需要有不同的竞争策略和准确的市场定位，了解对手，把握自身，扬长避短，主动出击，寻找和扩大自己生存发展的空间，不断增加实力和市场竞争能力，保证营业收入的稳定和不断提高，使企业得到发展。

(3)合理的价格定位。价格定位是企业参与竞争的一种有效手段，合理的价格通常能使企业保持市场地位并获取满意的利润，实现营业收入的最优化。价格策略的制定，应充分考虑市场供求情况、竞争程度、消费倾向和消费心理状态、产品质量及经营实力等综合因素。

(4)明察市场动态。企业的生存环境及市场状态是处于动态的变化之中的，而企业又必须适应环境、把握市场，这就需要进行经常的市场调查，分析可变因素，进行有效的预测和决策，适时地调节行为动向，使得企业市场占有量巩固和发展，使企业保持住旺盛的竞争态势。对市场动态的把握，一是要明确企业产品所处的不同寿命周期，二是要了解企业竞争对手的动向和实力，三是要洞悉需求和技术的发展方向，四是要储备竞争优势力量，这里既包括产品，也包括人才优势和资金优势。

二、销售价格的制定

在市场竞争中，形式上享有定价权的企业，实际上受价格的支配，即任何企业都不能单独决定产品的市场价格，只能接受由市场供求和竞争决定的价格，并据以调整自己生产经营的方向和规模。企业确定商品销售价格的方法主要有以下内容：

（一）标准产品定价的基本方法

最常用的就是成本加成定价法，这种方法最为简单，企业只需按单位成本加上一定百分比的利润，即为产品价格。公式如下：

产品售价 = 单位产品制造成本 + 单位产品应负担的期间费用 + 单位产品目标利润　　(7 - 1)

公式(7 - 1)中，单位产品制造成本可根据企业会计核算资料确定。

单位产品应负担的期间费用是指销售费用、管理费用和财务费用。在定价时，这部分费用通常按照销售收入的一定比例计算，即

单位产品应负担的期间费用 = 产品售价 × 期间费用率　　(7 - 2)

单位产品目标利润可根据销售收入利润率计算，即

单位产品目标利润 = 产品售价 × 销售收入利润率　　(7 - 3)

将公式(7 - 2)和公式(7 - 3)代入公式(7 - 1)，可得

$$产品售价 = 单位产品制造成年 + 产品售价 \times 期间费用率 + 产品售价 \times 销售收入利润率 \quad (7-4)$$

整理公式(7－4)，得出产品定价的基本公式为

$$产品售价 = \frac{单位产品制造成本}{1 - 期间费用率 - 销售费用率}$$

[例7－1] 甲产品的单位制造成本为75元，期间费用率为10%，销售收入利润率为15%，则甲产品售价为

$$甲产品售价 = \frac{75}{1 - 10\% - 15\%} = 100(元)$$

(二)新产品定价的基本方法

一般来讲，新产品定价有以下两种策略可供选择。

1. 撇脂定价

撇脂定价是一种高价策略，即在产品生命周期的最初阶段，把产品的价格定得很高，以迅速从市场吸取高额利润，有如从鲜奶中撇取奶油。运用这一定价策略的时机为：一是短期内不会遇到竞争压力(如具有专利权保护、市场进入障碍很高或不易模仿的新科技产品)；二是由于产品具有独特性，故价格需求弹性不大；三是在产品普及以前，市场需求极为有限；四是企业希望能快速收回所投入的资金。

2. 渗透定价

渗透定价是一种低价策略，即企业把它的创新产品的价格定得相对较低，以吸引大量顾客，迅速打入市场并扩大市场占有率。这种定价策略通常在以下情况应用：一是想迅速地在市场上占有一席之地；二是防止竞争者进入；三是估计竞争者不会展开价格大战；四是以扩大市场占有率与投资报酬率为目的。这是一种考虑未来利益的长远的定价方法。

(三)特殊情况下的定价方法

这里所说的特殊情况，主要是指企业剩余生产能力未被充分利用，市场需求发生特殊变化、遇到强劲的竞争对手等。在这种特殊情况下，前述的定价方法无法应用。因此，可按变动成本(边际贡献)定价法确定价格。边际贡献是指销售收入总额减去相应的变动成本总额后的差额。可用公式表示：

$$边际贡献 = 销售收入 - 变动成本$$

单位边际贡献，是产品的单位售价减去单位变动成本的余额，即每增加一个单位产品销售可提供的贡献。用公式表示：

$$单位边际贡献 = 销售单价 - 单位变动成本$$

若将边际贡献放入利润基本公式，则为

$$利润 = 边际贡献 - 固定成本总额$$

由此可知，边际贡献的大小将直接影响企业产品销售盈亏水平的高低，产品销售能否保本以及产品销售利润的高低将取决于边际贡献能否“吸收”全部固定成本，并有剩余额及剩余的大小。在固定成本不变的情况下，边际贡献的增减意味着利润的增减。只有当边际贡献大于

固定成本时才能为企业提供利润,否则企业将会亏损。当企业有多余的生产能力,暂时又不能作为其他利用,此时的订货价格,可以不考虑价格对总成本的补偿,只考虑价格对变动成本的补偿,只要所确定的价格不低于单位变动成本,即边际贡献大于变动成本,其超过部分的收益可用以补偿固定成本。只要边际贡献能用于补偿固定成本或形成利润,该价格即为可行。如果企业遇到较强的竞争对手,为了增强产品的竞争能力,也可以以变动成本为基础而把价格暂时定在全部成本之下;如果市场上某产品需求突然减少,迫使企业不得不降价出售时,只要价格略高于变动成本就能补偿一部分固定成本,比完全停产损失要小些。

[例7-2]　A厂生产甲产品的年设计生产能力为20 000件,销售单价为150元,单位制造成本为100元,其中,直接材料费用50元,直接人工费用20元,制造费用中的变动制造费用12元,制造费用中的固定制造费用18元。该企业目前每年尚有30%的生产能力闲置。一客户欲与该厂签订订货合同,条件如下:以每件90元的价格为其生产6 000件甲产品。接受该批订货,需购置一台专用设备,价值8 000元。请问该厂能否接受这批订货合同?

分析:从表面来看,该批订货价格90元/件低于每件产品的制造成本100元/件,每件亏损10元,同时还要额外增加8 000元的固定资产投资,损失合计为68 000元,该批订货不能接受。但是按边际贡献法分析,则该批订货价格是完全可以接受的。因为,该企业在目前的状况下,无论是否接受该合同,固定制造费用都是要发生的,因而企业在考虑该项目决策时,不应考虑这部分的固定成本。只要定价高于该批产品的相关成本一产品变动成本和专用固定成本即可。

$$\begin{aligned}\text{该批订货提供的利润} &= \text{该批订货的销售收入额} - \text{该批订货的变动成本额} - \\ &\quad \text{该批订货追加的固定成本额} \\ &= 6\,000 \times 90 - 6\,000 \times (50 + 20 + 12) - 8\,000 \\ &= 40\,000(\text{元})\end{aligned}$$

即该批订货会使企业增加利润40 000元,所以这批订货合同是可以接受的。

三、税金的分类与销售税金的计算

(一)税金的概念与分类

税金,企业所得税法术语,是企业发生的除企业所得税和允许抵扣的增值税以外的企业缴纳的各项税金及其附加。即企业按规定缴纳的消费税、营业税、城乡维护建设税、关税、资源税、土地增值税、房产税、车船税、土地使用税、印花税、教育费附加等产品销售税金及附加。

销售税金是根据商品买卖或劳动服务的流转额征收的税金,销售税金及附加包括:消费税、营业税、城建税、资源税、教育费附加、商品及服务税(又称销售税)。

(二)销售税金的计算

1. 增值税

(1)增值税一般纳税人

应纳税额 = 销项税额 - 进项税

销项税额 = 销售额 × 税率　此处税率为17%

组成计税价格 = 成本 ×(1 + 成本利润率)

组成计税价格 = 成本 ×(1 + 成本利润率)÷(1 - 消费税税率)

禁止抵扣人进项税额 = 当月全部的进项税额 ×(当月免税项目销售额，非应税项目营业额的合计 ÷ 当月全部销售，营业额合计)

(2)进口货物

应纳税额 = 组成计税价格 × 税率

组成计税价格 = 关税完税价格 + 关税 + 消费税

(3)增值税小规模纳税人

应纳税额 = 销售额 × 征收率

销售额 = 含税销售额 ÷(1 + 征收率)

2. 消费税

(1)一般情况

应纳税额 = 销售额 × 税率

不含税销售额 = 含税销售额 ÷(1 + 增值税税率或征收率)

组成计税价格 =(成本 + 利润)÷(1 - 消费税率)

组成计税价格 = 成本 ×(1 + 成本利润率)÷(1 - 消费税税率)

组成计税价格 =(材料成本 + 加工费)÷(1 - 消费税税率)

组成计税价格 =(关税完税价格 + 关税)÷(1 - 消费税税率)

(2)从量计征

应纳税额 = 销售数量 × 单位税额

3. 营业税

应纳税额 = 营业额 × 税率

4. 关税

(1)从价计征

应纳税额 = 应税进口货物数量 × 单位完税价 × 适用税率

(2)从量计征

应纳税额 = 应税进口货物数量 × 关税单位税额

(3)复合计征

应纳税额 = 应税进口货物数量 × 关税单位税额 + 应税进口货物数量 × 单位完税价格 × 适用税率

四、销售收入的预测

(一)趋势预测分析法

趋势预测分析法，是根据历史资料，按一定时期的预测对象的时间序列的平均数作为某个未来时期的预测值的一类预测方法，具体又包括算术平均数法、移动平均数法、平滑指数法等。

1. 算术平均数法

算术平均数法是直接以一定时期预测对象的时间序列的算术平均数作为未来预测的一种方法,其算术平均数的取值方法有两种:一是简单算术平均数,二是加权算术平均数。

[例7-3] B企业2016—2020年连续5年的销售额如表7-1所示,试预测该企业2003年的销售额。

表7-1 B企业1998-2002年销售收入 计量单位:万元

年度	2016	2017	2018	2019	2020
销售额	15	18	22	25	30

采用简单算术平均法预测如下:

$$2021\text{年预计销售收入}=\frac{15+18+22+25+30}{5}=22(\text{万元})$$

采用加权算术平均法预测如下(假定各年的权数依次为0.1、0.1、0.2、0.3、0.3):

$$\text{预计销售额}=\frac{15\times0.1+18\times0.1\times22\times0.2+25\times0.3+30\times0.3}{0.1+0.1+0.2+0.3+0.3}=24.2(\text{万元})$$

从上面的运算结果可以看出,两种算术平均法的计算结果明显有差异。简单算术平均法的计算简单明了,但准确性较低,通常适用于收入在各期较为稳定、波动不大的情况下。加权算术平均数法根据与预测期的时间远近不同,对各期的数据给予不同的权数。由于近期数据对预测值的影响大于远期数据对预测值的影响,所以对近期的数据给予较大的权数,而对远期数据给予较小的权数。加权算术平均法较为合理,但运算比较复杂,其结果是否准确,主要取决于权数的设定是否科学合理。

2. 移动平均数法

移动平均数法又叫趋势平均法,是以过去一定时期销售的历史资料为基础,根据时间序列,逐项移动求序时平均数,并对平均变动趋势加以修正的一种预测方法。计算公式为

预测期销售量=最后一步的移动平均值是最后一步距离预测期的间隔数×最后一步的平均变动趋势值

式中,移动平均值既可按简单算术平均数计算,也可按加权算术平均数计算;平均变动趋势值是指每后一步的移动平均值与前一步的移动平均值之差,即每步移动平均值增减额。

[例7-4] C企业2019年12个月的销售额资料及移动平均值、平均变动趋势值如表7-2所示,该表以每3个月为一个间隔期。计算2020年的预计销售额。

表 7－2　C 企业 2012 年销售额移动平均表

月份	销售额/万元	移动平均值/万元	趋势变动值/万元	移动平均趋势值/万元
1	40			
2	42			
3	44	(40＋42＋44)/3＝42		
4	46	(42＋44＋46)/3＝44	＋2	
5	48	(44＋46＋48)/3＝46	＋2	
6	50	(46＋48＋50)/3＝48	＋2	(2＋2＋2)/3＝2
7	58	(48＋50＋58)/3＝52	＋4	(2＋2＋4)/3＝2.67
8	51	(50＋58＋51)/3＝53	－1	(2＋4－1)/3＝1.67
9	59	(58＋51＋59)/3＝65	＋3	(4－1＋3)/3＝2
10	58	(51＋59＋58)/3＝56	0	(－1＋3＋0)/3＝0.67
11	63	(59＋58＋63)/3＝60	＋4	(3＋0＋4)/3＝2.33
12	56	(58＋63＋56)/3＝59	－1	(0＋4－1)/3＝1

将表 7－2 中的资料代入公式，可计算如下：

2020 年 1 月预计销售额＝59＋2×1＝61(万元)

采用移动平均数法计算的预测值中，由于每步的间隔期起到修匀数据，消除偶然运动因素的作用，从而能使各期数据相互衔接。这种方法适用于各期产品生产和销售数量逐渐增加的企业。

3. 指数平滑法

指数平滑法是根据前期销售量的实际数和预测数，以加权因子为权数，进行加权平均预测下一期销售量的一种方法，其计算公式为

预测期销售量＝a×上期实际销售量＋$(1-a)$×上期预测销售量

式中 a 为指数平滑系数，即加权因子为 0～1 之间的正数，为上期实际销售量的权数；而 $(1-a)$ 为上期预测值的权数。a 的数值可由过去的数据经试算和调整得来，一般数值为 0.3～0.7。一般来说，如果 a 值取得小，平滑值比较平稳；a 值取得大，平滑指数比较敏感。如果数据变动迅速且有明显的趋势特点，则 a 取值宜大些。

[例 7－5]　D 公司 2019 年 8 月份的实际销售额为 80 万元，假设原来预测销售额为 75 万元，指数平滑系数是 0.6，要求按指数平滑法预测 2019 年 9 月份的销售额。计算如下：

9 月份销售额＝0.6×80＋(1－0.6)×75＝78(万元)

在采用指数平滑系数法时，平滑系数越大，则近期实际销售情况对预测结果的影响越大；反之，平滑系数越小，则近期实际数对预测结果的影响越小。这种方法一般适用于受不规则变动影响较大的收入预测。

(二)回归直线分析法

回归直线分析法，是根据过去若干期的销售额实际数额，确定一条可以反映销售增减

变动与时间关系的函数,再将此函数加以延伸,进而确定销售预测值的一种预测法。

回归分析的直线方程一般用 $y=\alpha+bx$ 表示,式中 y 代表销售预测值,x 代表时间的间隔期(即观察期,如年份或月份),常数 α 为某期销售数,b 为销售量变动趋势的平均数。只要确定了常数 α、b,就可以用上述公式预测销售收入。常数 α、b 的确定可按下列公式计算:

$$\alpha=\frac{n\sum x^2\sum y-\sum x\sum xy}{n\sum x^2-(\sum x)^2}$$

$$b=\frac{n\sum xy-\sum x\sum y}{n\sum x^2-(\sum x)^2}$$

由于 x 通常为时间序列数,间隔期相等,因此可采用简捷方法,$\sum x=0$,则上面二式可简化为

$$\alpha=\frac{\sum y}{n}$$

$$b=\frac{\sum xy}{\sum x^2}$$

[**例 7-6**] E 公司上半年 6 个月的销售资料如表 7-3 所示,试用回归分析法预测 7 月份的销售额。

表 7-3 销售资料表 单位:万元

月份	1	2	3	4	5	6
销售额	50	45	55	60	62	65

根据资料编制计算表,如表 7-4 所示。

表 7-4 计算表 单位:万元

1	-5	50	-250	25
2	-3	45	-135	9
3	-1	55	-55	1
4	1	60	60	1
5	3	62	186	9
6	5	65	325	25
	0	337	131	70

由此确定:

$$\alpha=\frac{\sum y}{n}=\frac{337}{6}\approx 56.2$$

$$b=\frac{\sum xy}{\sum x^2}=\frac{131}{70}\approx 1.87$$

7 月份的销售额预测值为

$$Y = 56.2 + 1.87x = (56.2 + 1.87 \times 7) = 69.29 \text{ 万元}$$

(三)市场调查法

市场调查法属于定性分析法,它是根据某种商品在市场上的供需情况的变动或消费者购买意向的详细调查等市场动态信息资料,来预测其销售量或是销售金额的一种专门方法。常用的有以下几种方法。

(1)意见综合法。这种做法通常是通过各种形式收集有关专业人员,如营销人员、专家或外聘信息员等的意见,加以综合汇总,从而形成有关的市场调查资料。

(2)抽样询问法。这种做法通常是采用访问调查、电话信函调查、座谈会调查等形式来获取市场信息。

(3)实验法。这种做法的基本思路是通过小规模、小范围的实验性销售、试用、展销等方式来获取购买或试用对象反馈的信息。

市场调查法一般适用于缺乏历史统计资料的商品,或影响预测对象的主要因素难以做出定量分析的商品。

五、销售收入的日常管理

(一)销售合同的签订与履行

销售合同是企业为取得营业收入而与购货人或劳务接受人就双方在购销或服务过程中的权利义务关系所签订的具有法律效力的书面文件。为了保证合同的顺利履行,企业财务人员在销售合同的签订和履行中应认真审查合同的签订与履行,因为合同签约对方的资信状况的好坏对合同的签订和未来的履约有很大影响。检查合同价格,控制商业折扣。控制信用规模和信用期限,商业信用本身会在一定程度上占压企业资金,影响企业营运资金的周转,导致企业利息费用增加,加大企业的财务风险,因此,企业对外提供的商业信用规模不宜过大,期限不可太长。监督结算方式的选择,不同的结算方式,其安全性是不一样的,企业在签订销售合同时,应当在合同中明确款项的结算方式,财务部门应提醒经营部门尽可能选择对本企业有利、能及时收回价款的结算方式。及时收回价款,在向对方提交商品或提供劳务后,财务部门要按合同规定的期限、结算方式向对方收取款项。监督解除合同后的善后处理,销售合同签订后,因己方或对方原因致使合同无法履行时,要解除合同,对解除合同的处理过程,财务部门应实施监督,以保证本企业合法利益不受损害。

(二)销售市场的扩展

稳定的市场是取得营业收入的可靠保证。在激烈的市场竞争中,稳定是相对的,企业只有不断进取,才能保住现有市场。为了扩大营业收入,企业还必须不断开拓新的市场。扩展市场可以采取的措施主要有:进行市场细分,选择商品目标市场;正确进行广告宣传,选择适当的媒体,精心制作广告内容,选择好广告发布的时间和频率,有计划地通过各种媒体向公众宣传企业及产品;搞好售后服务,企业的售后服务包括送货、安装、调试、退换、修理等许多方面,完善的售后服务可以解除客户的后顾之忧,不但对巩固现有市场不可或缺,也可以以此招揽新的客户,提高企业的市场占有率。

第二节 利润管理

一、利润及其构成

(一)利润概念

利润,是企业在一定时期内生产经营成果的最终体现,在数量上表现为各项收入与支出相抵后的余额,是衡量企业经营管理水平的重要指标。

(二)利润构成

企业的利润总额包括营业利润、投资收益(减投资损失)、补贴收入以及营业外收支净额。公式如下:

利润总额 = 营业利润 + 投资净收益 + 补贴收入 + 营业外收入 - 营业外支出

(1)营业利润,是利润总额的主要组成部分,是企业提供商品和劳务等营业活动所取得的净收益。公式如下:

营业利润 = 主营业务利润 + 其他业务利润 - 存货跌价损失 - 营业费用 - 管理费用 - 财务费用

主营业务利润 = 主营业务收入 - 销售折让 - 主营业务成本 - 主营业务税金及附加

其他业务利润 = 其他业务收入 - 其他业务支出

(2)投资净收益,是企业对外投资收益扣除对外投资损失后的净额,也是利润总额的构成部分。其中投资收益包括:①企业以现金、实物、无形资产等形式进行对外投资分得的利润,以及联营、合作分得的利润;②企业以购买股票形式分得的股息和红利收入;③企业以购买债券形式投资获得的利息收入;④投资到期收回或者中途转让取得款项高于投资账面价值的差额;⑤企业按照权益法核算的股权投资在被投资单位增加的净资产中所拥有的数额。投资损失包括对外投资到期收回或者中途转让取得款项低于投资账面价值的差额,以及按照权益法核算的股权投资在被投资单位减少的净资产中所分担的数额。

(3)营业外收入,是与企业主要生产经营活动无直接关系的各项收入。具体内容有:固定资产的盘盈和出售净收入、罚款收入、因债权人原因确实无法支付的应付款项、教育费附加返还款等。

(4)营业外支出,是与企业生产经营无直接关系的各项支出。包括:固定资产盘亏、报废、毁损和出售的净损失;非正常停工损失:职工子弟学校经费和技工学校经费;非常损失;公益救济性捐赠;赔偿金、违约金等。

二、利润管理的要求

利润既是生产经营成果的反映,又对企业生产经营活动起着一定的作用。为了加强利润管理,在坚持正确的生产经营方向的前提下,要把效益放在应有的位置上,采取各种行之有效的措施,不断提高盈利水平,开展利润预测,制定切合实际的利润目标。企业采取各种措施增加利润必须从全局利益出发,严格执行国家的有关财经法规。同时,企业一定时期内的利润必须首先用以纳税,然后才能用于企业生产经营发展和企业各项福利支出。

三、利润的预测

利润预测,是企业在营业收入预测的基础上,通过对销售量商品或服务成本、营业费用及其他对利润发生影响的因素分析和研究,对企业在未来某一时期可以实现的利润的预计和测算。正确的利润预测可以为企业未来的经营找到利润目标,便于按利润目标对企业经营效果进行考核。

在利润总额中,营业利润占的比重最大,因而营业利润和预测当然是利润预测的重点,投资净收益和营业外收支净额可以采用较为简便的方法进行预测。

(一)营业利润的预测

营业利润预测的方法很多,这里主要介绍本量利分析法。本量利分析法,全称为“成本—业务量—利润分析法”,它主要根据成本、业务量和利润三者之间的变化关系,分析某一因素的变化对其他因素的影响。运用本量利分析法预测企业利润,关键是要解决成本和销售量之间关系。成本按其性态可以划分为变动成本、固定成本和混合成本。变动成本是随业务量增长而成正比例增长的成本;固定成本是在一定的业务范围内,不受业务量影响的成本;混合成本介于变动成本和固定成本之间,是随业务量的增长而增长,但不成正比例增长的成本,可以将其分解成变动成本和固定成本两部分。成本、销量和利润的关系就可以统一于下面这个数学模型中:

$$\begin{aligned}\text{利润} &= \text{销售收入} - \text{总成本}\\ &= \text{销售收入} - \text{变动成本} - \text{固定成本}\\ &= \text{单价} \times \text{销售量} - \text{单位变动成本} \times \text{销售量} - \text{固定成本}\\ &= (\text{单价} - \text{单位变动成本}) \times \text{销售量} - \text{固定成本}\end{aligned}$$

上述公式中的利润一般是指未扣除利息和所得税以前的利润,即为息税前利润。它可用来预测企业盈亏平衡点、目标利润以及各有关因素变动对利润的影响。

(1)盈亏平衡点预测

①单一产品盈亏平衡点的确定。盈亏平衡点也称为保本点,在这点上销售利润等于零,即销售净收入总龋成本总额(变动成本总额加固定成本总额)相等,它是区分盈利和亏损的分界点,其计算公式如下:

$$\text{盈亏平衡点销售数量} = \frac{\text{固定成本总额}}{\text{单价} - \text{单位变动成本}} = \frac{\text{固定成本总额}}{\text{单价边际贡献}}$$

上式两边同时乘以产品销售单价,则可得

$$\text{盈亏平衡点销售收入} = \frac{\text{固定成本总额}}{1 - \text{变动成本率}}$$

[例7-7] A企业生产甲产品,根据成本分解,甲产品的固定成本总额为20 000元,

单位变动成本为 30 元,市场上甲产品每件销售价格为 50 元,则

$$盈亏平衡点(保本)销售量=\frac{20\ 000}{50-30}=1\ 000(件)$$

$$盈亏平衡点(保本)销售额=\frac{20\ 000}{1-30\div 50}=50\ 000(件)$$

从预测结果可知:当甲产品的销售量达到 1 000 件时,就可以保本;销售量大于 1 000 件时,就可以盈利;销售量小于 1 000 件时,则会发生亏损。

②多产品盈亏平衡点的确定。如果企业生产经营多种产品,在采用本量利分析法预测盈亏平衡点时,可先求出各种产品的综合边际贡献率,公式如下:

综合边际贡献率 = $\sum$(各种产品的边际贡献率 × 各种产品的销售收入占全部销售收入总额的比重)

然后,计算出企业综合的盈亏平衡点的销售收入,公式如下:

$$盈亏平衡点销售收入=\frac{固定成本总额}{综合边际贡献率}$$

最后,再计算出各产品盈亏平衡点的销售收入,计算公式为

某种产品盈亏平衡点销售收入 = 综合盈亏平衡点销售收入 × 该种产品收入占全部销售收入总额的比重。

[例 7-8] 某企业生产甲、乙、丙三种产品,固定成本总额为 100 万元,三种产品边际贡献分别为 35%,45%,50%,其销售比重分别为 30%,30%,40%。则

$$综合边际贡献率=35\%\times 30\%+45\%\times 30\%+50\%\times 40\%=44\%$$

$$综合盈亏平衡点销售收入=\frac{1\ 000\ 000}{44\%}=2\ 272\ 727.27(元)$$

$$甲盈亏平衡点销售收入=2\ 272\ 727.27\times 30\%=681\ 818.18(元)$$

$$乙盈亏平衡点销售收入=2\ 272\ 727.27\times 30\%=681\ 818.18(元)$$

$$丙盈亏平衡点销售收入=2\ 272\ 727.27\times 40\%=909\ 090.91(元)$$

③盈亏平衡点作业率与安全边际。盈亏平衡点作业率是指盈亏平衡点销售量占企业正常销售量的比重。所谓正常销售量,是指正常市场和正常开工情况下企业产品的销售数量或销售额。

$$盈亏平衡点的销售收入=\frac{盈亏平衡点的销售量}{正常销售量}\times 100\%$$

这个比率表明企业保本的业务量在正常业务量中所占的比重。由于多数企业的生产经营能力是按正常销售量来规划的,生产经营能力与正常销售基本相同,因此,盈亏平衡点作业率还表明保本状态下的生产经营能力的利用程度。

[例 7-9] 若例 8-7 中的企业正常销售额为 60 000 元,盈亏平衡点销售额为 50 000 元,则

$$盈亏平衡点的作业率=\frac{50\ 000}{60\ 000}\times 100\%=83.3\%$$

计算表明,该企业的作业率必须达到正常作业的 83.3% 以上才能取得盈利,否则就会发生亏损。

安全边际,是正常销售额超过盈亏平衡点销售额的差额。它表明销售额下降多少企业仍不致亏损。安全边际率,是安全边际与正常销售额(或当年实际订货额)的比值。其计算公式为

$$安全边际=正常销售额-盈亏平衡点销售额$$

$$安全边际率=\frac{安全边际}{正常销售额(实际订货额)}\times 100\%$$

[例7-10] 根据例7-7的有关数据计算安全边际和安全边际率:

$$安全边际=60\ 000-50\ 000=10\ 000(元)$$

$$安全边际率=\frac{安全边际}{正常销售额(实际订货额)}\times 100\%$$

安全边际和安全边际率的数值越大,企业发生亏损的可能性就越小,企业就越安全。安全边际率是相对指标,便于不同企业和不同行业的比较。企业安全性的经验数据如表7-5所示。

表7-5 安全性检验标准

安全边际率	40%以上	30%~40%	20%~30%	10%~20%	10%以下
安全等级	很安全	安全	较安全	值得注意	危险

$$正常销售额=盈亏平衡点销售额+安全边际$$

上述公式两边同时除以正常销售额,得

$$1=盈亏平衡点作业率+安全边际率$$

(2)实现目标利润销售量及销售收入的预测。本量利分析法不仅可以预测保本点,而且可以进行目标利润的预测。目标利润是企业生产经营活动的一个重要目标,企业通过本量利分析法,可以预测出在一定销售水平下的目标利润,也可以预测出为了达到一定的目标所需要实现的目标销售额或目标销售量。通过这种分析,企业就可以比较分析现有的销售水平与实现目标利润的销售水平的差距,以研究提高利润的各种方案。预测实现目标利润的销售量和销售收入,只需在盈亏平衡点销售量或销售额计算公式的分子中加上目标利润即可。计算公式为

$$实现目标利润销售量=\frac{固定成本总额+目标利润}{单价-单位变动成本}$$

$$实现目标利润销售收入=\frac{固定成本总额+目标利润}{1-变动成本率}$$

(3)各有关因素变动对利润影响的预测。企业利润额的增加或减少,是各有关因素变动影响的结果。根据本量利的关系可知,影响利润的因素有销售量、销售单价、变动成本、固定成本等。在采用因素测算法进行本量利分析时,首先必须对影响利润的各种因素进行测算,然后将变化了的各种因素代入本量利公式,测算出对利润的影响结果。通常,销售量和销售价格与利润是正相关,销售量的增加与销售价格的提高,都会使利润增加;单位变动成本和固定成本与利润是负相关的,单位变动成本和固定成本的增加,会使利润减少。下

面举例说明各项因素的变化对企业利润的影响。

［例 7－11］　甲企业 2019 年(基期)有关资料如下:

销售收入(1 500×10 元/件)	15 000
销售成本:	
变动成本(1 500×6 元/件)	9 000
固定制造费用	1 000
销售和管理费(固定)	2 000
利润	3 000

显然,如果销售量、单价、单位变动成本、固定成本诸因素中的一项或多项同时变动,都会对利润产生影响。

①外界单一因素发生变化的影响。假设由于原材料涨价,使单位变动成本上升到 7 元,则利润将变为

$$利润=1\ 500\times10-1\ 500\times7-(1\ 000+2\ 000)=1\ 500(元)$$

由于单位变动成本上升 1 元,使企业最终利润减少 1 500 元。企业应根据这种预见到的变化,采取措施,设法抵消这种影响。

如果价格、固定成本或销售量发生变动,也可以用上述统一方法测定其对利润的影响。

②企业拟采取某项行动对利润的影响。由于企业拟采取某项行动,将使有关因素发生变动时,企业需要测定其对利润的影响,作为评价该行动经济合理性的尺度。

方案一:甲企业拟采取更有效的广告方式,从而使销售量增加 20%。利润将因此变为

$$利润=1\ 500\times(1+20\%)\times10-1\ 500\times(1+20\%)\times6-(1\ 000+2\ 000)=4\ 200(元)$$

这项措施将使企业利润增加 1 200 元,它是增加广告开支的上限。如果这次广告宣传的支出超过 1 200 元,就可能得不偿失。

方案二:甲企业拟实施一项技术培训计划,以提高工效,使单位变动成本由 6 元降至 5 元。利润将因此变为

$$利润=1\ 500\times10-1\ 500\times5-(1\ 000+2\ 000)=4\ 500(元)$$

这项计划将使企业利润增加 1 500 元,它是培训计划开支的上限。如果培训计划的开支不超过 1 500 元,则可从当年新增利润中得到补偿,并可获得长期收益。如果开支超过 1 500 元,则要慎重考虑这项计划是否真的具有意义。

方案三:甲企业拟自建销售门市部,售价由目前的 10 元提高到 15 元,而能维持销售量不变。利润将因此变为

$$利润=1\ 500\times15-1\ 500\times6-(1\ 000+2\ 000)=10\ 500(元)$$

这项计划将使企业利润增加 7 500 元,它是门市部每年开支的上限。

③有关因素发生相互关联变化对利润的影响。由于外界因素变化或企业拟采取某项行动有关因素发生相互关联影响,企业需要测定其引起的利润变动,以便选择决策方案。

假设甲企业按国家规定普调工资,使单位变动成本增加 5%,固定成夸增加 1%,结果将会导致利润下降。为了抵消这种影响,企业有两个应对措施:一是提高价格 2%,而提价会

使销售量减少 10%；二是增加产量 10%，为使这些产品能销售出去，要追加 1 000 元广告费。

调整工资后不采取措施的利润为

$$利润 = 1\ 500 \times [10 - 6 \times (1 + 5\%)] - (1\ 000 + 2\ 000) \times (1 + 1\%) = 2\ 520(元)$$

方案一的预计利润为

$$\begin{aligned}利润 &= 1\ 500 \times (1 - 10\%) \times [10 \times (1 + 2\%) - 6 \times (1 + 5\%)] - (1\ 000 + 2\ 000) \times \\ &\quad (1 + 1\%) \\ &= 2\ 235(元)\end{aligned}$$

方案二的预计利润为

$$\begin{aligned}利润 &= 1\ 500 \times (1 + 10\%) \times [10 - 6 \times (1 + 5\%)] - [(1\ 000 + 2\ 000) \times (1 + 1\%) + \\ &\quad 1\ 000] \\ &= 2\ 075(元)\end{aligned}$$

通过比较可知，第一方案较好。

(二)投资净收益和营业外收支净额的预测

(1)投资净收益的预测。投资净收益的预测是对未来时期企业投资所实现的净收益进行的预测。进行投资净收益的预测，首先必须对过去投资净收益的实现情况进行分析，找出投资净收益与投资总额之间的内在联系。然后，根据未来时期对外投资总额以及可能引起投资收益发生变化的因素，对投资净收益做出综合判断。

(2)营业外收支净额的预测。营业外收入和支出的项目一般由国家统一规定，非经财政部门批准企业不得自行变更。因此，对营业外收支净额的预测，主要是指对其中可以事先预计的项目进行测算。一般可以采用按上期实际发生额作为预测数的方法确定。

四、利润分配程序

(一)非股份制企业的利润分配程序

根据《公司法》等的规定，非股份制企业当年实现的利润总额应按国家有关税法的规定作相应的调整，然后依法缴纳所得税。缴纳所得税后的净利润按下列顺序进行分配。

(1)弥补以前年度亏损。按照规定，企业当年发生的亏损，可以用下一年度的税前利润弥补。下一年度税前利润不够弥补时，可以连续五年继续弥补。但超过五年仍未弥补的亏损，则用净利润弥补。

(2)提取法定盈余公积金。法定盈余公积金按净利润扣除以前年度亏损后的 10% 提取。法定盈余公积金达到注册资本的 50% 时，可不再提取。它主要用于弥补企业亏损和按照国家规定转增资本金，但转增资本金后的法定盈余公积金一般不低于注册资本的 25%。

(3)提取法定公益金。法定公益金按当年净利润 5% ~10% 的比例提取，主要用于职工集体福利设施支出。

(4)向投资者分配利润。企业的净利润扣除弥补以前年度的亏损、提取法定盈余公积金和公益金后，再加上以前年度未分配的利润，即为可供投资者分配的利润。

（二）股份制企业的利润分配程序

现行制度规定，股份制企业的利润分配应按以下顺序进行：

（1）弥补以前年度亏损；

（2）提取法定盈余公积金；

（3）提取法定公益金；

（4）支付优先股股利；

（5）提取任意盈余公积金，任意盈余公积金按照公司章程或股东会议提取和使用；

（6）支付普通股股利。

股份制企业当年无利润时，原则上不得向投资者分配利润，但为了维护企业股票的市价和信誉，避免股票价格大幅度波动，经股东大会特别决议，可以按照不超过股票面值6%的比例，用法定盈余公积金向股东分配股利，但在分配股利后，留存的法定盈余公积金不得低于注册资本的25%。

第三节 利润分配政策

一、利润分配政策的概念及意义

（一）利润分配政策概念

利润分配政策，是企业对利润分配有关事项所做出的方针和政策。由于税法规定的强制性、严肃性和固定性，任何企业对纳税政策都是无方案可以选择的。因此，利润分配政策从根本上说就是净利润分配政策，就股份制企业而言，就是股利政策。

（二）制定利润分配政策的意义

利润分配是企业财务管理的重要内容。一方面，利润分配是企业与企业所有者之间利益关系的集中表现，企业所有者的利益主要是通过利润分配加以实现。另一方面，利润分配对企业来说，既是分配过程，又是筹资过程。企业的利润分配政策与方案，一方面受企业发展规划及筹资、投资计划的影响；另一方面又反过来影响企业未来的发展。因此，对利润分配的管理，需兼顾所有者利益的实现及企业长远发展两个方面的需要，在保护所有者利益的基础上谋求企业的发展。

二、确定利润分配政策应考虑的因素

企业的利润分配政策虽然是由企业管理者制定的，但是实际上它的决定范围是有一定限度的。在客观上、主观上有许多制约因素，使决策人只能遵循当时的经济环境与法律环境做出有限的选择。制约企业利润分配政策的因素主要有以下几个方面。

(一)法律约束因素

为保护债权人和股东的利益,我国有关法律法规对企业的利润分配进行了如下限制。

(1)资本保全的约束。企业所发放的股利或投资分红不得来源企业募集的股本,而只能来源于企业的各种留存收益或当期利润。其目的是在于保证企业有完整的产权基础,由此保护债权人的利益。

(2)资本积累的约束。企业在分配股利之前,必须按一定的比例和基数提取各种公积金。只有当累计的公积金达到注册资本的50%时,才可不再提取。在具体的分配政策上,贯彻“无利不分”的原则,即当企业出现年度亏损时,一般不得分配股利(除非用以前留存收益弥补完亏损)。

(3)超额累积利润的约束。由于投资者接受股利收入所缴纳的个人所得税要高于进行股票交易所获取的资本利得所缴纳的税金,因此,西方各国在法律上明确规定公司不得超额累积利润。一旦公司保留的盈余超过法律认可的水平,将被加征不合理留利税。我国目前对此尚未做出规定。

(4)偿债能力的约束。企业进行利润分配时,不能只看损益表上净利润额的大小,还必须注意资产负债表上的现金结余情况。只有当企业支付现金股利后不影响企业偿还债务和正常经营时,企业才能发放现金股利。

(二)公司自身因素

公司出于长期发展与短期经营考虑,需要综合考虑以下因素,并最终制定出切实可行的分配政策。这些因素主要有以下内容。

(1)债务考虑。企业对外负债时,债权人为保护自身债权的安全性和收益性,要求在企业发放股利或投资分红时有所限制。这些限制主要包括:规定每股股利的最高限额;规定企业只有在达到一定财务比率(如流动比率、利息保障倍数等)时,才可发放股利;规定企业必须建立偿债基金后,方可支付股利等。

(2)筹资成本。与发行新股相比,用保留盈余再投资,不需花费筹资费用,有利于降低筹资的外在成本。因此,很多企业在运筹投资分红时,首先将企业的净利润作为筹资的第一选择渠道,特别是在负债资金较多、资金结构欠佳的时期。

(3)未来投资机会。当企业预期未来有良好的投资机会时,保留大量的现金会造成资金的闲置,因此,处于成长中的企业多采取低股利政策;陷于经营收缩的企业多采取高股利政策。

(4)资产的流动性。由于股利代表现金流出,企业的现金状况与整体流动性越好,其支付股利的能力就越强。成长中的、盈利性的企业可能缺乏流动性,因为它的大部分资金投资在固定资产和永久性营运资金上了。这类企业的管理者通常希望保持一定的流动性,以作为财务灵活性的缓冲,并避免不确定性。

(5)企业的其他考虑。如企业有意识地多发股利使股价上涨,使已发行的可转换债券尽快地实现转换,从而达到调整资本结构的目的;另外,通过支付较高股利,刺激公司股价上扬,从而达到反兼并、反收购的目的等。

（三）投资者因素

（1）控制权的稀释。所有者权益由资本金、资本公积金和留存收益等组成。如果分利较多，留存收益将相应减少，企业将来依靠发行股票等方式筹资的可能性加大，而发行新股（主要指普通股）意味着企业控制权有旁落他人或其他公司的可能。因此，如果原投资者拿不出更多的资金投入企业或购买公司新股，他们宁愿企业不分配利润也要反对追加投资、募集新股。

（2）投资目的。企业投资者的投资目的一般有两种：一是收益，二是稳定购销关系。如果投资者投资的目的属于收益性的，在分配时就必须考虑投资者的收益预期；如果属于通过投资稳定购销关系，加强分工协作，那么分配政策就应侧重于留存而不分红。

（3）避税。政府对企业利润在征收所得税以后，还要对自然人股东征收个人所得税。许多国家的个人所得税采用累进税率，且边际税率很高。属于高收入阶层的股东为了避税往往反对公司发放较多的股利，属于低收入阶层的股东因个人税负较轻，反而欢迎公司多多分红。需要说明的是我国对股息收入采用20%的比例税率征收个人所得税，因而股票价格上涨比股利更具有吸引力。

三、利润分配政策

由于股利政策受多种因素影响，因此企业在实际财务管理过程中，要综合考虑不同企业、不同时期的特点及各因素的影响程度，确定适合自身的股利政策。股利政策主要有以下几种。

（一）剩余股利政策

剩余股利政策，是企业在保证最佳资本结构的前提下，将可供分配股利的净利润首先用于增加投资者权益（即增加资本金或公积金），若还有剩余的用于分配股利。采用剩余股利政策的前提是企业必须有良好的投资机会，并且该投资机会预期报酬率要高于股东要求的报酬率，这样才能为股东所接受。剩余股利政策确定股利支付额的程序是：

（1）确定企业目标资金结构，即确定最佳权益资本与债务资本的比率；

（2）确定目标资金结构下所需的权益性资金数额；

（3）将可供分配股利的净利润最大限度地满足投资所需的权益性资金的数额；

（4）投资方所需要的权益性资金数额满足后，若有剩余的净利润，再将其作为股利发放给股东。

［例7－12］ 某公司2019年提取了公积金、公益金后可供投资分配的利润为3 000 000元。2020年该企业拟扩大投资，其资本支出额有三种不同水平：2 000 000元、3 000 000元和6 000 000元。该公司最佳资金结构为权益资金占60%，负债资金占40%。公司拟采用剩余股利政策，试计算各种投资支出水平下的权益资金需用额和可发放股利率。

方案一：当资本支出为2 000 000元时：

需要权益资金 = 2 000 000 × 60% = 1 200 000(元)

可发放股利额 = 3 000 000 − 1 200 000 = 1 800 000(元)

$$股利支付率 = \frac{1\ 800\ 000}{3\ 000\ 000} \times 100\% = 60\%$$

方案二:当资本支出为 3 000 000 元时:

需要权益资金 = 3 000 000 × 60% = 1 800 000(元)

可发放股利额 = 3 000 000 − 1 800 000 = 1 200 000(元)

$$股利支付率 = \frac{1\ 200\ 000}{3\ 000\ 000} \times 100\% = 40\%$$

方案三:当资本支出为 6 000 000 元时:

需要权益资金 = 6 000 000 × 60% = 3 600 000(元)

可发放股利额 = 3 000 000 − 3 600 000 = −600 000(元)

应发行新普通股弥补。股利不能发放,股利支付率为零。

由此可见,剩余股利政策的优点是能充分利用筹资成本最低的资金来源,保持最佳资金结构。但股利支付的多少主要取决于企业盈利和再投资情况,往往会导致各期股利忽高忽低,甚至没有,这会给股东传递公司不良的信息,从而引起股票价格下滑。

(二)固定股利政策

固定股利政策,是企业在一个较长的时期内,不管盈利多少,每年都按固定的金额支付股利。股利的发放,不受企业经营状况、当期盈利多少的影响,一直维持固定的投资分红额或股利,除非企业预期收益将会有显著的、不可逆转的增长。

采用这种股利政策的优点是:固定的股利给投资者传递公司稳定发展的信号,有利于树立企业的良好形象,增强投资者对企业的未来前景的信心,稳定股票的价格,稳定的股利额有利于投资者安排收入和支出,特别是对那些对股利有着很高依赖性的股东更是如此;稳定的股利政策不符合剩余股利理论,但考虑到股票市场受到多种因素的影响,其中包括股东的心理状态和其他要求,因此为了使股利维持在稳定的水平上,即使推迟某些投资方案或者暂偏离目标资金结构,也可能要比降低股利和降低股利增长率更为有利。实践证明,一个有固定的股利发放记录,并且稳步发展的企业,必然会受到银行、退休养老金、保险公司等各类投资者的青睐。

这种政策的主要缺点在于固定不变的股利可能会成为企业的一项财务负担,因为股利支付没有与企业当期的盈利挂钩。当盈利较低时仍要支付较高的红利,从而易引起企业资金短缺,财务状况恶化;同时,不能像剩余股利政策那样保持较低的资金成本。这种股利政策适用于盈利较为稳定的企业。

(三)固定股利支付率政策

固定股利支付率政策,是企业每年从净利润中按固定的股利支付率发放股利。这样,每年的股利会随着企业盈利的变动而变动,从而保持了股利与利润间的一定比例关系,体现风险投资与风险收益的对等关系。

推行这一股利政策的优点是：可避免企业在盈利大幅度降低的年份，因支付较多的固定股利而陷入财务困境；可使股利与企业的盈余紧密地结合，以体现多盈多分、少盈少分、不盈不分的原则；对于实行内部职工持股比例较高的企业，如果采用这种股利政策，可将职工个人的利益与公司的利益紧密地结合起来，充分调动广大职工的积极性和创造性，增强企业活力，提高企业经济效益。这一方面会使企业职工和股东的财富稳步增加，另一方面会使企业的股价上扬，达到股东财富最大化的目的。

固定股利支付率政策的缺点是：由于每年的股利支付额不稳定，容易使投资者产生公司经营不稳定的感觉，尤其在经营不佳的情况下，会向外界传递公司不良的信息，不利于股票价格的稳定和上涨；不像剩余股利政策那样能够保持相对较低的资金成本。因此，企业很少采用这一股利政策。

（四）低正常股利加额外股利政策

这是一种介于固定股利政策和固定股利支付率政策之间的折中股利政策，即企业每年按固定的数额向股东支付较低的股利；当企业盈利较多时，再根据企业的盈利状况和实际需要，向股东额外加发一定金额的股利。但额外股利额并不固定化，不意味着企业永久地提高了规定的股利率。

这种股利政策的优点是：具有较大的灵活性，企业在支付股利方面有充分的弹性。当企业盈余较少或投资需用较多资金时，可维持设定的较低但正常的股利，股东不会有股利跌落感；而当盈余有较大幅度增长时，则可适度增发股利，把经济繁荣的部分利益分配给股东，使他们增强对企业的信心，这有利于稳定股票的价格，这种股利政策可使那些依靠股利度日的股东每年至少可以得到虽然较低，但比较稳定的股利收入，从而吸引住这部分股东。因此，在企业的净利润与现金流量不够稳定时，采用这种股利政策对企业和股东都有利。

这一股利政策的不足之处表现在：如果企业经济状况良好，并持续地支付额外股利，很容易提高股东对股利派发的期望水平，从而将额外股利视为正常股利，一旦企业因盈利下降而减少额外股利，便会招致股东不满。

以上所述是企业在实际经济生活中常用的几种股利政策，其中固定股利政策和低正常股利加额外股利政策是企业普遍使用并为广大投资者所认可的两种基本政策。企业在进行股利政策决策时，可以比照上述政策的思路、结合企业实际情况，选择适宜的股利分配政策。

四、股利支付形式

企业在决定发放股利后，便要做出以何种形式发放股利的决策。企业分配股利的形式一般有现金股利、股票股利、财产股利、股票分割、股票回购等。

（一）现金股利形式

现金股利形式，是企业以现金支付给股东股利的形式。由于投资者一般都希望能得到现金股利，而且企业发放股利的多少，直接影响企业股票的市场价格，因此现金股利是企业最常用的，也是最主要的股利发放方式。但这种形式加大了企业资金流出量，增加企业的支付压力，在特殊情况下，有悖于留存现金用于企业投资与发展的初衷。因此，采用现金股利形式时，企业必须具备两个基本条件：一是企业要有足够的未指明用途的留存收益（未分配利润）；二是企业要有足够的现金。

（二）股票股利形式

股票股利形式，是企业以股票形式向股东发放股利。一般都按现在股东持有股份的比例来分派，对于不满一股的股利，则仍采用现金来分派。具体到增发股票，可以是在公司注册资本尚未足额时，以其未认购的股票作为股利支付；也可以是发行新股支付股利。在操作上，有的企业增资发行新股时，预先扣除当年应分配股利，减价配售给股东；也有企业发行新股时进行无偿增资配股，即股东不缴纳任何现金和实物，即可取得公司发行的股票。

企业发放的股票股利是一种比较特殊的股利，这既不引起企业资产的流出和负债的增加，也不影响股东权益总额，仅仅是直接将企业的盈利转化为普通股股票股利，即盈利的资本化，是一种增资行为，因而它影响的只是所有者权益各项目的结构发生变化，以及由于普通股股数增加而引起的每股盈余和每股市价的下降，但由于股东所持股份的比例不变，每位股东所持股票的市场价格总额仍保持不变。严格地说，股票股利不能直接称为分红，因为它既没有改变企业所有者权益数量，股东也未收到现金，所以是不应征收个人所得税的。

[例7－13] 某公司宣布发放20%的股票权利，并规定现有股东每10股可得1股新发放股票，股票面额1元，市价10元。发放股票股利前，公司资产负债表上的股东权益情况如表7－6所示。试列出股票股利发放后资产负债表中股东权益的变化。

表7－6 某公司发放股票股利前股东权益 单位：元

普通股（面值1元，已发行100 000股）	100 000
资本公积	300 000
未分配利润	2 000 000
股东权益合计	2 400 000

增发20%的股票股利，即增发普通股，股数为

$$100\ 000 \times 20\% = 20\ 000（股）$$

随着股票股利的发放，需从“未分配利润”项目中划转出的资金为

$$20\ 000 \times 10 = 200\ 000（元）$$

由于股票面额为1元，增发20 000股，普通股只应增加“普通股”项目20 000元，其余180 000元，应作为股票溢价转到“资本公积”项目。相应地，未分配利润账户要减少200 000元，所以股东权益总额保持不变，股票股利发放后的资产负债表中股东权益各项目如表7－7所示。

表7-7　某公司发放股票股利后股东权益　单位:元

普通股(面值1元,已发行100 000股)	120 000
资本公积 未分配利润	480 000 1 800 000
股东权益合计	2 400 000

可见,发放股票股利不会对公司股东权益总额产生影响,但会发生资金在各股东权益项目之间的再分配。

发放股票股利后,如果盈利总额不变,会由于普通股股数增加而引起每股收益和每股市价的下降;但又由于股东所持股份的比例不变,每位股东所持股票的市场价值总额仍保持不变。这可从下列中得到说明。

[例7-14]　假定上述公司本年盈余为360 000元,甲公司持有该公司10 000股普通股,发放股票股利对该股东的影响如表7-8所示。

表7-8　发放股票股利对甲股东的影响　单位:元

项目	发放前	发放后
每股收益(EPS)	360 000 ÷ 100 000 = 3.6	360 000 ÷ 120 000 = 3
每股市价	10	10 ÷ (1 + 20%) = 8.333
持股比例	10 000 ÷ 100 000 = 10%	12 000 ÷ 120 000 = 10%
所持股总价值	10 × 10 000 = 100 000	8.333 × 12 000 = 100 000

尽管股票股利不直接增加股东的财富,也不增加公司的价值,但对股东和公司都有特殊的意义。如对股东的意义在于,在发放股票股利后同时发放现金股利,股东会因所持股数的增加而得到更多的现金;事实上,有时公司发放股票股利后其股价并不成比例下降,一般在发放少量股票股利(一般为2% ~3%)后,大体不会引起股价的立即变化,这可使股东得到股票价值相对上升的好处。发放股票股利通常由成长中的公司所为,因此投资者往往认为发放股票股利预示着公司将会有较大发展,利润将大幅度增长,足以抵消增发股票带来的消极影响,这种心理会稳定股价甚至使股价略有上升。在股东需要现金时,可以将分得的股票股利出售,有些国家税法规定出售股票所需缴纳的证券交易税比收到现金股利所需缴纳的所得税率低,这使得股东可以从中获得税收方面的好处。

股票股利对公司的意义在于,发放股票股利可使股东分享公司的盈余而无须分配现金,这使公司留存了大量现金,便于进行再投资,有利于公司长期发展;在盈余和现金股利不变的情况下,发放股票股利可以降低每股价值,从而吸引更多的投资者;发放股票股利往往向社会传递公司将会继续发展的信息,从而提高投资者对公司的信心,在一定程度上稳定股票价格。但在某些情况下,发放股票股利也会被认为是公司资金周转不灵的征兆,从而降低投资者对公司的信心,加剧股价的下跌;发放股票股利的费用比发放现金股利的费用大,会增加公司负担。

股票股利相比于现金股利,其作用在于:在企业现金短缺又难以从外部筹措现金时,股票股利可以达到既节约现金支出,又使股东分享利润,从而对企业感到满意的目的;股票股利有助于企业把股票市价控制在希望的范围内,避免股价过高而使一些投资者失去购买股票的能力,促进其股票在市场上的交易更为活跃;股票股利可以使企业保持较高的股利支付比率,又可保留现金,可对投资者的心理产生良好的影响,即传播给投资者企业利润将增加的信号;对股东来说,虽然企业盈余不增加,股票股利不增加其实际财富,但如果在发放股票股利之后,维持现金股利的发放,则股东可以多得现金收入,或者股权增加,但股价并不成比例下降,股东财富会有所增长。

五、股利的发放程序

股份公司分配股利必须遵循法定的程序,一般是先由董事会提出分配预案,然后提交股东大会决议通过才能进行分配。股东大会决议通过分配预案后,要向股东宣布发放股利的方案,并确定股权登记日、除息日和股利发放日。这几个日期对分配股利是非常重要的。

(1)股利宣告日,是董事会宣布发放股利的日期。股份公司董事会一般根据股东大会关于发放股利的决议,确定股利发放的具体政策及有关事宜。在股利宣告日,公司将决定支付的股利总额作为负债确认,同时通知股东办理必要手续,届时领取股利。例如,某公司在2002年2月15日就曾发表声明:“本公司董事会于2002年2月15日开会,并宣布发放每股1元的正常股利,另加每股0.55元的额外股利。公司将于2002年3月15日将上述股利支付给那些已在2002年3月10日登记为公司股东人士。”

(2)股权登记日,是股份公司规定的能获得此次股利分派的最后日期界限,如前文提到的2020年3月10日,这是决定股东能否取得此项股利的期限。凡在这一天前列于企业股东名册上的股东,都将有权获得此次分派股利。证券交易所的中央清算系统为股权登记提供了很大的方便,一般在营业结束的当天即可打印出股东名册。

(3)除息日,是领取股利的权利与股票相互分离的日期。在除息日前,股利权从属于股票,持有股票者即享有股利的权利。从除息日开始,股利权与股票相分离,新购入股票的人不能分享股利。通常在除息日之前进行交易的股票,其价格高于在除息日之后进行交易的股票价格,其原因在于前种股票的价格包含了应得的股利收入在内。所以除息日对股票价格有明显影响。在不考虑股市波动的情况下,在除息日时,股票每股股价的跌幅一般相当于每股股利。

(4)股利发放日,是将股利正式发放给股东的日期,也称为付息日。公司应从付息日开始,以各种手段(如邮寄支票、汇款等)将股利付给股东,同时冲销其负债记录。前文中的公司只有在2002年3月15日才会将股利支票邮寄给名字已列入“股权登记日股东名册”中的股东手中,这就是支付日。

复习思考题

一、简述销售收入的确认条件。

二、简述股份制企业利润分配的特点。

三、简述剩余股利政策决定股利分配额的一般步骤。

四、某企业生产 A 产品，经过成本计算，已知每件产品单位变动成本 9 元，固定成本总额为 24 000 元，单位售价为 14 元。

要求：(1)企业在计划期需要销售多少件产品才能达到保本销售点，此时销售额是多少？

(2)预计企业在计划期可销售 A 产品 7 000 件，企业可获得多少利润？

(3)若企业预计在计划期内取得 15 000 元利润，那么企业在计划期要销售多少件产品？

五、某家具厂只生产电脑桌，2019 年销量为 10 000 件，每张售价 200 元，每张电脑桌的单位成本为 150 元，其中单位变动成本为 120 元。（不考虑价内的税金）

要求：(1)计算该厂 2019 年的利润额。

(2)假若该厂希望 2020 年的利润在 2019 年利润的基础上增加 40%，在其他条件不变的情况下，需提高多少销售量才能实现目标利润？

(3)假若该厂希望 2020 年的利润在 2019 年利润的基础上增加 40%，在其他条件不变的情况下，需降低多少单位变动成本才能实现目标利润？

(4)假若该厂希望 2020 年的利润在 2019 年利润的基础上增加 40%，在其他条件下不变的情况下，需提高多少单位价格才能实现目标利润？

六、某企业只生产一种产品且产销平衡。该产品上年的销售量为 20 000 件，单价为 1 200元，单位变动成本为 1 000 元，年固定成本总额为 1 000 000 元。

要求：(1)计算该企业上年实现的利润额。

(2)计算该企业上年保本销售量。

(3)假设本年该企业销售量与成本均不变，计算保本售价是多少？

(4)如果该企业的产品市场发生了变化，本年需降价 5% 才能维持上年的销量水平。则企业要达到上年的利润水平，单位变动成本应降低到多少？（假设固定成本不变）

七、某厂计划年度生产甲、乙两种产品，单位价格分别为 4 元和 10 元；单位变动成本分别为 2 元和 6 元；税率（价内税）均为 10%；年固定成本总额 700 000 元。

要求：(1)若甲产品的产量已确定为 10 000 件，企业为了盈亏平衡，应生产多少件乙产品？

(2)若企业要实现 120 000 元目标利润，在甲产品产量不变的情况下，至少应生产多少件乙产品？（假设该企业产品销量等于生产量）

八、某企业销售 A、B 两种产品。销售比重 A70%、B30%. 单位销售价分别为 500 元、800 元。单位变动成本 350 元、480 元。消费税率分别 10%、15%。该企业固定成本总额 64 500元。目标利润为 12 900 元。

要求：(1)目标利润的销售收入。

(2)两种产品的保本销售量和收入。

九、某企业生产甲产品，计划年度预计固定成本总额为 1 600 元，单位变动成本 100 元，单位产品售价 200 元，消费税税率 10%，目标利润为 3 600 元。

要求:(1)计算保本销售量和保本销售额。

(2)计算目标利润销售量和目标利润销售额。

(3)若产品单位售价降到160元,实现目标利润的销售额应为多少?

十、某炼油厂生产柴油,预计每吨柴油的售价为2 000元,假定消费税税率为10%(即消费税占售价的百分比),每吨柴油的变动成本为1 500元,固定成本总额为10 000 000元。2006年该企业的目标利润为20 000 000元。

要求:(1)预测该企业2006年柴油的销售量和销售收入。

(2)为使产品在市场上有竞争力,企业将每吨柴油的价格下调为1 950元,在其他条件不变的情况下,计算该企业2006年为实现目标利润应达到的销售量及销售收入。

十一、某企业只生产一种产品,单价为10元,单位变动成本为6元,本月预计销售5 000件,该企业每月固定成本为10 000元。

要求:(1)计算该产品本月的预期利润。

(2)计算该产品单位边际贡献和边际贡献率。

第八章 财务分析

内容要点

偿债能力、营运能力、获利能力等的概念;偿债能力、营运能力、获利能力等的指标计算;资产负债表、利润表、现金流量表;比较分析法、比率分析法、趋势分析法;杜邦分析法、综合评分法。

第一节 财务分析概述

财务分析,是以会计核算和报表资料及其他相关资料为依据,采用一系列专门的分析技术和方法,对企业等经济组织过去和现在有关筹资活动、投资活动、经营活动、分配活动的盈利能力、营运能力、偿债能力和增长能力状况等进行分析与评价的经济管理活动。它为企业的投资者、债权人、经营者及其他关心企业的组织或个人了解企业过去、评价企业现状、预测企业未来做出正确决策提供准确的信息或依据的经济应用学科。本章的财务分析实质是以企业的财务报告等会计资料为基础,对企业的财务状况、经营成果和现金流量进行分析和评价的一种方法。

一、财务分析的意义与作用

对企业财务状况进行分析的主体包括:投资者、债权人、经理人员、供应商、政府部门、雇员和工会、中介机构等。

财务分析对不同的信息使用者具有不同的意义。具体说来,财务分析的意义主要体现在以下方面:

(1)可以判断企业的财务实力。通过对资产负债表和利润表有关资料进行分析,计算相关指标,可以了解企业的资产结构和负债水平是否合理,从而判断企业的偿债能力、营运能力及获利能力等财务实力,揭示企业在财务状况方面可能存在的问题。

(2)可以评价和考核企业的经营业绩,揭示财务活动存在的问题。通过指标的计算、分析和比较,能够评价和考核企业的盈利能力和资金周转状况,揭示其经营管理的各个方面和各个环节问题,找出差距,得出分析结论。

(3)可以挖掘企业潜力,寻求提高企业经营管理水平和经济效益的途径。企业进行财务分析的目的不仅仅是发现问题,更重要的是分析问题和解决问题。通过财务分析,应保持和进一步发挥生产经营管理中成功的经验,对存在的问题应提出解决的策略和措施,以达到扬长避短,提高经营管理水平和经济效益的目的。

(4)可以评价企业的发展趋势。通过企业各种财务分析,可以判断企业的发展趋势,预测其生产经营的前景及偿债能力,从而为企业领导层进行生产经营决策、投资者进行投资决策和债权人进行信贷决策提供重要的依据,避免因决策错误给其带来重大的损失。

财务分析的作用主要体现在以下方面:

(1)向投资人提供有关企业的盈利能力和股利分配政策等方面的信息,便于他们做出正确的投资决策。

(2)向债权人提供有关企业的资本结构、资产状况和盈利能力等方面的信息,便于他们做出正确的信贷决策。

(3)向政府提供有关企业的盈利状况和纳税等方面的信息,为国家的宏观决策提供依据。

(4)向企业管理人员提供有关企业某一特定日期财务状况以及某一特定期间经营业绩和现金流量方面的信息,为今后进行企业的生产经营决策和改善经营管理提供依据。便于考核各部门、单位工作业绩、总结经验、揭示问题。

(5)向雇员和工会提供有关企业盈利等方面的信息,便于分析判断企业盈利与雇员收入、保险、福利之间是否相适应。

(6)向供应商提供有关企业财务状况等方面的信息,看是否与企业进行合作,是否应对企业延长付款期。

二、财务分析的目的与要求

财务分析是指以财务报表和其他资料为依据和起点,采用专门方法,系统分析和评价企业的过去和现在的经营成果、财务状况及其变动,目的是了解过去、评价现在、预测未来,帮助利益关系者改善决策。财务分析的最基本功能是将大量的报表数据转换成对特定决策有用的信息,减少决策的不确定性。财务分析的起点是财务报表,分析使用的数据大部分来自公开发表的财务报表。因此,财务分析的前提是正确理解财务报表。

财务分析的目的是进行财务分析的最终目标,财务分析的最终目标是为财务报表使用者做出相关决策提供可靠的依据。

财务分析的目的受财务分析主体的制约,不同的财务分析主体进行财务分析的目的是不同的。

财务分析的一般目的可以概括为:评价过去的经营业绩、衡量现在的财务状况、预测未来的发展趋势。根据分析的具体目的,财务分析可以分为流动性分析、盈利性分析、财务风险分析、专题分析(如破产分析、审计人员的分析性检查程序)。

本章所述财务分析的目的具体分为:

(1)为投资决策、信贷决策、销售决策和宏观经济等提供依据;

(2)为企业内部经营管理业绩评价、监督和选择经营管理者提供依据。

为了保证财务分析更好地为企业管理决策服务,进行企业财务分析时要做到:

1. 财务分析所依据的信息资料要真实可靠

财务报表,是财务分析的基本依据,如果财务报表不能真实地反映企业的财务状况和经营成果,那么,财务分析就不可能得出正确的结论。开展财务分析一定要以真实可靠的财务报表信息为基础。

2. 根据财务分析的目的正确选择财务分析的方法

分析的目的不同,其方法也不一样。只有根据财务分析的具体目的选择适当的分析方法,才能收到预期的效果。

3. 根据多项财务指标的变化全面评价企业的财务状况和经营成果

分析时应从多项财务指标的变化中掌握企业财务活动的规律性。因此,分析人员应该做到:①在进行绝对指标比较分析的同时进行相对指标比较分析;②在进行横向比较分析的同时进行纵向比较;③在与目标标准进行比较分析的同时与公认标准进行比较分析。只有这样,才能得出正确的结论。

三、财务分析的方法

(一)比较分析法

比较分析法,是通过对比两期或连续数期财务报告中的相同指标,确定其增减变动的方向、数额和幅度,来说明企业财务状况或经营成果变动趋势的一种方法。采用比较分析法,可以分析引起变化的主要原因、变动的性质,并预测企业未来的发展趋势。

比较分析法的具体运用主要有重要财务指标的比较、会计报表的比较和会计报表项目构成的比较三种方式。

1. 重要财务指标的比较

重要财务指标的比较方法是将不同时期财务报告中的相同指标或比率进行纵向比较,直接观察其增减变动情况及变动幅度,考察其发展趋势,预测其发展前景。不同时期财务指标的比较主要有以下两种方法。

(1)定基动态比率,是以某一时期的数额为固定的基期数额而计算出来的动态比率。其计算公式为

$$定基动态比率=\frac{分析期数额}{固定基期数额}\times 100\%$$

(2)环比动态比率,是以每一分析期的数据与上期数据相比较计算出来的动态比率。其计算公式为

$$环比动态比率=\frac{分析期数额}{前期数额}\times 100\%$$

2. 会计报表的比较

会计报表的比较方法,是将连续数期的会计报表的金额并列起来,比较各指标不同期间的增减变动金额和幅度,据以判断企业财务状况和经营成果发展变化的一种方法。具体包括资产负债表比较、利润表比较和现金流量表比较等。

3. 会计报表项目构成的比较

会计报表项目构成的比较方法,是在会计报表比较的基础上发展而来的,是以会计报表中的某个总体指标作为100%,再计算出各组成项目占该总体指标的百分比,从而比较各个项目百分比的增减变动,以此来判断有关财务活动的变化趋势。

采用比较分析法时,应当注意以下问题:①用于对比的各个时期的指标,其计算口径必须保持一致;②应剔除偶发性项目的影响,使分析所利用的数据能反映正常的生产经营状

况;③应运用例外原则对某项有显著变动的指标作重点分析,研究其产生的原因,以便采取对策,趋利避害。

(二)比率分析法

比率分析法,是通过计算各种比率指标来确定财务活动变动程度的方法。比率指标的类型主要有构成比率、效率比率和相关比率三类。

1. 构成比率

构成比率又称结构比率,是某项财务指标的各组成部分数值占总体数值的百分比,反映部分与总体的关系。利用构成比率,可以考察总体中某个部分的形成和安排是否合理,以便协调各项财务活动。其计算公式为

$$构成比率=\frac{某个组成部分数值}{总体数值}\times 100\%$$

比如,企业资产中流动资产、固定资产和无形资产占资产总额的百分比(资产构成比率),企业负债中流动负债和长期负债占负债总额的百分比(负债构成比率)等。利用构成比率,可以考察总体中某个部分的形成和安排是否合理,以便协调各项财务活动。

2. 效率比率

效率比率,是某项财务活动中所费与所得的比率,反映投入与产出的关系。利用效率比率指标,可以进行得失比较,考察经营成果,评价经济效益。

比如,将利润项目与销售成本、销售收入、资本金等项目加以对比,可以计算出成本利润率、销售利润率和资本金利润率指标,从不同角度观察比较企业获利能力的高低及其增减变化情况。

3. 相关比率

相关比率,是以某个项目和与其有关但又不同的项目加以对比所得的比率,反映有关经济活动的相互关系。利用相关比率指标,可以考察企业相互关联的业务安排得是否合理,以保障经营活动顺畅进行。

比如,将流动资产与流动负债进行对比,计算出流动比率,可以判断企业的短期偿债能力,将负债总额与资产总额进行对比,可以判断企业长期偿债能力。

采用比率分析法时,应当注意以下几点:①对比项目的相关性;②对比口径的一致性;③衡量标准的科学性。

(三)因素分析法

因素分析法,是依据分析指标与其影响因素的关系,从数量上确定各因素对分析指标影响方向和影响程度的一种方法。

因素分析法具体有两种:连环替代法和差额分析法。

1. 连环替代法

连环替代法,是将分析指标分解为各个可以计量的因素,并根据各个因素之间的依存关系,顺次用各因素的比较值(通常为实际值)替代基准值(通常为标准值或计划值),据以测定各因素对分析指标的影响。

[例8－1] 某企业2019年10月某种原材料费用的实际数是4 620元，而其计划数是4 000元。实际比计划增加620元。由于原材料费用是由产品产量、单位产品材料消耗量和材料单价三个因素的乘积组成，因此就可以把材料费用这一总指标分解为三个因素，然后逐个来分析它们对材料费用总额的影响程度。现假设这三个因素的数值如表8－1所示。

表8－1

项目	单位	计划数	实际数
产品产量	件	100	110
单位产品材料消耗量	千克	8	7
材料单价	元	5	6
材料费用总额	元	4 000	4 620

根据表8－1中资料，材料费用总额实际数较计划数增加620元。运用连环替代法，可以计算各因素变动对材料费用总额的影响。

计划指标：100×8×5＝4 000（元） ①

第一次替代：110×8×5＝4 400（元） ②

第二次替代：110×7×5＝3 850（元） ③

第三次替代：110×7×6＝4 620（元） ④

实际指标：

②－①＝4 400－4 000＝400（元） 产量增加的影响

③－②＝3 850－4 400＝－550（元） 材料节约的影响

④－③＝4 620－3 850＝770（元） 价格提高的影响

400－550＋770＝620（元） 全部因素的影响

2. 差额分析法

差额分析法，是连环替代法的一种简化形式，是利用各个因素的比较值与基准值之间的差额，来计算各因素对分析指标的影响。

[例8－2] 仍用表8－1中的资料。可采用差额分析法计算确定各因素变动对材料费用的影响。

（1）由于产量增加对财务费用的影响为（110－100）×8×5＝400（元）

（2）由于材料消耗节约对材料费用的影响为（7－8）×110×5＝－550（元）

（3）由于价格提高对材料费用的影响为（6－5）×110×7＝770（元）

采用因素分析法时，必须注意以下问题：①因素分解的关联性。构成经济指标的因素，必须是客观上存在着的因果关系，要能够反映形成该项指标差异的内在构成原因，否则就失去了应用价值。②因素替代的顺序性。确定替代因素时，必须根据各因素的依存关系，遵循一定的顺序并依次替代，不可随意加以颠倒，否则就会得出不同的计算结果。③顺序替代的顺序性。因素分析法在计算每一因素变动的影响时，都是在前一次计算的基础上进行，并采用连环比较的方法确定因素变化影响结果。④计算结果的假定性。由于因素分析法计算的各因素变动的影响数,会因替代顺序不同而有差别,因而计算结果不免带有假定性,即它不可能使每个因素计算的结果,都达到绝对的准确。为此,分析时应力求使这种假定合乎逻辑,具有实际经济意义。这样,计算结果的假定性,才不至于妨碍分析的有效性。

四、财务分析的局限性

财务分析对于了解企业的财务状况和经营成绩,评价企业的偿债能力和经营能力,帮助制定经济决策,有着显著的作用。但由于种种因素的影响,财务分析也存在着一定的局限性。在分析中,应注意这些局限性的影响,以保证分析结果的正确性。

(一)资料来源的局限性

1. 报表数据的时效性问题

财务报表中的数据,均是企业过去经济活动的结果和总结,用于预测未来发展趋势,只有参考价值,并非绝对合理。

2. 报表数据的真实性问题

在企业形成其财务报表之前,信息提供者往往对信息使用者所关注的财务状况及对信息的偏好进行仔细分析与研究,并尽力满足信息使用者对企业财务状况和经营成果信息的期望。其结果极有可能使信息使用者所看到的报表信息与企业实际状况相距甚远,从而误导信息使用者的决策。

3. 报表数据的可靠性问题

财务报表虽然是按照会计准则编制的,但不一定能准确地反映企业的客观实际。例如,报表数据未按通货膨胀进行调整;某些资产以成本计价,并不代表其现在真实价值;许多支出在记账时存在灵活性,既可以作为当期费用,也可以作为资本项目在以后年度摊销;很多资产以估计值入账,但未必正确;偶然事件可能歪曲本期的损益,不能反映盈利的正常水平。

4. 报表数据的可比性问题

根据会计准则的规定,不同的企业或同一个企业的不同时期都可以根据情况采用不同的会计政策和会计处理方法,使得报表上的数据在企业不同时期和不同企业之间的对比在很多时候失去意义。

5. 报表数据的完整性问题

由于报表本身的原因,其提供的数据是有限的。对报表使用者来说,可能不少需要的信息在报表或附注中根本找不到。

(二)财务分析方法的局限性

对于比较分析法来说,在实际操作时,比较的双方必须具备可比性才有意义。对于比率分析法来说,比率分析是针对单个指标进行分析,综合程度较低,在某些情况下无法得出令人满意的结论;比率指标的计算一般都是建立在以历史数据为基础的财务报表之上的,这使比率指标提供的信息与决策之间的相关性大打折扣。对于因素分析法来说,在计算各因素对综合经济指标的影响额时,主观假定各因素的变化顺序而且规定每次只有一个因素发生变化,这些假定往往与事实不符,并且,无论何种分析法均是对过去经济事项的反映,随着环境的变化,这些比较标准也会发生变化。而在分析时,分析者往往只注重数据的比较,而忽略经营环境的变化,这样得出的分析结论也是不全面的。

(三)财务分析指标的局限性

1. 财务指标体系不严密

每一个财务指标只能反映企业的财务状况或经营状况的某一方面,每一类指标都过分强调本身所反映的方面,导致整个指标体系不严密。

2. 财务指标所反映的情况具有相对性

在判断某个具体财务指标是好还是坏,或根据一系列指标形成对企业的综合判断时,必须注意财务指标本身所反映情况的相对性。因此,在利用财务指标进行分析时,必须掌握好对财务指标的“信任度”。

3. 财务指标的评价标准不统一

比如,对流动比率,人们一般认为指标值为 2 比较合理,速动比率则认为 1 比较合适,但许多成功企业的流动比率都低于 2,不同行业的速动比率也有很大差别,如采用大量现金销售的企业,几乎没有应收账款,速动比率大大低于 1 是很正常的。相反,一些应收账款较多的企业,速动比率可能要大于 1。因此,在不同企业之间用财务指标进行评价时没有一个统一标准,不便于不同行业间的对比。

4. 财务指标的计算口径不一致

比如,对反映企业营运能力指标,分母的计算可用年末数,也可用平均数,而平均数的计算又有不同的方法,这些都会导致计算结果不一样,不利于评价比较。

五、财务评价

财务评价,是对企业财务状况和经营情况进行的总结、考核和评价。它以企业的财务报表和其他财务分析资料为依据,注重对企业财务分析指标的综合考核。

财务综合评价的方法有很多,包括杜邦分析法、沃尔评分法等。目前我国企业经营绩效评价主要使用的是功效系数法。功效系数法又叫功效函数法,它根据多目标规划原理,对每一项评价指标确定一个满意值和不允许值,以满意值为上限,以不允许值为下限,计算各指标实现满意值的程度,并以此确定各指标的分数,再经过加权平均进行综合,从而评价被研究对象的综合状况。

运用功效系数法进行经营业绩综合评价的一般步骤包括:选择业绩评价指标,确定各项业绩评价指标的标准值,确定各项业绩评价指标的权数,计算各类业绩评价指标得分,计算经营业绩综合评价分数,得出经营业绩综合评价分级。在这一过程中,正确选择评价指标特别重要。一般说来,指标选择要根据评价目的和要求,考虑分析评价的全面性、综合性。2002 年中华人民共和国财政部等五部委联合发布了《企业效绩评价操作细则(修订)》。我国企业多数执行或参照执行该操作细则。需要指出的是,《企业效绩评价操作细则(修订)》中提到的效绩评价体系,既包括财务评价指标,又包括了非财务指标,避免了单纯从财务方面评价绩效的片面性。

运用科学的财务绩效评价手段,实施财务绩效综合评价,不仅可以真实反映企业经营绩效状况,判断企业的财务改进水平,而且有利于适时揭示财务风险,引导企业持续、快速、健康地发展。

第二节　财务分析基础

财务会计报告包括财务会计报表、财务会计报表附注和财务情况说明书。财务会计报表主要包括资产负债表、利润表、现金流量表及相关附表。财务会计报表附注是为了便于会计报表使用者理解会计报表的内容而做的解释。财务情况说明书,是对企业生产经营、财务等重要情况做进一步的文字说明。财务会计报告对投资者、债权人等的经济决策有着重要的作用。财务会计报告是财务分析基础和出发点。

一、资产负债表

资产负债表,是反映企业某一特定时间资产、负债、所有者权益等财务状况的会计报表。资产负债表是根据资产等于负债加所有者权益这一会计等式编制的。

会计等式:

$$资产 = 负债 + 所有者权益$$

资产负债表中,将资产项目列在报表的左侧,负债和所有者权益列在报表的右侧,从而使资产负债表左右两侧保持平衡,即满足上面的会计等式。资产负债表如表 8－2 所示。

表 8－2　资产负债表

编制单位:Q 公司　　　　2019 年 12 月 31 日　　　　单位:万元

资　　产	年末余额	年初余额	负债和股东权益	年末余额	年初余额
流动资产			流动负债		
货币资金	44	25	短期借款	60	45
交易性金融资产	6	12	交易性金融负债	28	10
应收票据	14	11	应付票据	5	4
应收账款	398	199	应付账款	100	109
预付账款	22	4	预收账款	10	4
应收利息	0	0	应付职工薪酬	2	1
应收股利	0	0	应交税费	5	4
其他应收款	12	22	应付利息	12	16
存货	119	326	应付股利	0	0
一年内到期的非流动资产	77	11	其他应付款	25	22
其他流动资产	8	0	一年内到期的非流动负债	0	0
流动资产合计	700	610	其他流动负债	53	5

表 8-2(续)

资　　产	年末余额	年初余额	负债和股东权益	年末余额	年初余额
			流动负债合计	300	220
非流动资产			非流动负债		
可供出售金融资产	0	45	长期借款	450	245
持有至到期投资	0	0	应付债券	240	260
长期应收款	0	0	长期应付款	50	60
长期股权投资	30	0	专项应付款	0	0
固定资产	1 238	955	预计负债	0	0
在建工程	18	35	递延所得税负债	0	0
固定资产清理	0	12	其他非流动负债	0	15
无形资产	6	8	非流动负债合计	740	580
开发支出	0	0	负债合计	1 040	800
商誉	0	0	股东权益		
长期待摊费用	5	15	股本	100	100
递延所得税资产	0	0	资本公积	10	10
其他非流动资产	3	0	减:库存股	0	0
非流动资产合计	1 300	1 070	盈余公积	60	40
			未分配利润	790	730
			股东权益合计	960	880
资产总计	2 000	1 680	负债和股东权益总计	2 000	1 680

资产负债表的左边是资产,包括流动资产和非流动资产,这是按照流动性排列的。市场经济条件下我们应当关注资产的流动性。企业规模大并不代表企业就有竞争能力,不代表财务状况就很好。表面上非常繁荣的企业,也可能由于资产流动性不够而导致破产。换句话说,任何一个企业破产,最本质、最直接的原因就是资产的流动性出了问题,没有现金去还债,于是债权人决定向法院申请企业破产。

资产负债表的右边是负债和所有者权益。负债是企业向外面借来的资金,反映的是债权债务的关系;所有者权益是企业接受投资人投资的资金。所有者权益和负债共同构成了企业的资金来源,企业一定的资产来源就必然要有一定的资金占用,所以从另外一个角度来解释资产,资产就是资金的具体占用形态。资产负债表是一个静态的会计报表,只描述了它在发布那一时点公司的财务状况。因此,它反映的信息带有时效性。只要企业在经营,它的资金每时每刻都在运动,资产负债表只不过是截取一个相对静止的时点,把它的财务状况反映给报表的使用者,资产负债表每时每刻都是变化的。

二、利润表

利润表又称损益表,是反映公司在一定期间(月份、季度、年度)经营成果的会计报表。利润表是根据收入减去费用等于利润这一等式编制的,利润表如表8-3所示。

会计等式:

$$利润=(收入-费用)+计入损益的(利得-损失)$$

表8-3　利润表

编制单位:Q公司　　　　2019年　　　　单位:万元

项　　目	本年金额	上年金额
一、营业收入	3 000	2 850
减:营业成本	2 644	2 503
营业税金及附加	28	28
销售费用	22	20
管理费用	46	40
财务费用	110	96
资产减值损失	0	0
加:公允价值变动收益	0	0
投资收益	6	0
二、营业利润	156	163
加:营业外收入	45	72
减:营业外支出	1	0
三、利润总额	200	235
减:所得税费用	64	75
四、净利润	136	160

编制利润表的主要目的是将企业经营成果的信息,提供给各种报表使用者,以供他们作为决策的依据或参考。主要作用有:①可据以解释、评价和预测企业的经营成果和获利能力;②可据以解释、评价和预测企业的偿债能力;③企业管理人员可据以做出经营决策;④可据以评价和考核管理人员的绩效。

三、现金流量表

现金流量表,是反映一家公司在一定时期现金流入和现金流出动态状况的报表。其组成内容与资产负债表和损益表相一致。通过现金流量表,可以概括反映经营活动、投资活动和筹资活动对企业现金流入流出的影响,对于评价企业的实现利润、财务状况及财务管理,要比传统的损益表提供更好的基础,现金流量表如表8-4所示。

表 8-4 现金流量表

编制单位:Q 公司　　2019 年　　单位:万元

项 目	本期金额	上期金额(略)
一、经营活动产生的现金流量		
销售商品、提供劳务收到的现金	2 810	
收到的税费返还	0	
收到其他与经营活动有关的现金	10	
经营活动现金流入小计	2 820	
购买商品、接受劳务支付的现金	2 363	
支付给职工以及为职工支付的现金	29	
支付的各项税费	91	
支付其他与经营活动有关的现金支出	14	
经营活动现金流出小计	2 497	
经营活动产生的现金流量净额	323	
二、投资活动产生的现金流量		
收回投资收到的现金	4	
取得投资收益收到的现金	6	
处置固定资产、无形资产和其他长期资产收回的现金净额	12	
处置子公司及其他营业单位收到的现金净额	0	
收到其他与投资活动有关的现金	0	
投资活动现金流入小计	22	
购置固定资产、无形资产和其他长期资产支付的现金	369	
投资支付的现金	30	
支付其他与投资活动有关的现金	0	
投资活动现金流出小计	399	
投资活动产生的现金流量净额	-377	
三、筹资活动产生的现金流量		
吸收投资收到的现金	0	
取得借款收到的现金	270	
收到其他与筹资活动有关的现金	0	
筹资活动现金流入小计	270	
偿还债务支付的现金	20	
分配股利、利润或偿付利息支付的现金	152	
支付其他与筹资活动有关的现金	25	
筹资活动现金流出小计	197	
筹资活动产生的现金流量净额	73	

表 8-4(续)

项目	本期金额	上期金额(略)
四、汇率变动对现金及现金等价物的影响	0	
五、现金及现金等价物净增加额	19	
加:期初现金及现金等价物余额	25	
六、期末现金及现金等价物余额	44	
补充资料		
1. 将净利润调节为经营活动现金流量		
净利润	136	
加:资产减值准备	0	
固定资产折旧、油气资产折耗、生产性生物资产折旧	100	
无形资产摊销	2	
长期待摊费用摊销	10	
处置固定资产、无形资产和其他长期资产的损失(收益以"—"号填列)	-15	
固定资产报废损失(收益以"—"号填列)	0	
公允价值变动损失(收益以"—"号填列)	0	
财务费用(收益以"—"号填列)	110	
投资损失(收益以"—"号填列)	-6	
递延所得税资产减少(增加以"—"号填列)	0	
递延所得税负债增加(减少以"—"号填列)	0	
存货的减少(增加以"—"号填列)	207	
经营性应收项目的减少(增加以"—"号填列)	-210	
经营性应付项目的增加(减少以"—"号填列)	-11	
经营活动产生的现金流量净额	323	
2. 不涉及现金收支的重大投资和筹资活动		
债务转为资本	0	
一年内到期的可转换公司债券	0	
融资租入固定资产	0	
3. 现金及现金等价物净变动情况		
现金的期末余额	44	
减:现金的期初余额	25	
加:现金等价物的期末余额	0	
减:现金等价物的期初余额	0	
现金及现金等价物净增加额	19	
其他	0	

现金流量表为大家提供了一家公司经营是否健康的证据。如果一家公司经营活动产生的现金流无法支付股利与保持股本的生产能力,从而它得用借款的方式满足这些需要,那么这就给出了一个警告,这家公司从长期来看无法维持正常情况下的支出。现金流量表通过显示经营中产生的现金流量的不足和不得不用借款来支付无法永久支撑的股利水平,从而揭示了公司内在的发展问题。

第三节　偿债能力分析

企业的偿债能力,是企业用其资产偿还长期债务与短期债务的能力。企业有无支付现金的能力和偿还债务能力,是企业能否生存和健康发展的关键。

企业偿债能力是反映企业财务状况和经营能力的重要标志。偿债能力是企业偿还到期债务的承受能力或保证程度,包括偿还短期债务和长期债务的能力。

企业偿债能力,静态地讲,就是用企业资产清偿企业债务的能力;动态地讲,就是用企业资产和经营过程创造的收益偿还债务的能力。企业有无现金支付能力和偿债能力是企业能否健康发展的关键。企业偿债能力分析是企业财务分析的重要组成部分。

在偿债能力问题上。债权人和股东的利益并不一致。股东更愿意拿债权人的钱去冒险,如果冒险成功,超额报酬全部归股东,债权人却只能得到固定的利息而不能分享冒险成功的额外收益;如果冒险失败,债权人有可能无法收回本金,要承担冒险失败的部分损失。对管理当局来说,为了能够取得贷款,他们必须考虑债权人对偿债能力的要求;为了股东的利益,他们必须权衡企业的收益和风险、保持适当的偿债能力;为了自身的利益,则更倾向于维持较高的偿债能人。对企业的供应商和消费者来说,企业短期偿债能力低意味着企业履行合同的能力较差;企业如果无力履行合同,供应商和消费者利益必将受到损害。

(一)短期偿债能力分析

企业短期债务一般要用流动资产来偿付,短期偿债能力是指企业流动资产对流动负债及时足额偿还的保证程度,是衡量流动资产变现能力的重要标志。企业短期偿债能力的衡量指标主要有流动比率、速动比率和现金比率。

1. 流动比率

流动比率是企业流动资产与流动负债之比。其计算公式为

$$流动比率 = 流动资产/流动负债$$

一般认为,生产企业合理的最低流动比率是 2。这是因为流动资产中变现能力最差的存货金额约占流动资产总额的一半,剩下的流动性较大的流动资产至少要等于流动负债,企业短期偿债能力才会有保证。人们长期以来的这种认识因其未能从理论上证明,还不能成为一个统一标准。

[例 8-3]　按照上述 Q 公司数据,2019 和 2018 的流动比率分别为

$$流动比率 = \frac{700}{300} = 2.33$$

$$流动比率 = \frac{610}{220} = 2.77$$

运用流动比率进行分析时,要注意以下几个问题。

(1)流动比率高,一般认为偿债保证程度较强,但并不一定有足够的现金或银行存款偿债,因为流动资产除了货币资金以外,还有存货、应收账款、待摊费用等项目,有可能出现虽说流动比率高,但真正用来偿债的现金和存款却严重短缺的现象,所以分析流动比率时,还需进一步分析流动资产的构成项目。

(2)计算出来的流动比率,只有和同行业平均流动比率、本企业历史流动比率进行比较,才能知道这个比率是高还是低。这种比较通常并不能说明流动比率为什么这么高或低,要找出过高或过低的原因还必须分析流动资产和流动负债所包括的内容以及经营上的因素。一般情况下,营业周期、流动资产中的应收账款和存货的周转速度是影响流动比率的主要因素。

2. 速动比率

速动比率,是企业速动资产与流动负债之比。速动资产,是指流动资产减去变现能力较差且不稳定的存货、待摊费用等后的余额。由于剔除了存货等变现能力较差的资产,速动比率比流动比率能更准确、可靠地评价企业资产的流动性及偿还短期债务的能力。其计算公式为

$$速动比率 = 速动资产 \div 流动负债$$

一般认为速动比率为1较合适,速动比率过低,企业面临偿债风险;但速动比率过高,会因占用现金及应收账款过多而增加企业的机会成本。

[**例8-4**]　按照上述Q公司数据,2019和2018的流动比率分别为

$$速动比率 = \frac{44+6-14+398+22+12}{300} = 1.65$$

$$速动比率 = \frac{25+12-11+199+4+22}{220} = 1.24$$

3. 现金比率

现金比率,是企业现金类资产与流动负债的比率。现金类资产包括企业所拥有的货币资金和持有的有价证券(即资产负债表中的短期投资)。它是速动资产扣除应收账款后的余额。速动资产扣除应收账款后计算出来的金额,最能反映企业直接偿付流动负债的能力。现金比率一般认为20%以上为好。但这一比率过高,就意味着企业流动负债未能得到合理运用,而现金类资产获利能力低,这类资产金额太高会导致企业机会成本增加。现金比率计算公式为

$$现金比率 = (现金 + 有价证券) \div 流动负债$$

[**例8-5**]　按照上述Q公司数据:

$$2019年现金比率 = \frac{44+6}{300} = 0.167$$

$$2018年现金比率 = \frac{25+12}{220} = 0.168$$

上述短期偿债能力比率,都是根据财务报表数据计算而得。还有一些表外因素也会影响企业的短期偿债能力,甚至影响相当大。财务报表使用人应尽可能了解这方面信息,以做出的正确判断。

1. 增强短期偿债能力的因素

(1)可动用的银行授信额度。银行已同意、企业尚未动用的银行贷款限额,可以随时增加企业的现金,提高支付能力。这一数据不反映在财务报表中,但会在董事会决议中披露。

(2)准备很快变现的非流动资产。企业可能有一些长期资产可以随时出售变现,而不出现在"一年内到期的非流动资产"项目中。例如,储备的土地、未开采的采矿权、目前出租的房产等,在企业发生周转困难时,将其出售并不影响企业的持续经营。

(3)企业信用和偿债声产誉。

2. 降低短期偿债能力的因素

(1)与担保有关的负债。如果该金额较大量很可能发生,应在评价偿债能力时给予关注。

(2)经营租赁合同中的承诺付款。这很可能是需要偿付的义务。

(3)建造合同、长期资产购置合同中的分期付款。这也是一种承诺付款,应视同需要偿还的债务。

(二)长期偿债能力分析

长期偿债能力,是指企业偿还长期负债的能力。其分析指标主要有三项:资产负债率、产权比率和利息保障倍数。

1. 资产负债率

资产负债率,是企业负债总额与资产总额之比。其计算公式为

$$资产负债率=(负债总额\div资产总额)\times100\%$$

资产负债率反映债权人所提供的资金占全部资金的比重,以及企业资产对债权人权益的保障程度。这一比率越低(50%以下),表明企业的偿债能力越强。

[例8-6] 按照上述Q公司数据:

$$2019\ 资产负债率=\frac{1\ 040}{2\ 000}\times100\%=52.00\%$$

$$2018\ 资产负债率=\frac{800}{1\ 680}\times100\%=47.62\%$$

事实上,对这一比率的分析,还要看站在谁的立场上。从债权人的立场看,债务比率越低越好,企业偿债有保证,贷款不会有太大风险;从股东的立场看,在全部资本利润率高于借款利息率时,负债比率越大越好,因为股东所得到的利润就会加大。从财务管理的角度看,在进行借入资本决策时,企业应当审时度势,全面考虑,充分估计预期的利润和增加的风险,权衡利害得失,做出正确的分析和决策。

2. 产权比率与权益乘数

产权比率又称资本负债率,是负债总额与所有者权益之比,它是企业财务结构稳健与

否的重要标志。其计算公式为

$$产权比率 = 负债总额 \div 所有者权益 \times 100\%$$

［**例 8－7**］ 按照上述 Q 公司数据：

$$产权比率 = \frac{1\ 040}{960} \times 100\% \approx 1.08\%$$

产权比率不仅反映了由债务人提供的资本与所有者提供的资本的相对关系，而且反映了企业自有资金偿还全部债务的能力，因此它又是衡量企业负债经营是否安全有利的重要指标。一般来说，这一比率越低，表明企业长期偿债能力越强，债权人权益保障程度越高，承担的风险越小，一般认为这一比率为 1∶1，即 100% 以下时，应该是有偿债能力的，但还应该结合企业的具体情况加以分析。当企业的资产收益率大于负债成本率时，负债经营有利于提高资金收益率，获得额外的利润，这时的产权比率可适当高些。产权比率高，是高风险、高报酬的财务结构；产权比率低，是低风险、低报酬的财务结构。

权益乘数（又称股本乘数），是资产总额相当于股东权益的倍数。权益乘数越大表明所有者投入企业的资本占全部资产的比重越小，企业负债的程度越高；反之，该比率越小，表明所有者投入企业的资本占全部资产的比重越大，企业的负债程度越低，债权人权益受保护的程度越高。

权益乘数 = 资产总额/股东权益总额　即 = 1/(1 − 资产负债率)

3. 利息保障倍数

利息保障倍数，是企业息税前利润与利息费用之比，又称已获利息倍数，用以衡量偿付借款利息的能力。其计算公式为

$$利息保障倍数 = 息税前利润 \div 利息费用$$

公式中的分子“息税前利润”，是利润表中未扣除利息费用和所得税前的利润。公式中的分母“利息费用”，是本期发生的全部应付利息，不仅包括财务费用中的利息费用，还应包括计入固定资产成本的资本化利息。资本化利息虽然不在利润表中扣除，但仍然是要偿还的。利息保障倍数的重点是衡量企业支付利息的能力，没有足够大的息税前利润，利息的支付就会发生困难。

［**例 8－8**］ 按照上述 Q 公司数据：

$$2019\ 年利息保障倍数 = \frac{136 + 110 + 64}{110} \approx 2.82$$

$$2018\ 年利息保障倍数 = \frac{160 + 96 + 75}{96} \approx 3.45$$

利息保障倍数不仅反映了企业获利能力的大小，而且反映了获利能力对偿还到期债务的保证程度，它既是企业举债经营的前提依据，也是衡量企业长期偿债能力大小的重要标志。要维持正常偿债能力，利息保障倍数至少应大于 1，且比值越高，企业长期偿债能力越强。如果利息保障倍数过低，企业将面临亏损、偿债的安全性与稳定性下降的风险。

第四节　营运能力分析

企业营运能力,主要指企业营运资产的效率与效益。企业营运资产的效率主要指资产的周转率或周转速度。企业营运资产的效益通常是指企业的产出额与资产占用额之间的比率。

企业营运能力分析就是要通过对反映企业资产营运效率与效益的指标进行计算与分析,评价企业的营运能力,为企业提高经济效益指明方向。第一,营运能力分析可评价企业资产营运的效率。第二,营运能力分析可发现企业在资产营运中存在的问题。第三,营运能力分析是盈利能力分析和偿债能力分析的基础与补充。

企业的经营活动离不开各项资产的运用,对企业营运能力的分析,实质上就是对各项资产的周转使用情况进行分析。一般而言,资金周转速度越快,说明企业的资金管理水平越高,资金利用效率越高。企业营运能力分析主要包括:流动资产周转情况分析、固定资产周转率和总资产周转率三个方面。

(一)流动资产周转分析

反映流动资产周转情况的指标主要有应收账款周转率、存货周转率和流动资产周转率。

1. 应收账款周转率

应收账款在流动资产中有着举足轻重的地位,及时收回应收账款 ,不仅增强了企业的短期偿债能力,也反映出企业管理应收账款的效率。

应收账款周转率(次数),是一定时期内应收账款平均收回的次数,是一定时期内商品或产品销售收入净额与应收账款平均余额的比值。其计算公式为

应收账款周转次数 = 销售收入净额 ÷ 应收账款平均余额

其中

销售收入净额 = 销售收入 - 销售折扣与折让

应收账款平均余额 = (期初应收账款 + 期末应收账款) ÷ 2

应收账款周转天数 = 计算期天数 ÷ 应收账款周转次数

= 计算期天数 × 应收账款平均余额 ÷ 销售收入净额

公式中的应收账款包括会计报表中“应收账款”和“应收票据”等全部赊销账款在内,且其金额应为扣除坏账后的金额。

[**例 8-9**]　按照上述 Q 公司数据:

$$2019\text{ 年应收账款周转次数} = \frac{3\ 000}{398} \approx 7.5(\text{次/年})$$

$$2019\text{ 年应收账款周转次数} = \frac{365}{3\ 000 \div 398} \approx 48.4(\text{天/次})$$

应收账款周转率反映了企业应收账款周转速度的快慢及企业对应收账款管理效率的高低。在一定时期内周转次数多,周转天数少表明:

(1)企业收账迅速,信用销售管理严格;

(2)应收账款流动性强,从而增强企业短期偿债能力;

(3)可以减少收账费用和坏账损失,相对增加企业流动资产的投资收益;

(4)通过比较应收账款周转天数及企业信用期限,可评价客户的信用程度,调整企业信用政策。

2. 存货周转率

在流动资产中,存货所占比重较大,存货的流动性将直接影响企业的流动比率。因此,必须特别重视对存货的分析。存货流动性的分析一般通过存货周转率来进行。

存货周转率(次数),是一定时期内企业销售成本与存货平均资金占用额的比率,是衡量和评价企业购入存货、投入生产、销售收回等各环节管理效率的综合性指标。其计算公式为

$$存货周转次数 = 销货成本 \div 存货平均余额$$

$$存货平均余额 = (期初存货 + 期末存货) \div 2$$

$$\begin{aligned}存货周转天数 &= 计算期天数 \div 存货周转次数\\ &= 计算期天数 \times 存货平均余额 \div 销货成本\end{aligned}$$

[例 8-10] 按照上述 Q 公司数据:

$$2019\ 年存货周转次数 = \frac{3\ 000}{119} \approx 25.2(次/年)$$

$$2019\ 年存货周转天数 = \frac{365}{3\ 000 \div 119} \approx 14.5(天/次)$$

一般来讲,存货周转速度越快,存货占用水平越低,流动性越强,存货转化为现金或应收账款的速度就越快,这样会增强企业的短期偿债能力及获利能力。通过存货周转速度分析,有利于找出存货管理中存在的问题,尽可能降低资金占用水平。

3. 流动资产周转率

流动资产周转率,是反映企业流动资产周转速度的指标。流动资产周转率(次数),是一定时期销售收入净额与企业流动资产平均占用额之间的比率。其计算公式为

$$流动资产周转次数 = 销售收入净额 \div 流动资产平均余额$$

$$\begin{aligned}流动资产周转天数 &= 计算期天数 \div 流动资产周转次数\\ &= 计算期天数 \times 流动资产平均余额 \div 销售收入净额\end{aligned}$$

式中

$$流动资产平均余额 = (期初流动资产 + 期末流动资产) \div 2$$

[例 8-11] 按照上述 Q 公司数据:

$$2019\ 年流动资产周转次数 = \frac{3\ 000}{700} \approx 4.3(次/年)$$

$$2019\ 年流动资产周转天数 = \frac{365}{3\ 000 \div 700} \approx 85.2(天/次)$$

在一定时期内,流动资产周转次数越多,表明以相同的流动资产完成的周转额越多,流动资产利用效果越好。流动资产周转天数越少,表明流动资产在经历生产销售各阶段所占用的时间越短,可相对节约流动资产,增强企业盈利能力。

(二)固定资产周转率

固定资产周转率,是企业年销售收入净额与固定资产平均净额的比率。它是反映企业固定资产周转情况,从而衡量固定资产利用效率的一项指标。其计算公式为

$$固定资产周转率=销售收入净额\div固定资产平均净值$$

式中

$$固定资产平均净值=(期初固定资产净值+期末固定资产净值)\div2$$

固定资产周转率高,说明企业固定资产投资得当,结构合理,利用效率高;反之,如果固定资产周转率不高,则表明固定资产利用效率不高,提供的生产成果不多,企业的营运能力不强。

(三)总资产周转率

总资产周转率是企业销售收入净额与企业资产平均总额的比率。计算公式为

$$总资产周转率=销售收入净额\div资产平均总额$$

如果企业各期资产总额比较稳定,波动不大,则

$$资产平均总额=(期初资产总额+期末资产总额)\div2$$

如果资金占用的波动性较大,企业应采用更详细的资料进行计算,如按照各月份的资金占用额计算,则

$$月平均资产总额=(月初资产总额+月末资产总额)\div2$$

$$季平均占用额=(1/2季初+第一月末+第二月末+1/2季末)\div3$$

$$年平均占用额=(1/2年初+第一季末+第二季末+第三季末+1/2年末)\div4$$

计算总资产周转率时分子分母在时间上应保持一致。

[例 8-12] 按照上述 Q 公司数据:

$$2019年总资产周转次数=\frac{3\ 000}{2\ 000}=1.5(次/年)$$

$$2019年总资产周转天数=\frac{365}{3\ 000\div2\ 000}=243.3(天/次)$$

这一比率用来衡量企业全部资产的使用效率,如果该比率较低,说明企业全部资产营运效率较低,可采用薄利多销或处理多余资产等方法,加速资金周转,提高运营效率;如果该比率较高,说明资金周转快,销售能力强,资产运营效率高。

第五节 盈利能力与发展能力分析

盈利能力(也称收益能力),是企业获取利润的能力,也称为企业的资金或资本增值能力,通常表现为一定时期内企业收益数额的多少及其水平的高低。不论是投资人、债权人还是经理人员,都会非常重视和关心企业的盈利能力。盈利能力就是企业获取利润、资金不断增殖的能力。

企业的发展能力也称企业的成长性,它是企业通过自身的生产经营活动,不断扩大积累而形成的发展潜能。企业能否健康发展取决于多种因素,包括外部经营环境,企业内在

素质及资源条件等。

(一)销售毛利率

销售毛利率是销售毛利与销售收入之比,其计算公式如下:

$$销售毛利率 = 销售毛利 \div 销售收入$$

其中

$$销售毛利 = 主营业务收入(销售收入) - 主营业务成本(销售成本)$$

[例8-12] 按照上述Q公司数据:

$$2019\ 年销售毛利率 = \frac{3\ 000 - 2\ 644}{3\ 000} \times 100\% \approx 11.87\%$$

(二)销售净利率

销售净利率是净利润与销售收入之比,其计算公式为

$$销售净利率 = 净利润 \div 销售收入$$

[例8-13] 按照上述Q公司数据:

$$2019\ 年销售净利率 = \frac{136}{3\ 000} \times 100\% \approx 4.53\%$$

$$2018\ 年销售净利率 = \frac{160}{2\ 850} \times 100\% \approx 5.61\%$$

从上述计算分析可以看出,2012年各项销售利润率指标均比上年有所下降。说明企业盈利能力有所下降,企业应查明原因,采取相应措施,提高盈利水平。

(三)成本利润率

成本利润率,是反映盈利能力的另一个重要指标,是利润与成本之比。成本有多种形式,但这里成本主要指经营成本,其计算公式如下:

$$经营成本利润率 = 主营业务利润 \div 经营成本$$

其中

$$经营成本 = 主营业务成本 + 主营业务税金及附加$$

(四)总资产净利率

$$总资产净利率 = \frac{净利润}{总资产} \times 100\%$$

[例8-14] 照上述Q公司数据:

$$2019\ 年总资产净利率 = \frac{136}{2\ 000} \times 100\% = 6.80\%$$

$$2018\ 年总资产净利率 = \frac{160}{1\ 680} \times 100\% = 9.52\%$$

总资产净利率是反映企业盈利能力的关键。虽然股东报酬由总资产净利率与财务杠杆共同决定,但提高财务杠杆会同时增加企业风险,往往并不增加企业价值。此外,财务杠

杆的提高有诸多限制,企业经常处于财务杠杆不可能再提高的临界状态。因此,提高权益净利率的基本动力是总资产净利率。

(五)权益净利率

权益净利率,是净利润与股东权益的比率,它反映每 1 元股东权益赚取的净利润,可以衡量企业的总体盈利能力。其计算公式如下:

$$权益净利率=\frac{净利润}{股东权益}\times 100\%$$

[**例 8-15**]　按照上述 Q 公司数据:

$$2019\ 年权益净利率=\frac{136}{960}\times 100\%\approx 14.17\%$$

$$2018\ 年资权益净利率=\frac{160}{880}\times 100\%\approx 18.18\%$$

权益净利率的分母是股东的投入,分子是股东的所得,对于股权投资者来说,具有非常好的综合性,概括了企业的全部经营业绩和财务业绩。A 公司本年股东的报酬率减少了,总体来讲不如上一年。

(六)发展能力分析指标

企业的发展能力也称企业的成长性,它是企业通过自身的生产经营活动,不断扩大积累而形成的发展潜能。企业能否健康发展取决于多种因素,包括外部经营环境,企业内在素质及资源条件等。

1. 销售增长率

销售增长率,是企业本年销售增长额与上年销售额之间的比率,反映销售的增减变动情况,是评价企业成长状况和发展能力的重要指标。其计算公式为

$$\begin{aligned}销售增长率&=本年销售增长额\div 上年销售额\\&=(本年销售额-上年销售额)\div 上年销售额\end{aligned}$$

该指标若大于 0,表明企业本年营业收入有所增长,指标值越高,表明增长速度越快,企业市场前景越好。若该指标小于 0,则说明产品或服务不适销对路、质次价高,或是在售后服务等方面存在问题,市场份额萎缩。该指标在实际操作时,应结合企业历年的营业收入水平、企业市场占有情况、行业未来发展及其他影响企业发展的潜在因素进行前瞻性预测,或者结合企业前三年的营业收入增长率做出趋势性分析判断。

2. 资本保值增值率

$$资本保值增值率=\frac{扣除客观因素后的本年末所有者权益总额}{年初所有者权益总额}\times 100\%$$

一般认为,资本保值增值率越高,表明企业的资本保全状况越好,所有者权益增长越快,债权人的债务越有保障。该指标通常应当大于 100%。

3. 总资产增长率

$$总资产增长率=本年总资产增长额/年初资产总额\times 100\%$$

其中

$$本年总资产增长额 = 资产总额年末数 - 资产总额年初数$$

总资产增长率,是从企业资产总量扩张方面衡量企业的发展能力,表明企业规模增长水平对企业发展后劲的影响。该指标越高,表明企业一定时期内资产经营规模扩张的速度越快。但在实际分析时,应注意考虑资产规模扩张质和量的关系,以及企业的后续发展能力,避免资产盲目扩张。

4. 营业利润增长率

$$营业利润增长率 = 本年营业利润增长额/上年营业利润总额 \times 100\%$$

其中

$$本年营业利润增长额 = 本年营业利润总额 - 上年营业利润总额$$

第六节　上市公司财务分析

上市公司财务分析是以上市公司财务报告等资料作为基础,采用各种分析方法和指标,对公司的财务状况和经营成果进行分析和评价,从而为社会公众投资者和经营管理者的投资决策和经济预测提供依据的一项财务管理活动。

一、每股收益

$$每股收益 = \frac{净利润}{年末普通股股数}$$

我国现在要求上市公司,一方面要用净利润除以普通股的股数,还要提供摊薄后的每股收益。

所谓摊薄后的每股收益就是在净利润中把非经营的收益扣除掉,即把营业外收支的净额、投资收益扣除掉。因为每股收益比较高,但是收益若是通过关联方的关系,做了大量的营业外收入,或者说通过关联方的关系增加了很多投资收益那都是不正常的,所以现在要求既要提供一个基本的每股收益指标,还要提供一个扣除非经营收益的每股收益指标,这样对企业的衡量更准确一些。

二、市盈率

$$市盈率 = \frac{每股市价}{每股收益}$$

市盈率指标也是上市公司需要公布的一个比例。它是一个比较特殊的指标。市盈率越高,反映市场对这个股票的认同越大,大家都愿意买这个股票,它的价格才能上涨,但是当每股市价大大超过每股盈余的时候,这个市盈率过高的企业又面临很大的风险。

所以当市盈率比较高的时候,我们去投资,符合投资规律,当市盈率高到一定的程度已经远远脱离了市场规律,市盈率非常高再去买股票风险就是很大的。所以对市盈率的分析一定要辩证地看,有的时候市盈率比较低的企业,它可能正好有发展的潜力。

三、每股净资产

$$每股净资产=\frac{年度末股东权益}{年度末普通股数}$$

股数所对应的净资产的价值实际上就是这个股票的内在价值，所以每股净资产叫作股票的内在价值，一般来说价格是围绕着内在价值上下波动的，如果股票的价格大大脱离于价值，那就要进行具体分析了。

另外价格围绕价值波动也有一个度的问题，假如股票的价值是 10 元，那么 15 元是围绕着它波动，价格是 20 元也是围绕着它波动，价格是 30 元也是围绕着它波动，价格是 10 元还可以理解为是围绕着价值在波动，所以价格围绕价值波动问题，一定要具体分析，这个波动的幅度有多大，有没有风险。

四、净资产收益率（股东权益报酬率）

$$净资产收益率=\frac{净利润}{股东权益}$$

以上四个比率是上市公司财务分析的主要指标。此外，还有每股股利、市净率等指标也是上市公司经常用到的。

第七节 财务报告综合分析

企业的经营活动是一个有机的整体，各个环节之间是紧密相连的。前述财务分析通常是从某一角度或某一方面来分析研究企业的财务状况与财务成效，很难对企业财务总体状况和业绩的关联性及水平做综合结论。要解决这一问题就必须进行相互关联的分析，要在财务能力单项分析的基础上进行财务综合分析。

所谓财务综合分析，就是在偿债能力、营运能力、盈利能力及增长能力等单项分析的基础上，根据各项财务能力或效益之间的关系及内在联系，通过综合指标体系的选择，全面、系统地对企业财务状况和经营成果进行评价和判断。

单项分析是从一般到个别，把企业财务活动的总体分解为每个具体部分，然后逐一加以考察分析；而综合分析是通过归纳综合，把个别财务现象在单项分析的基础上从总体广把握企业的财务状况。

单项分析把每个分析的指标视为同等重要来处理，较少考虑各种指标之间的相互关系；而综合分析的各种指标有主辅之分，主辅指标功能协调匹配，在对主要指标进行分析的基础上，再对其他辅则指标进行分析。

一、杜邦分析法

杜邦分析法（DuPont Analysis）利用几种主要的财务比率之间的关系来综合地分析企业的财务状况，这种分析方法最早由美国杜邦公司使用，故名杜邦分析法。杜邦分析法是一种用来评价公司赢利能力和股东权益回报水平，从财务角度评价企业绩效的一种经典方法。其基本思想是将企业净资产收益率逐级分解为多项财务比率乘积,这样有助于深入分析比较企业经营业绩。

杜邦模型最显著的特点是将若干个用以评价企业经营效率和财务状况的比率按其内在联系有机地结合起来,形成一个完整的指标体系,并最终通过权益收益率来综合反映。采用这一方法,可使财务比率分析的层次更清晰、条理更突出,为报表分析者全面仔细地了解企业的经营和盈利状况提供方便。杜邦分析法有助于企业管理层更加清晰地看到权益资本收益率的决定因素,以及销售净利润率与总资产周转率、债务比率之间的相互关联关系,给管理层提供了一张明晰的考察公司资产管理效率和是否最大化股东投资回报的路线图。杜邦分析法的基本思路是以下内容:

(1)权益净利率,是一个综合性最强的财务分析指标,是杜邦分析系统的核心,体现了企业财务管理的目标。

(2)资产净利率,是影响权益净利率的最重要的指标,具有很强的综合性,而资产净利率又取决于销售净利率和总资产周转率的高低。总资产周转率是反映总资产的周转速度。对资产周转率的分析,需要对影响资金周转的各因素进行分析,以判明影响公司资金周转的主要问题在哪里。销售净利率反映销售收入的收益水平。扩大销售收入,降低成本费用是提高企业销售利润率的根本途径,而扩大销售,同时也是提高资产周转率的必要条件和途径。

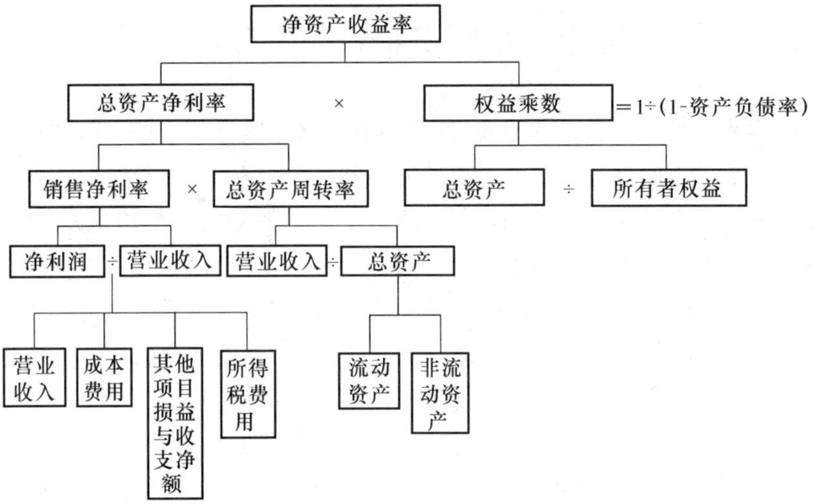

图8-1 杜邦体系指标关系图

如图8-1所示,杜邦分析法中的几种主要的财务指标关系为

净资产收益率=资产净利率(净利润/总资产)×权益乘数(总资产/总权益资本)

而

资产净利率(净利润/总资产)=销售净利率(净利润/总收入)×资产周转率(总收入/总资产)

即

净资产收益率=销售净利率×资产周转率×权益乘数

在杜邦体系中,包括以下几种主要的指标关系:

(1)净资产收益率,是整个分析系统的起点和核心。该指标的高低反映了投资者的净资产获利能力的大小。净资产收益率是由销售报酬率,总资产周转率和权益乘数决定的。

(2)权益系数表明了企业的负债程度。该指标越大,企业的负债程度越高,它是资产权益率的倒数。

(3)总资产收益率,是销售利润率和总资产周转率的乘积,是企业销售成果和资产运营的综合反映,要提高总资产收益率,必须增加销售收入,降低资金占用额。

(4)总资产周转率反映企业资产实现销售收入的综合能力。分析时,必须综合销售收入分析企业资产结构是否合理,即流动资产和长期资产的结构比率关系。同时还要分析流动资产周转率、存货周转率、应收账款周转率等有关资产使用效率指标,找出总资产周转率高低变化的确切原因。

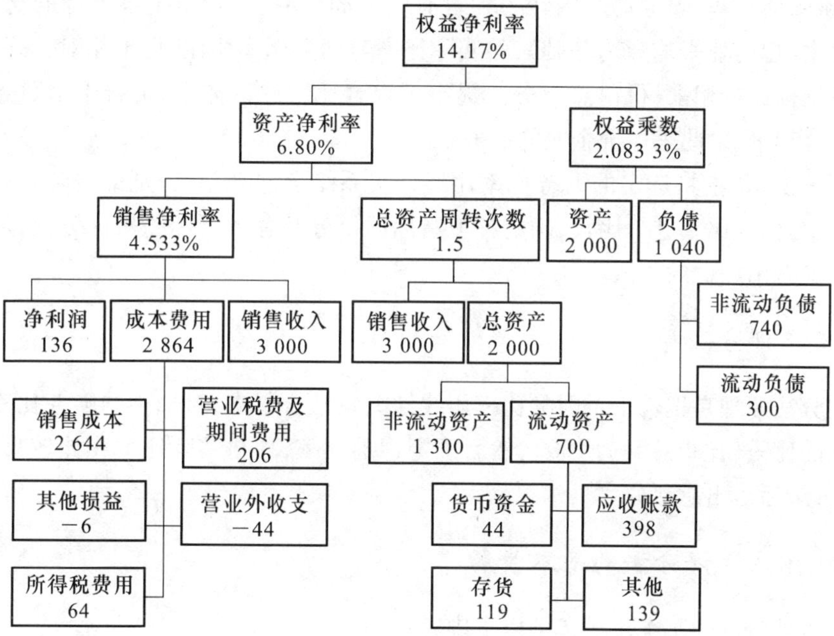

图 8－2　杜邦体系指标关系计算图

2019 年权益净利率 = 4.533% × 1.5 × 2.083 3 = 14.17%

2018 年权益净利率 = 5.614% × 1.696 4 × 1.909 1 = 18.18%

与 2018 年相比,2019 年股东的报酬率下降了,公司整体业绩不如 2018 年。影响权益净利率变动的不利因素是销售净利率和总资产周转次数下降,而有利因素是财务杠杆提高了。

利用连环替代法可以定量分析它们对权益净利率变动的影响程度。

(1)销售净利率变动的影响:

按 2019 年销售净利率计算的 2018 年权益净利率 = 4.533% × 1.696 4 × 1.909 1

≈ 14.68%

销售净利率变动的影响 = 14.68% − 18.18% = −3.5%

(2)总资产周转次数变动的影响:

$$\text{按 2019 年销售净利率、总资产周转次数计算的 2018 年权益净利率} = 4.533\% \times 1.5 \times 1.9091 \approx 12.98\%$$

总资产周转次数变动的影响 = 12.98% − 14.68% = 1.7%

(3)财务杠杆变动的影响:

财务杠杆变动的影响 = 14.17% − 12.98% = 1.19%

二、沃尔评分体系

亚历山大·沃尔在1928年出版的《信用晴雨表研究》和《财务报表比率分析》中提出了信用能力指数的概念,他选择了7个财务比率即流动比率、产权比率、固定资产比率、存货周转率、应收账款周转率、固定资产周转率和自有资金周转率,分别给定各指标的比重,然后确定标准比率(以行业平均数为基础),将实际比率与标准比率相比,得出相对比率,将此相对比率与各指标比重相乘,得出总评分。提出了综合比率评价体系,把若干个财务比率用线性关系结合起来,以此来评价企业的财务状况。

沃尔评分法,是指将选定的财务比率用线性关系结合起来,并分别给定各自的分数比重,然后通过与标准比率进行比较,确定各项指标的得分及总体指标的累计分数,从而对企业的信用水平做出评价的方法。

(一)沃尔评分法原理

沃尔评分法原理是把若干个财务比率用线性关系结合起来,对选中的财务比率给定其在总评价中的比重(比重总和为100),然后确定标准比率,并与实际比率相比较,评出每项指标的得分,最后得出总评分。

(二)沃尔比重评分法的基本步骤

沃尔比重评分法的基本步骤包括以下内容:

(1)选择评价指标并分配指标权重

盈利能力的指标:资产净利率、销售净利率、净值报酬率。

偿债能力的指标:自有资本比率、流动比率、应收账款周转率、存货周转率。

发展能力的指标:销售增长率、净利增长率、资产增长率。

按重要程度确定各项比率指标的评分值,评分值之和为100。

三类指标的评分值约为5∶3∶2。盈利能力指标三者的比例约为2∶2∶1,偿债能力指标和发展能力指标中各项具体指标的重要性大体相当。

(2)确定各项比率指标的标准值,即各该指标在企业现时条件下的最优值。

(3)计算企业在一定时期各项比率指标的实际值

资产净利率 = 净利润 ÷ 资产总额 × 100%
销售净利率 = 净利润 ÷ 销售收入 × 100%
净值报酬率 = 净利润 ÷ 净资产 × 100%
自有资本比率 = 净资产 ÷ 资产总额 × 100%
流动比率 = 流动资产 ÷ 流动负债
应收账款周转率 = 赊销净额 ÷ 平均应收账款余额
存货周转率 = 产品销售成本 ÷ 平均存货成本
销售增长率 = 销售增长额 ÷ 基期销售额 × 100%
净利增长率 = 净利增加额 ÷ 基期净利 × 100%
资产增长率 = 资产增加额 ÷ 基期资产总额 × 100%

(4)形成评价结果。

(三)沃尔比重评分法的公式

沃尔比重评分法的公式为:实际分数 = 实际值 ÷ 标准值 × 权重。

当实际值 > 标准值为理想时,此公式正确,但当实际值 < 标准值为理想时,实际值越小得分应越高,用此公式计算的结果却恰恰相反;另外,当某一单项指标的实际值畸高时,会导致最后总分大幅度增加,掩盖情况不良的指标,从而给管理者造成一种假象。

(四)沃尔比重评分法的实践应用

沃尔的评分法从理论上讲有一个明显的问题,就是未能证明为什么要选择这 7 个指标,而不是更多或更少些,或者选择别的财务比率,以及未能证明每个指标所占比重的合理性。这个问题至今仍然没有从理论上得到解决。

沃尔评分法从技术上讲也有一个问题,就是某一个指标严重异常时,会对总评分产生不合逻辑的重大影响。这个毛病是由财务比率与其比重相“乘”引起的。财务比率提高 1 倍,评分增加 100%;而缩小$\frac{1}{2}$,其评分只减少 50%。

尽管沃尔的方法在理论上还有待证明,在技术上也不完善,但它还是在实践中被应用。耐人寻味的是很多理论上相当完善的经济计量模型在实践中往往很难应用,而企业实际使用并行之有效的模型却又在理论上无法证明。这可能是人类对经济变量之间数量关系的认识还相当肤浅造成的。

(五)沃尔评分法的改进

沃尔评分法的问题:某一指标严重异常时,会对总评分产生不合逻辑的重大影响。财务比率提高一倍,评分增加 100%;缩小$\frac{1}{2}$倍,评分减少 50%。原因在于:

综合得分 = 评分值 × 关系比率

将财务比率的标准值由企业最优值调整为本行业平均值;设定评分值的上限(正常值的 1.5 倍)和下限(正常值的 50%)

综合得分＝评分值＋调整分

调整分＝(实际比率－标准比率)÷每分比率

每分比率＝(行业最高比率－标准比率)÷(最高评分－评分)

复习思考题

一、简述财务分析的目的和意义。

二、列举评价企业偿付短期负债能力的指标,并写出各评价指标的计算公式。

三、简述财务分析中比较分析法的含义及应注意的问题。

四、某企业期初流动比率为2,速动比率为1.2,期初存货为10万元,期末流动资产比期初增加20%,期末流动比率为2.5,速动比率为1.5,本期销售收入净额为412.5万元,销售成本为275万元。

要求:计算存货周转次数,流动资产周转次数。

五、某企业流动比率为2,速动比率为1,现金与有价证券占速动资产的比率为0.5,流动负债为1 000万元,该企业流动资产只有现金、短期有价证券、应收账款和存货。

要求:计算存货和应收账款。

六、某企业期初流动比率1.8、速动比率1.2.期初存货24万元,期末流动资产比期初增长25%,期末流动比率为2、速动比率1.4,本期销售净额为972万元,销售成本612万元。期初和期末流动资产占资产总额的比重分别为40%、45%。

要求:(1)存货周转率;

(2)流动资产周转率;

(3)总资产周转率;

(4)期末营运资金存货率。

七、某商业企业2019年度销售收入净额为1 000万元,销货成本为800万元;应收账款年初、年末余额分别为150万元和250万元;存货年初、年末余额分别为100万元和300万元;速动资产年末金额为480万元,年末速动比率为1.2。假定本企业的流动资产由速动资产和存货组成。

要求:(1)计算2019年应收账款周转次数;

(2)计算2019年存货周转次数;

(3)计算2019年年末流动负债金额;

(4)计算2019年年末流动比率。

八、某企业2019年赊销收入净额为480万元,产品销售成本为137.25万元,应收账款周转次数为6次。该企业2019年年初流动资产为100万元,流动比率为2,速动比率为1;2019年年末流动负债为50万元,流动比率为1.9,速动比率为1.1。

要求:(1)计算该企业2019年应收账款平均占用额;

(2)计算该企业的存货周转次数。

九、某公司2019年有关资料如下：(1)年初和年末资产总计均为1 500万元，流动负债均为300万元，长期负债均为300万元。(2)年销售收入为2 000万元，息税前利润为300万元，年利息费用为50万元，公司适用的企业所得税税率为20%。

要求：(1)计算销售净利润率；

(2)计算权益乘数；

(3)计算资产净利润率。

十、A公司2019年12月31日资产负债表简化格式如下：

资产负债表(简表)

单位名称：A公司　　　　2019年12月31日　　　　单位：万元

资产	期末数	负债与所有者权益	期末数
银行存款	400	应付账款	500
应收账款	?	其他流动负债	200
存货	?	长期借款	800
固定资产净额	3 000	实收资本	2 500
		未分配利润	1 000
资产总计	5 000	负债和所有者权益总计	5 000

公司2019年年初应收账款余额为560万元，存货余额为940万元；2019年年末速动比率为1.20。该公司2019年存货周转次数为3次。公司2019年销售收入为5 000万元，没有销售退回、销售折让和销售折扣。全年按360天计算。

要求计算下列指标：(1)2019年年末速动资产；

(2)2019年年末应收账款和存货；

(3)2019年年末资产负债率；

(4)2019年销货成本；

(5)2019年应收账款周转天数。

十一、某公司2019年年末有关财务资料如下：货币资金5 000万元，固定资产12 500万元，销售收入32 000万元，净利润4 288万元，利息支出1 475万元，速动比率为1.8，流动比率为2，应收账款周转天数为45天。假如该企业速动资产只包括货币资金和应收账款，总资产由流动资产和固定资产构成，企业所得税税率为25%。

要求：(1)计算应收账款平均余额。假设年初、年末应收账款的余额相等，计算2019年年末流动负债、流动资产和总资产的金额。

(2)假如年初和年末总资产金额相等，计算资产净利率、基本获利率及已获利息倍数。(全年按360天计算)

十二、某股份公司2019年有关资料如下表所示：

项目	年初数	年末数	本年数
存货(万元)	3 600	4 800	
流动负债(万元)	3 000	4 000	
长期负债(万元)	1 500	1 000	
总资产(万元)	7 500	8 500	
流动比率		1.5	
速动比率	0.8		
销售收入(万元)			24 000
净利润(万元)			1 440

要求：(1)假定流动资产由速动资产和存货构成，计算流动资产年初余额、年末余额；

(2)计算资产净利润率；

(3)计算销售净利率；

(4)计算年初、年末净资产余额及净资产收益率。

企业财务管理考试大纲

（课程代码 05124）

（108 学时）

第一部分　课程性质与目标

一、课程性质与特点

企业财务管理属于应用性的经济学科范畴，它阐明市场经济条件下财务管理的基本理论、基本内容和基本方法。本课程以企业资金运动为中心内容，以资金的筹集、投放、耗费、收入和分配为框架，阐述财务管理的基本概念、管理目标、管理原则、管理体制等理论问题，以及预测、决策、计划、控制、分析等业务内容。

二、课程目标与基本要求

本课程设置目的是使学生在了解我国现行的财务管理体系的基础上，掌握现代企业理财的基本原理和方法，在市场经济发展中为企业理好财，以实现企业价值最大化。

通过本课程的学习，要求学生系统地了解我国财务管理的体系，掌握企业筹资决策、企业投资决策、营运资金管理及收益管理等财务活动的基本原理和决策方法。

第二部分　考核内容与考核目标

第一章　财务管理总论

考核知识点

财务管理的总体目标与原则；各种不同财务管理目标的特点；财务管理的环节；财务管理的内容；财务管理的环境

第二章　资金时间价值和投资风险价值

考核知识点

资金时间价值的计算；无风险投资收益率和风险收益率的表示方法

第三章　筹资管理

考核知识点

筹资渠道、筹资方式；个别资金成本的计算、综合资金成本的计算；吸收投入资本、银行借款、融资租赁、商业信用；发行普通股、发行企业债券；资本成本比较法；财务杠杆原理

第四章　流动资金管理

考核知识点

应收账款的功能和成本、应收账款的日常管理；企业持有现金的动机、现金管理的要求、信用政策；货币资金最佳持有量的确定；存货的日常管理；流动资金的特点、管理的意义；流动资金的构成

第五章　固定资产和无形资产投资管理

考核知识点

固定资产项目投资的特点；固定资产折旧额的计算、固定资产项目投资可行性预测；财务部门对固定资产的管理；无形资产的内容；固定资产的分类

第六章　成本费用管理

考核知识点

成本费用计划的内容；成本费用控制的标准和手段；成本费用的考核；成本预测的内容；成本费用的分类、成本费用管理的意义和原则

第七章　销售收入和利润管理

考核知识点

利润预测；利润的构成、利润分配的基本程序；税金的分类；销售税金的计算；企业制定产品价格的方法；销售收入的确认

第八章　财务分析

考核知识点

偿债能力、营运能力、获利能力等的概念；偿债能力、营运能力、获利能力等的指标计算；资产负债表、利润表、现金流量表；比较分析法、比率分析法、趋势分析法；杜邦分析法、综合评分法

第三部分　有关说明与实施要求

指定教材

《企业财务管理》(第 2 版)刘胜军　主编　哈尔滨工程大学出版社　2021 年版

自学方法指导

1. 在开始阅读指定教材某一章之前,先翻阅大纲中有关这一章的考核知识点及对知识点的能力层次要求和考核目标,以便在阅读教材时做到心中有数,有的放矢。

2. 阅读教材时,要逐段细读,逐句推敲,集中精力,吃透每一个知识点,对基本概念必须深刻理解,对基本理论必须彻底弄清,对基本方法必须牢固掌握。

3. 在自学过程中,既要思考问题,也要做好阅读笔记,把教材中的基本概念、原理、方法等加以整理,这可从中加深对问题的认知、理解和记忆,以利于突出重点,并涵盖整个内容,可以不断提高自学能力。

4. 完成书后作业和适当的辅导练习是理解、消化和巩固所学知识,培养分析问题、解决问题及提高能力的重要环节,在做练习之前,应认真阅读教材,按考核目标所要求的不同层次,掌握教材内容,在练习过程中对所学知识进行合理的回顾与发挥,注重理论联系实际和具体问题具体分析,解题时应注意培养逻辑性,针对问题围绕相关知识点进行层次(步骤)分明的论述或推导,明确各层次(步骤)间的逻辑关系。

参考文献

[1] 中国注册会计师协会.财务成本管理[M].北京:中国财政经济出版社,2012.
[2] 刘锦辉,任海峙.财务管理学[M].上海:上海财经大学出版社,2010.
[3] 谢邦柱.财务管理学[M].2版.武汉:湖北科学技术出版社,2010.
[4] 张海报.现代财务管理学[M].武汉:华中科技大学出版社,2009.
[5] 何韧.财务报表分析[M].2版.上海:上海财经大学出版社,2010.
[6] 钱爱民,张新民.财务报表分析(第二版)案例分析与学习指导[M].北京:中国人民大学出版社,2011.
[7] 张献英.财务管理学[M].成都:西南财经大学出版社,2007.
[8] 李航星.财务管理学[M].成都:四川大学出版社,2013.
[9] 范霍恩,瓦霍维奇.现代企业财务管理[M].11版.郭浩,译.北京:经济科学出版社,2002.
[10] 罗斯,威斯特菲尔德,乔丹.公司理财[M].精要版(原书第六版).方红星,译.北京:机械工业出版社,2004.
[11] 布雷利,迈尔斯,马库斯.公司理财[M].5版.耿建新,龚媛媛,等译.北京:中国人民大学出版社,2008.